한 권으로 합격하는

| 독학사 가정학 2단계 |

# 가정학원론

저자 백은숙

김앤북
KIM&BOOK

# PREFACE

가정학원론은 가정학 전체에 관한 기본적 문제와 근본원리를 고찰하여 가정학의 본질을 명확하게 하고 가정학의 독자성과 과학적 위치를 해명하는 연구 분야이다. 또한 가정학 원론은 여러 과학으로 된 가정학의 구성요소와 범위선정, 연구방법 등을 조정하고 체계 설정의 근거가 될 조직 원리를 연구해서 가정학의 방향 모색을 하는 임무를 가지고 있다. 이를 위해 가정학에 관련된 여러 학자들의 견해와 연구 결과인 이론들을 이해하는 것이 우선적으로 필요하다. 이 교재에서는 가정학원론의 의의와 성격, 가정학의 정의와 목적, 가정학의 학문적 성격, 가정학의 체계, 가정학의 연구방법, 가정학의 연구대상, 가정생활론, 건강가정론, 가정학의 역사, 가정학 전공자의 진로 및 가정학의 과제 등으로 정리하여 가정학에 대한 이해를 돕고자 하였다. 또한 이 내용을 바탕으로 가정학이 사회의 요구에 부응하며 독자적인 학문으로 지속 성장하기를 기대해 본다.

## 이 책의 구성은 다음과 같다.

### • 제 1 장 : 가정학원론의 의의와 성격

가정학의 의의와 필요성, 가정학원론의 성격, 가정학원론의 내용과 연구법에 대해 살펴보았다. 이를 이해하는 것은 가정학원론을 학문으로 발전시키는 데 중요한 기반이 된다.

### • 제 2 장 : 가정학의 정의와 목적

가정학의 정의는 가정학에 대한 여러 가지 견해와 미국 레이크 플래시드 회의의 정의, 일본가정학회의 정의, 국제가정학회의 선언을 이해할 수 있고, 가정학의 목적과 지금도 논의 되고있는 가정학의 개칭문제에 대해서도 이해할 수 있도록 내용을 구성하였다.

## · 제 3 장 : 가정학의 학문적 성격

학문과 학문성, 가정학의 학문적 성격, 앞으로의 가정학의 과제에 대해 이해할 수 있도록 내용을 구성하였다.

## · 제 4 장 : 가정학의 체계

가정학의 체계는 학문과 체계, 가정학 체계의 관점, 가정학의 체계에 대해 살펴보고 가정학의 전체성에 대한 부분도 포함하였다.

## · 제 5 장 : 가정학의 연구방법

가정학 연구방법은 가정학 연구의 기초인 과학에 관한 세가지 관점 및 과학의 목적, 우리나라 가정학 연구의 실태를 살펴보고, 실제적인 가정학 연구의 과정과 모형, 연구의 유형을 살펴보았다. 또한 표집과 측정에 대해서도 이해할 수 있도록 내용을 구성하였다.

## · 제 6 장 : 가정학의 연구대상

가정학의 연구대상에 대해 과학과 연구대상, 가정학의 연구대상에 대한 여러 견해, 가정학의 대상과 가정생활로 구분 정리하여 이에 대한 이해를 돕도록 내용을 구성하였다.

### • 제 7 장 : 가정생활론

가정생활론은 가족의 본질, 가정생활의 역사와 본질, 가정생활의 구조와 기능, 가정생활의 현상에 대한 이해를 돕도록 내용을 구성하였다.

### • 제 8 장 : 건강가정론

건강가정론은 가정의 개념 및 이론, 건강가정기본법 및 건강가정정책, 건강가정사업, 건강가정사의 정의와 역할에 대해 이해할 수 있도록 내용을 구성하였다.

### • 제 9 장 : 가정학의 역사

세계가정학의 역사 및 최신 동향, 우리나라 가정학의 역사 및 최신 동향을 세계가정학회를 중심으로 전 세계 각국의 가정학 동향을 살펴보았으며, 우리나라의 가정학의 역사적 배경과 발달사를 대한가정학회의 역사를 통해 정리하여 가정학의 역사에 대한 이해를 돕도록 내용을 구성하였다.

### • 제 10 장 : 가정학 전공자의 진로 및 가정학의 과제

가정학 전공자의 진로 및 가정학의 과제는 전문직으로서의 가정학, 가정학 전공자의 직종과 가정학 전공자의 사회진출로 구분하여 정리하였고, 앞으로의 가정학의 발전과 제도 포함하여 내용을 구성하였다.

끝으로 본 교재로 공부하는 독학사 수험생 여러분들의 앞날에 영광과 행운이 있기를 바라며 이 책이 나오기까지 애써주신 김영평생교육원 임직원 여러분께 감사를 드리는 바이다.

# CONTENTS

# CONTENTS

## CHAPTER 10    가정학 전공자의 진로 및 가정학의 과제

## CHAPTER 11    가정학원론 실전모의고사 문제 및 해설

CHAPTER

01

# 가정학원론의 의의와 성격

## 1. 가정학원론의 의의

### (1) 원론의 정의

① 원론(原論): 원이라는 글자는 근본이라는 뜻을 가지고 있으며, 론은 변론 또는 사리나 줄거리를 설명한다는 의미를 가지고 있다.

② 원론은 영어로 principle philosophy, fundamental theory 란 말이 쓰이고 있다.

③ 원론은 마치 서 있는 나무의 기둥뿌리와 같다.

④ 원론은 학문을 규정하는 조건(연구대상, 목적)에 따라 학문의 원점·전개 과정의 줄거리를 세워 해명하고 학문의 본질을 뚜렷하게 밝히는 연구 또는 학문이다.

### (2) 원론과 개론의 차이점

① 원론(principle)

학문의 대상, 연구방법, 내용 등 체계를 정하는 역할을 지니고 있고 학문을 설계하고 통괄하는 임무를 지니고 있다.

② 개론(introduction)

개론은 학문 내용을 개략적으로 소개하고, 기초지식의 함양을 목적으로 한다.

개론은 입문적인 성격을 지니며, 원론적인 부분과 함께 해당된 학문의 내용, 요점을 평면적으로 얇게 포괄적으로 소개하고 입문자의 기초지식을 높이려는 의도가 내포되어 있다.

### (3) 원론의 연구

① 원론의 연구는 개개의 현상이나 사실 또는 법칙을 발견하는 일반적인 과학과는 달리 사고를 주로 한 철학적이며 논리적인 방법이 필요하다.

② 원론은 학문의 세부 내용과 전체를 조화시켜 학문이 바르게 발전할 수 있는 체계를 만들어야 한다.

③ 원론은 학문 전체를 잘 이해하고 철학적이며 논리적인 사고 능력을 갖추어서 다루어야 한다.

### (4) 가정학 원론

① 가정학원론(principle of home economics)은 가정학(家政學)의 원점과 성립근거를 규정하는 조건에 따라 줄거리를 세워 고찰하고 해명하며, 가정학이 어떠한 학문인가를 밝히려는 학문이다.

② 가정학원론은 가정학의 연구대상, 방법, 목적, 체계 등을 통해 의의를 추구하고 가정학의 이념을 확립시키고 주변 학문과의 연계를 확고히 하며, 가정학의 한 분과로서 자리 잡고 있다.

③ 가정학원론은 가정학 전체에 관한 기본문제·근본원리를 고찰하고 가정학의 본질을 명확하게 하고 가정학의 독자성과 과학적 위치를 해명하는 연구분야라고 정의할 수 있다.

④ 가정학원론은 가정생활의 각 분야를 사회와 연결시켜 전체 생활을 연구 영역으로 하여 각 영역과학을 포괄해서 체계적으로 조직하려는 학문이다.

## 2. 가정학원론의 역할과 필요성

### (1) 가정학의 세분화 현상과 가정학원론의 역할

① 가정학의 세분화현상
가정학의 세분화 현상은 가정의 기능이 사회화됨에 따라 가정학의 범위가 넓어지고 세분화되고 있다. 가정학이 세분화되는 것은 학문의 발전이며, 전문성이 높아진 것으로 간주할 수 있다.

ㄱ 가정학원론은 미국이나 일본에서는 가정대학 또는 대학의 가정학과에서 각 학과의 공통과목 중 하나로 필수 또는 선택 필수 과목으로 설정되고 있다.

ㄴ 가정학이란 학문이 식품·영양학, 의류·직물학, 가정관리학, 아동학, 소비자경제학 등으로 세분화·전문화되었고 앞으로는 보다 세분화되어 발전될 가능성도 보인다.

ㄷ 가정학이 세분화되는 것은 학문의 발전이며, 전문성이 높아진 것으로 간주할 수 있으나 가정학이라는 큰 지붕 밑에서 하나의 공통적이며 궁극적인 목표를 향해 집합된 분과이며, 과학이라는 점을 잊어서는 안될 것이다.

② 가정학원론의 역할
가정학원론은 가정학을 연구하는 입문자로 하여금 학문을 정확하게 이해하고, 학문의 임무를 자신있게 해결하고, 발전시키는 능력과 애착을 심어주게 된다.

## (2) 가정학원론의 필요성

① 가정학은 어느 다른 학문보다 분야가 많고 복잡하므로 잘못하면 방향감각의 미로에서 방황하기 쉽고 마치 잡학처럼 오해받기 쉽다. 따라서 가정학원론은 가정학의 학문성을 이해하고 발전시키기 위해 필수적인 학문이다.

② 가정학의 유일성과 독자성을 재조명하고 급변하는 사회환경에 대응하고 생활의 가치를 지키는 사회적인 사명에 적극적으로 임해야 한다. 가정학에 대한 관심과 이에 대한 이해를 정립시키기 위해 가정학을 학문적인 방법론(methodology)으로 다루는 가정학 원론이 절대적으로 필요하다. 가정학을 학문으로 규정할 때 가정학의 원점과 성립 근거를 해명하고 가정학이 어떤 학문인가를 명확하게 할 수 있다.

③ 가정학 원론이 특히 필요한 이유는 실천학문으로서 학문의 정체성을 밝히기 위해 필요하다.

# 02 가정학원론의 성격

제1장 가정학원론의 의의와 성격

가정학이란 무슨 학문인가? 하는 문제에 접했을 때 먼저 가정학의 특징과 성격을 생각하게 된다. 가정학의 과학성, 응용성, 규범성, 실천성, 통합성 등을 다음과 같이 살펴보면 가정학원론의 성격을 이해할 수 있다.

## 1. 가정학의 과학성

① 원래 가정학(家政學)은 가사학(家事學)으로부터 발생하였고, 가사학은 기술을 중요하게 다루었다.

② 가정학은 실천적, 실증적, 행동규칙 정립적이라는 의미에서 기술과학적인 면을 가지며, 이런 방향에서 볼 때 가정학은 이론과학의 단순한 응용 분야가 아닌 통합과학으로 다룰 수 있다.

③ 가정학이 과학으로서 할 일은 객관적·과학적으로 인정을 받을 수 있는 행동정책을 선택해서 결정하고 제시해 나가는 것이다.

④ 미국 최초 여성 화학자이자 식품영양학자인 리처즈(E.H. Richards, 1842~1911)는 1902년 가정학을 주창했으며 '가정학은 과학이다'라고 역설하였다.

## 2. 가정학의 응용성

① 가정학의 응용과학으로서의 독자성

  ㉠ 가정학은 자연과학(물리학, 생물학, 화학)·사회과학·인문과학 등의 기초과학에서 파생한 기초학문이라기보다는 응용과학으로서의 뚜렷한 독자성을 지니고 있다.

  ㉡ 가정학은 여러 가지 기초과학을 운영해서 생활에 응용하고, 생활에 활용함으로써 최대의 관심사를 가족(모든 인간)과 가정의 복지를 위해 모색하고 있다.

② 가정학을 대하는 견해에 따른 여러 가지 해석

  ㉠ 일정한 원리를 가지고 실제로 활약하는 과학이다.

제1장. 가정학원론의 의의와 성격 **15**

ⓛ 자연과학은 몰가치적이나 응용과학은 가치적이다. 따라서 가정학은 응용과학이다.

ⓒ 각종 생활의 종합적 목표를 실현하기 위해서 또는 생활을 실천하기 위해 여러 과학을 운용해서 가족이 행복한 생활을 영위할 수 있도록 원리와 방법을 연구한다. 따라서 여러과학으로부터 보조를 받아야하므로 가정학은 응용과학이다.

③ 가정학이 응용과학이라고 불리는 의의

가정학은 기초과학인 여러 가지 과학이며 가정학이 아닌 영역의 과학을 운용하고 생활에 적용하는 의미가 강하고 여러 과학의 원리와 방법이 각각 다르다는 것이다. 따라서 가정학은 같은 응용과학이라고 불려도 응용의 뜻이 다르며 자체이론이나 가정학의 원리를 응용하는 것이 아니라 다른 원리를 빌려서 응용한다는 특수성이 있는 학문이라고 느끼게 한다.

④ 가정학 인식방법에 의한 가정학의 응용단계

가정학의 응용은 가정학의 인식방법에 의해 다음 두 단계로 생각할 수 있다.

㉠ 제1단계: 사실 인식의 단계

가정생활의 여러 가지 사상과 요소(의, 식, 주, 가족관계, 육아)를 사실적인 인식에 의해 해명한다. 가정학의 각 영역과학에 있어서는 가정학 이외의 여러 가지 과학의 지식과 방법도 이용한다.

㉡ 제2단계: 가치 인식의 단계

사실 인식에서 얻은 성과를 가치 인식에 의해 가족생활에 활용할 수 있도록 응용하는 방향으로 선택, 정리, 조직, 구성, 통합해 나간다. 이 단계에서 가정학의 응용성이 잘 나타난다.


## 3. 가정학의 규범성

① 규범학은 마땅히 있어야 하는 규범을 세우는 학문이다. 인간의 태도와 행동(사상, 행위, 정조)의 규범을 논하는 논리학, 윤리학, 미학 등으로서 사실에 관한 경험과학의 대조적인 학문이다.

② 가정학을 규범학으로 대하는 의견

㉠ 가정학은 사회와 관련시켜 가정생활을 어떻게 운영할 것인가 하는 규범학이다. 가정학은 가정생활이 운영되는 상태와 운영방법을 연구하는 학문이다.

㉡ 가정학은 단순히 학문으로서 진리추구나 조직체계를 확립시키는 데 끝나는 것이 아니라 끊임없이 가정생활에 참모습과 영위 방식을 추구하며 합리화를 위한 운영방법과 계획을 수립하는 규범학이다.

ⓒ 가정학은 '있는 곳'의 사실을 파악하여 진리를 추구하는 과학이 아니라 가정생활의 참모습을 목표로 하고 그 목표를 달성하기 위해 방법을 추구하는 학문이다.

ⓔ 가정학은 규범과학이다.

③ 가정학을 규범과학으로 보는 두 가지 견해

가정학을 규범과학으로 보는 데는 외부로부터의 규범과 내부로부터의 규범의 두 가지를 생각할 수 있다.

㉠ 외부적 규범: 나라를 국가 또는 방가라고 쓴다. 가정학의 과표는 가정뿐만 아니라 지역사회와 국가, 세계로 펼쳐 나가고 있다고 볼 수 있다. 가정학의 규범이 외부로부터 주어지는 것으로 예를 들면 전통적 유교 사상의 윤리적·정신적 규범의 전통에서 민주적 가족관의 변화로 규범이 달라지기 시작했으며 가정학의 주체성 확립이 요구된다.

㉡ 내부적 규범: 가정학의 규범은 외부로부터 주어지는 것이 아니라 가정(家政) 자체 내에서 일어나는 것이라고 보고 있다. 가정학은 현실의 가정(家政)을 규명함으로써 목적을 뚜렷하게 하고 그것을 기준으로 해서 가치판단을 한다. 가정학은 가정의 목표를 확립하여 이를 기준으로 가치 판단하는 내부로부터의 규범을 연구한다.

④ 가정학은 규범성의 성격을 가지고 있으므로 가정학원론은 규범학문의 원리를 다룬다.

## 4. 가정학의 실천성

① 가정학은 여러 가지 기초과학의 원리를 받아들여서 현실의 생활 향상을 꾀하는 구체적·실천적인 학문이다. 특별히 생활 속으로 실용화한다는 점을 특히 중시하는 면에서 실천과학이라고 할 수 있다.

② 가정학을 실천과학이라고 생각하는 이유는 가정학의 구체화와 실용화라는 성격 때문이다.

③ 가정학은 일상생활에서 활용하여 실천해야 하는 실천과학이며, 중요한 과제는 가족의 질 향상에 있다.

④ 가정학의 실천에는 충동적인 실천, 습관적인 실천, 항상 이성(理性)의 뒷받침이 있는 실천이 있는데 과학으로서의 실천은 이성의 뒷받침이 있는 실천이어야 한다.

## 5. 가정학의 통합성

가정학은 가정생활의 각 영역을 대상으로 해서 다른 과학의 이론과 방법에 의거해 연구하므로 제 영역과학을 통합할 필요가 있다. 그러기 위해서는 각 영역과학을 하나의 가정학으로 체계화(systematize)해야 한다.

① 통합의 원리

　　㉠ 연구대상의 통일: 종래 가정학의 통일을 어렵게 만든 원인의 하나는 대상이 애매한 데 있다. 따라서 가정(家政)을 핵심으로 한 생활시스템을 가정학의 연구대상으로 한다.

　　㉡ 연구방법의 통일: 가정학 연구방법에 있어서 사실 인식에서 가치 인식을 거쳐 가정에 의한 통일화를 지향하는 일관된 연구방법이 중요하다.

　　㉢ 연구목적의 통일: 가정학의 목적은 가정이란 연구대상의 목적에 연결되어 있다. 가정 목적에 의해 가정학을 구성하는 각 영역과학의 연구를 가치판단하고 가정 목적을 향해 통합할 수 있다.

② 가정학의 통일성과 환경 관련

　　㉠ 리처즈(E.H. Richards)에 의한 가정학의 통일성과 관련된 가정학의 정의: 가장 포괄적인 의미의 가정학은 한편에서는 직접 관련된 물질적 환경과 사회적 존재로서의 인간 본질에 관한 법칙, 조건, 원리 및 이념의 연구이며, 특히 이 두 가지 요인 사이의 관계(상호작용)를 보는 연구이다.

　　㉡ 특별히 상호관계를 강조한 것은 인간과 환경의 상호작용을 연구의 중심에 두고 있다는 것이다.

---

※ 인간생태학으로서의 가정학
- 미국의 일부 대학에서는 가정학의 명칭을 인간생태학(human ecology)으로 바꾸어 가정을 가족의 생명유지시스템으로 생각해서 보다 큰 생태계 속에서의 환경과의 상호관계를 살펴보도록 노력하고 있다.
- 가정생활을 중심으로 그와 관련된 환경에 의해 생활시스템을 구성하고 그 속에서 가정시스템과 직접 관련성을 갖는 환경을 가정환경으로 해서 가정은 그와 상호작용을 가지고 그 속에서 목적을 달성하기 위해 가치를 추구하고 필요한 물질을 시스템 속에 넣고 그 생활시스템의 외부에는 주변의 환경이 있고 생활시스템의 상호작용을 한다.

---

## 1. 가정학원론의 내용

### (1) 가정학의 체계와 내용

가정학의 연구방법에서 이론과학 및 자연과학적 방법을 통합하는 경우에는 가정학의 체계와 내용을 가정의 체계에 비추어 입체적으로 생각해야 한다.

① 학문이 하나의 체계로서 성립하려면 그 학문의 구성요소와 그 학문과의 관계가 갖추어져야 한다.

② 가정학을 학문으로 성립시키려면 연구대상, 연구목적, 연구방법의 세 가지를 포함해서 논해야 한다.

### (2) 가정과 생활체계

① 가정학의 연구대상은 가정으로, 가족과 개인, 더 나아가 지역사회의 생활 전체이다.

② 생활의 연구대상은 환경에 의해 매개된 사람의 행위와 심리 및 상호관계이며, 생활을 가족 개인, 그리고 이와 접한 관계가 있는 지역사회에 초점을 맞춘 것이 가정학이라고 생각할 수 있다.

③ 생활체계는 사람-물질-마음-사람의 상호관계 속에서 연쇄를 형성하고 있다.

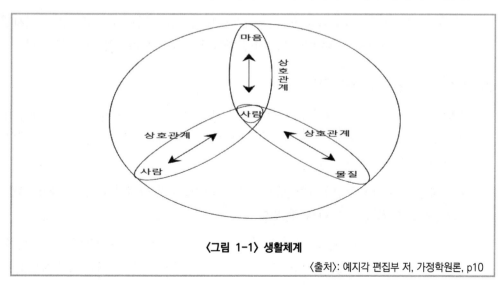

〈그림 1-1〉 생활체계

〈출처〉: 예지각 편집부 저, 가정학원론, p10

### (3) 생활의 전체성

생활은 전체라는 관점에서 개개의 가족과 개인의 생활과 다인(多人)의 가족과 개인은 물론 기업, 지역사회, 국가, 세계라는 가족·개인을 둘러싼 환경과 상호 관련시켜서 다루어야 한다. 즉, 생활환경에 적응하고 생활환경을 개선하는 가정학이 되어야 한다는 것이다.

ⓐ 생활은 종합적인 것이므로 각 부분을 전체와의 관련 속에서 상호관련된 의미를 가지고 있는 시스템론적인 관점에서 가정학을 생각해야 한다.

ⓑ 생활을 전체라는 관점에서 다루는 것은 생활환경에 적응하고 생활환경을 개선하는 가정학이 되어야 한다는 의미가 포함되어 있다.

### (4) 문명·문화의 학문이 된 가정학

문명이 만든 물질의 상호작용에 관한 연구가 진행될 때 가정학은 문명의 학문이 되며, 그 문명을 문화화시키려 할 때, 가정학은 문화의 학문이 된다.

### (5) 가정학과 철학의 관계

① 과학철학과의 관련성

가정학은 과학의 개념이나 분류에 관한 기초지식을 제공하는 과학철학과 관련된다.

가정학이 어떤 학문인가를 논하고 가정학원론의 핵심에 접근하려면 철학 중 과학의 개념이나 분류에 관한 기초적인 지식을 제공하는 과학철학을 연구해 두어야 한다.

② 문화철학과의 관련성

가정학은 의사결정 등의 가치인식에 관계되는 문화철학과 관련된다.

목적의식구성체로서 가정학 활동은 예측성과 의사성에 기인하며 의사성 및 의사결정은 가치에 의한다. 이는 가치의 인식에 관련하는 것이 문화철학이기 때문이다.

### (6) 가정학과 가치에 관한 연구

가정학은 가치문제에 무관심할 수 없으며 가치가 가정학의 중심적인 과제와 내용이 될 때 가정학은 물질 방법에 관련한 과학과 사람이 살아가는 방법, 사람의 존재 근원까지도 다루는 학문이 된다.

① 가치는 본질 가치, 수단 가치, 궁극적 목적 가치, 중간 목적가치, 규범 가치, 생활 가치, 사실 가치 등으로 나눌 수 있다.

② 가정에 있어서 수단 가치, 중간 목적 가치는 안정, 향상, 능률, 만족 등으로 다룰 수 있다. 생활 가치는 안전, 건강, 쾌적, 평등, 창조이고, 규범 가치는 윤리적으로 바람

직하다고 생각되는 가치이며(예: 정직), 사실 가치는 윤리적으로 바람직한지 아닌지에 대해 관계가 없는 가치(예: 영양적이다)이다.

## 2. 가정학원론의 연구법

### (1) 가정학 연구의 현황

#### ① 가정학원론의 현위치

가정학이 탄생한 지 70년이 넘었으나 학문으로 체계화하는 과정에서 어려움이 많았으며 현재도 가정학의 원리를 탐구하고 정립하는 격동기에 직면하고 있다.

#### ② 가정학원론 연구현황

㉠ 가정학원론의 부재 상태로 처음부터 각 영역의 기초과학에 분산되어 연구에 전념한 경우: 주로 자연과학계열로부터 가정학으로 합류한 사람들이 많다. 그러나 이와 같은 경향이 격화될 때 가정학은 분해를 초래하게 될 위험성이 있다.

㉡ 사회과학과 자연과학 등의 이질 계열의 여러 과학으로부터 통일원리를 찾아내려는 경우: 이질적인 여러 과학을 짜맞추어 보려해도 통일원리는 쉽게 나오기 어렵다.

㉢ 여러 과학을 대상 별로 접근하지 않고 개개의 가정(家政) 주체와 객체(주로 환경)에서 통일원리를 찾아내 보려는 경우: 자칫 잘못하면 주관적인 개인 신념이나 인생관에 빠지기 쉽고 사회적 객관성이 소멸되고 마는 일이 많다.

### (2) 가정학원론의 임무

가정학원론은 가정학의 구성요소의 범위, 선정, 연구방법 등의 조정탑의 위치에서 체계설정의 근거가 된 조직원리를 연구해서 가정학의 방향을 모색하는 임무를 지니고 있다.

**01**  다음은 원론에 대한 설명이다. 틀린 것은?

① 원론은 근본을 탐구하고 줄거리를 해명하는 학문이다.
② 원론은 학문 내용을 개략적으로 소개한다.
③ 원론은 마치 서 있는 나무의 기둥뿌리와 같다.
④ 원론은 영어로 principle philosophy, fundamental theory 란 말이 쓰이고 있다.

 정답 ②
 해설  개론은 학문 내용을 개략적으로 소개하고, 기초지식의 함양을 목적으로 한다.

**02**  다음은 가정학의 성격에 대한 설명이다. 옳은 것은?

① 실천과학이 아닌 경험과학이다.
② 통합적인 특성을 가지고 있다.
③ 기초과학이다.
④ 과학이 아닌 기술학이다.

 정답 ②
 해설  가정학은 과학의 분류영역 중 어느 한 특성을 갖는 데 속하지 않고 다양한 영역의 과학을 통합하는 특성을 갖는다.

**03** 가정학의 특성중 연구방법면에서 통합의 원리를 설명한 것은?

① 사실인식에서 가치인식을 거쳐 가정에 의한 통일화를 지향한다.
② 가정을 핵심으로 한 생활시스템을 연구한다.
③ 가정생활을 연구대상으로 한다.
④ 인간생태학적 관점에서 가정을 둘러싼 환경을 연구한다.

정답 ①

해설 연구방법 면의 통합의 원리는 가정학 연구방법에 있어서 일관된 연구방법으로 각 하위영역에 대한 사실 인식에서 가치 인식을 거쳐 가정에 의한 통일화를 지향하는 것이다.

**04** 미국 최초 여성 화학자이자 식품영양학자이면서 '가정학은 과학이다'라고 역설한 학자는?

정답 리처즈(Richards)

해설 미국 최초 여성 화학자이자 식품영양학자인 리처즈(E.H. Richards, 1842~1911)는 1902년 가정학을 주창했으며 '가정학은 과학이다'라고 역설하였다.

**05** 가정에 의한 체계화를 추구하는 데 초점을 두고 있는 교과목은?

정답 가정학 원론

해설 가정학원론은 가정생활의 각 분야를 사회와 연결시켜 전체 생활을 연구 영역으로 하여 각 영역과학을 포괄해서 체계적으로 조직하려는 학문이다.

**06** 학문을 규정하는 조건에 따라 학문의 원점·전개 과정의 줄거리를 세워 해명하고 학문의 본질을 뚜렷하게 밝히는 연구 또는 학문을 무엇이라 하는가?

정답 원론

해설 원론은 학문을 규정하는 조건(연구대상, 목적)에 따라 학문의 원점·전개 과정의 줄거리를 세워 해명하고 학문의 본질을 뚜렷하게 밝히는 연구 또는 학문이다.

**07**  가정학은 의사결정 등의 가치 인식에 관계되는 철학과 관련된다. 관련된 철학은?

정답  **문화철학**

해설  가정학은 의사결정 등의 가치인식에 관계되는 문화철학과 관련된다. 목적의식구성체로서 가정학 활동은 예측성과 의사성에 기인하나 의사성 및 의사결정은 가치에 의한다. 이는 가치의 인식에 관련하는 것이 문화철학이기 때문이다.

**08**  가정학의 체계와 내용을 설명한 것이다. 틀린 것은?

① 학문이 하나의 체계로서 성립하려면 그 학문의 구성요소와 그 학문과의 관계가 갖춰져야 한다.
② 가정학을 학문으로 성립시키려면 연구대상, 연구목적, 연구방법을 포괄해서 논해야 한다.
③ 한편에서는 가정학의 연구대상인 가정이 포괄적인 체계임에도 불구하고 분석과학적으로 독주하는 경향이 있다.
④ 가정학의 연구방법에서 이론과학 및 자연과학적 방법을 통합하는 경우에는 가정학의 체계와 내용을 가정의 체계에 비추어 평면적으로 생각해야 한다.

정답  ④

해설  가정학의 연구방법에서 이론과학 및 자연과학적 방법을 통합하는 경우에는 가정학의 체계와 내용을 가정의 체계에 비추어 입체적으로 생각해야 한다.

**09**  가정학에 있어 과학으로서의 실천이 요구된다. 실천방법으로 적절한 것은?

① 습관적인 실천
② 충동적인 실천
③ 이성이 뒷받침이 있는 실천
④ 규칙적인 실천

정답  ③

해설  가정학의 실천에는 충동적인 실천, 습관적인 실천, 항상 이성(理性)의 뒷받침이 있는 실천이 있는데 과학으로서의 실천은 이성(理性)의 뒷받침이 있는 실천이어야 한다.

**10** 미국에서는 가정을 가족의 생명유지시스템으로 파악하였는데 이는 가정학과 무엇을 연관시킨 것인가?

① 식품영양학

② 생태학

③ 의류학

④ 주거학

 ②

해설 미국의 일부 대학에서는 가정학의 명칭을 인간생태학(human ecology)으로 바꾸어 가정을 가족의 생명유지시스템으로 생각해서 보다 큰 생태계 속에서의 환경과의 상호관계를 살펴보도록 노력하고 있다.

CHAPTER

# 02

# 가정학의 정의와 목적

## 1. 가정학의 정의와 중요 요소

### (1) 가정학의 정의

ㄱ 가정학은 가정생활을 연구대상으로 하는 학문이며, 가정과 긴밀하게 관계되고 있는 환경의 관련성을 인적·물적 양면으로 연구하는 학문이다.

ㄴ 가정학은 사회변천에 따라 가정생활이 변화에 적용할 수 있도록 여러 지식을 체계화하여 적용하는 종합과학·응용과학·실천과학의 성격을 갖는다.

### (2) 가정학의 정의에서 중요한 요소

ㄱ 인간을 연구대상으로 한다.

ㄴ 인간과 물질의 상호작용을 연구한다.

ㄴ 생태학적 관점이 중시된다.

## 2. 가정학에 대한 여러 가지 견해

### (1) 가정학을 종합학문으로 보는 견해

① 일부에서는 가정학이 자연·사회·인문의 여러 학과를 내포하고 있으므로 종합과학이라고 말하나, 부분을 구성하는 과학을 모아 놓았다고 가정학을 종합학문이라고 할 수는 없다.

② 가정학이 종합학문이라는 견해는 가정학이 하나의 학문으로서의 독자성이 약하다는 의미가 되므로 옳지 않으며 유기적(有機的)인 원리로 가정학을 이해하여야 한다. 즉, 유기적인 것에는 부분의 종합뿐만 아니라 그 이상의 것을 가지고 있다고 볼 수 있다.

### (2) 가정학을 가정경영학으로 보는 견해

과거 일본이 가정관리와 가정 경제를 가정으로 취급한 것을 기본으로 해서 가정학을 가정경영학으로 보는 견해가 있으나, 이러한 견해는 이런 협의의 가정학 외의 동렬의 여러 과학은 제외되므로 가정학의 체계가 성립될 수 없다.

## (3) 가정학을 학문체계로 보는 견해

① 가정학의 독자적인 성격을 강조하는 견해로서 생활체계에 맞추어 각 전공영역의 과학을 통하여 가정학을 체계적인 학문으로 보는 견해이다.

② 가정학은 각 영역과학을 포괄적으로 총괄해서 하나의 학문체계로 조직하려는 것이다. 이 견해는 가장 바람직한 방향을 모색할 수 있게 한다.

## (4) 가정학을 소비과학으로 보는 견해

경제학이나 상품을 자연과학적으로 보는 측면에서 가정학을 연구하는 경우에 제시된다. 가정생활은 소비생활만 내포하는 것이 아니므로 이 견해는 적절하지 않다.

## (5) 가정학을 생활과학으로 보는 견해

가정 내의 일이 산업화로 점차 가정 외에서 이루어지자, 가정학의 대상을 가정생활에 국한시키지 않고 아예 생활과학으로 하자는 견해이다. 이 견해는 인간 생활의 모든 면을 대상으로 하기 때문에 과학의 체계가 불가능하다는 문제점이 있다.

## (6) 기타 견해

가정학을 인간생태학, 인간가족학 등으로 보는 견해이다. 미국 일부에서는 가정학을 생태학적인 측면에서 보고 있다. 인간을 환경과 관련시켜 하나의 생태학적인 계체(系體)에서 보는 것이다.

## (7) 가정학에 대한 견해와 그에 대한 비판

① 가정학은 종합학문이다. 부분을 구성하는 각 과학을 모아 놓기만 한다면 전체로서의 가정학이 될 수 없다.

② 가정학은 가정경영학이다. 가정학이 가정경영학으로 축소될 우려가 있다.

③ 가정학은 체계적인 학문이다. 이 견해는 가장 바람직한 방향을 모색할 수 있게 한다.

④ 가정학은 생활과학이다. 인간 생활의 모든 면을 대상으로 하는 하나의 체계는 곤란하다.

⑤ 가정학은 소비과학이다. 가정생활은 소비생활뿐만 아니라 정신생활과 생산생활이 포함된다.

## 3. 가정학 정의의 배경

가정학의 정의에서 중요한 요소는 가정학의 대상, 목적, 연구 방법 세가지 기본요소를 말한다.

### (1) 미국 가정학회(AHEA)의 정의

① 미국가정학회(AHEA:American Home Economics Association)는 1899년 제1회 미국 뉴욕주 레이크 플래시드 회의(Lake Placid Conferences)를 거쳐 많은 토의를 통해 가정학의 정의에 대해 토론을 하였다. 이 때 리처즈(E.H.Richards)여사는 선구자 역할을 하였다.

② 1909년 미국가정학회(American Home Economics Association)의 성립에 의해 근대 가정학이 발족된 것으로 본다. 미국가정학회(AHEA)는 1909년 1월 1일에 결성되었으며 이후부터 조직적인 가정학 운동이 시작되었다.

③ 리처즈(Richards)의 가정학 정의(제4회 Lake Placid Conferences,1902)

가정학(home economics)은 가장 포괄적인 의미에서, 인간과 직접 관계가 있는 물적 환경(음식, 영양, 옷감 등)과 사회적 존재로서의 인간 본성에 대해 법칙·제조건·원리 및 이상에 대해서 연구하고, 이 두 인자 사이의 관계를 연구하는 학문으로 정의하였다. 특히 이 상호관계에 대해 규명하는 데에 가정학의 사명이 있다.

④ 리처즈(E.H.Richards) 1910년에 「우경학(優境學)Euthenics」 저서 발간

일찍이 오늘날의 인간생태학의 방향을 잡았고, 가정학은 생활환경 개선에 의해 가족의 향상을 촉진하는 과학인 우경학이라 하였다.

  ㉠ 정의: 능률적인 인간 보장을 목적으로 의식적인 노력을 통해 생활의 제 요건을 개선하는 것

  ㉡ 후천적 요소인 인간 환경(평생을 통한 조건)을 보다 잘 개선할 것을 목적으로 한다.

⑤ 크리크모어(A.M. Creekmore)의 정의(1968)

가정학(Home Economics)은 전인적(全人的)존재의 인간과 가까운 환경과의 사이에서 일어나는 상호작용에 관해 연구하는 것이다.(물질과 인간의 상호관계 연구)

⑥ 1974년 미국가정학회가 내놓은 가정학 새 지침의 목표

    ㉠ 미래 사고 능력의 개발

    ㉡ 공공 정책의 관심

    ㉢ 변화에 대한 창조적 대응

    ㉣ 자원 배분의 최적화

    ㉤ 연구·교육과 실천의 유효적인 관계

## (2) 세계가정학회(국제가정학회)의 가정학

① 파리에 본부를 둔 세계가정학회(IFHE: International Federation of Home Economics)는 1908년 설립하였다. 1970~1972년 사이에 위원회를 만들어서 세계 공통의 정의를 연구·검토하였다.

② 각 나라의 가정학회에서 배출된 각 견해는 여건과 언어상의 문제에 있어서 표현의 일치점을 찾아내기가 어려워지자 1972년 제12회 세계가정학회(IFHE: International Federation of Home Economics, 헬싱키 개최)에서 「가정학 정의에 관한 선언」을 발표하고 각 나라는 이를 토대로 하거나 참고로 해서 자국에 적합한 정의를 작성해 나가기로 결정하였다.

③ 가정학 정의에 관한 선언

가정학은 가족원의 신체적, 사회경제적, 미적, 문화적, 정서적, 지적 욕구를 최적으로 충족시키기 위해 가정생활의 정서(整序:조화롭게 조직된 가족생활) 및 지역사회와의 관계를 탐구하는 학문이다.

가정학 자체는 이론 과목이 아니다. 여러 가지 과학과 기술을 기초로 해서 활용하기는 하나 어디까지나 수단이지 목적은 아니다. 가정학의 존재 근거와 목적은 가족을 중심으로 한 생활의 가치를 인식하는 데 있다.

## (3) 일본가정학회의 정의

일본에서의 가정학은 미국 가정학의 영향을 많이 받고 있다. 일본은 1970년에 일본가정학회의 가정학원론 연구위원회가 다음과 같은 정의를 내세웠다.

① 가정학의 의의(정의)

가정학은 가정생활을 중심으로 사회사상(社會事象)까지 연장하여 사람과 환경의 상호작용에 대해 인적·물질적인 양면에서 연구하고, 가정생활 향상과 더불어 인간개발을 꾀해서 인류의 행복증진에 공헌하는 실증적·실천적 과학(학문)이다.

② 가정학에 관한 의견

 ⊙ 대상: 가정생활을 중심으로, 개인·가족 및 지역의 생활, 사회사상, 사람과 환경의 상호작용에 대해 연구한다.

  인간 생활의 기반인 가정생활을 중심으로 해서 개인·가족 및 지역의 생활에 대해 연구를 하나, 최근 가정의 기능이 점점 사회화되는 경향이 있으므로 가정학의 연구를 이와 긴밀한 관계가 있는 사회사상으로 연장할 뿐만 아니라 사람과 환경의 상호작용에 대해서도 연구한다.

 ⓛ 방법: 가정학은 자연·사회·인문 등의 제 과학을 기반으로 가정생활에 관한 여러 법칙을 명백하게 해서 실생활에 활용할 수 있는 연구를 한다.

# 02 가정학의 목적

## 1. 가정학의 연구목적

가정학의 목적은 가족원 개개인의 성장·발달과 가족의 복리를 증진시키고 이를 위하여 환경으로서의 가정생활의 개선을 통한 삶의 질을 향상시키는데 있다.

### (1) 일반목적

① 인류의 복지증진- 모든 학문의 궁극적인 목적이다.

② 가족의 행복증진-기본적인 요소이며 단위가 된다.

### (2) 구체적 목표

① 인간개발

개개인이 가지고 있는 신체적·정신적·사회적 가능성을 개발하고 신장시켜서 사람답고 보람있게 삶을 이어가는 것을 의미하며, 자기실현이나 인간 가치의 창조라는 말로 표현할 수 있다.

② 가정생활의 향상

가정 기능의 원만한 수행 실천이라고 말할 수 있으며 가정의 실천목적이다.

## 2. 가정학의 목적과 생활의 질

① 과학은 실증이 가능한 것만을 취급하고 진실을 알아내 진리를 찾아내는 것이므로 목적을 세울 때는 가치 기준에 의해 판단하고 의사결정을 해서 선택할 수 있다.

② 가정학에 있어서 가정생활의 향상 등의 목표는 한마디로 생활의 질(質: quality)향상을 의미한다. 가정생활이 건강, 안전, 쾌적, 평등, 창조 등을 달성하고 생활수단이 자연과 조화되어 있으며 풍요로운 생활을 누리고 있는 것이 생활의 질(質: quality)이다. 따라서 가정학원론에서도 생활의 질을 시종일관 목적으로 삼는다.

③ 생활의 질(質)에 대한 견해는 각기 전공영역에서 부분적인 면을 강조하기 쉽다. 그러나 가정학은 생활의 질을 어느 전공영역보다 통합적인 시각에서 다루어야 한다.

사람에게 참다운 풍요로운 생활이란 무엇인가? 생활의 질을 근본적으로 생각하는 것부터 출발할 필요가 있다.

## 1. 우리나라 가정학의 발족

① 우리나라의 학교교육을 통한 여성교육은 미국 선교사에 의해 이화(梨化)학당에서 시작되었다. 우리나라 최초의 여성 고등교육기관인 이화학당은 1886년 스크랜튼 부인에 의해 설립되어 여성교육을 시작하였다.

② 8.15해방 전의 우리나라의 여자 전문교육은 이화여전, 숙명여전, 경성사범 등 3개 교에 불과하였으며 36년간의 일제강점기하에서는 일본의 교육을 따를 수 밖에 없었다.

③ 1945년 8.15까지의 우리나라 여자 전문 교육시설의 가정학은 일본에 동화된 상태였으며 고등여학교에서도 일본과 마찬가지로 가사과란 교과명이 사용되었다. 가사는 교과목의 명칭이며 교육으로서는 가정, 가사의 개념을 함께 지니고 있었다. 가사교육은 주로 경험과 기술에 편중되었다.

④ 8.15해방 후 4년제 대학이 개설되면서 가정학으로 발족하게 됨과 동시에 체계적 이론 연구가 활발해지게 되었다. 1960년 말에 이르러 가정학과 가정대학으로 승격하게 되자 가정학이 과학(학문)으로 발전하게 되었다.

## 2. 가정학 명칭의 역사적 배경과 동향

### (1) 홈 이코노믹스(home economics)란 명칭의 역사적 배경

뉴욕주의 레이크 플래시드 클럽(Lake Placid Culb)은 미국의 가정학 지도자들 11명이 최초로 회합을 가진 장소이며, 1899년 9월에 리처즈(E.H. Richards)를 의장으로 뽑아 제1회 L.P.C를 개최하였다.

① 제1회 L.P.C(1899년)에서는 홈 이코노믹스(Home Economics)란 명칭에 의견일치를 보았다는 데서 큰 업적을 세웠다고 할 수 있다. 기본목표는 인간 심신의 건전한 발육이며 가정이야말로 이를 최적하게 지켜나갈 수 있음을 확신하는 뜻에서 Economics 앞에 Home이 붙여진 것이다. 제1회 L.P.C(1899년)에서는 가정학의 명칭을 Domestic Economy, Domestic Science, Household Science, Household Administration 등을 대신해서 'Home Economics'를 사용할 것을

결정했다.

② 제2회 L.P.C(1900년)에서는 홈 이코노믹스(home economics)의 사회학적 시대에 들어갔음이 확인되었으며 듀이(A.G. Dewey)는 학문 분류에서 홈 이코노믹스(home economics)를 사회학 아래 소비경제학에 소속시켰다. 이는 교과과정을 새롭게 편성할 때 사회경제학과의 관련성이 중시되었고 가사노동의 간소화와 교원양성이 제안되었다.

③ 제3회 L.P.C(1901년)에서는 가정의 위생학적 지식을 보급하기 위한 교원 양성 문제에 관해 토의되었고, 가정 경영의 문제의식이 부각되었다.

④ 제4회 L.P.C(1902년)에서는 물적 환경뿐만 아니라 인적 특성에 대한 포괄적인 홈 이코노믹스(home economics)의 정의가 검토되었다. 일부에서는 개명에 대한 의견이 있었으나, 계속 홈 이코노믹스란 명칭을 사용하기로 결정하였다.

※ 홈 이코노믹스(home economics)-리처즈(E.H. Richards)
홈(home)은 보호, 양육, 자신을 희생할 줄 아는 인격 형성, 환경대처 능력개발 등 인간발달의 장(場)을 의미하며, 이코노믹스(economics)는 금전뿐만 아니라 시간과 노력(노동)에 관한 경제성을 포함한 가정(家政)의 영위라고 했다.

⑤ 1960년 폴 밀러(Paul Miller)는 가정학의 개칭을 제의하기 시작했다. 이어서 전국의 가정대 학장들이 홈 이코노믹스 워크샵(home economics workshop)을 개최하고 가정학의 명칭을 바꿀 것을 제의하였으나 결정을 보지 못했다. 그리하여 오늘날까지 세월이 흘렀으며 일부대학에서는 이미 명칭을 바꾸었으나 아직 많은 대학에서는 홈 이코노믹스(home economics)의 명칭을 그대로 지키고 있다.

## (2) 가정학 명칭의 동향

### ① 새로운 가정학 명칭을 구상할 때의 두 가지 방법

㉠ 기존 가정학의 명칭에 새로운 명칭이 붙는 경우

㉡ 기존 가정학의 명칭과는 전혀 이질적인 새 명칭으로 바꾸는 경우

### ② 새로운 명칭

교육제도의 개혁이 이루어지면서 가정학 명칭에 대한 관심이 높아지자, 미국 등지에서는 여러 가지 개혁적인 명칭이 이용되고 있다.

㉠ 인간생태학(human ecology)

㉡ 인간발달(human development)

㉢ 인간발달·가족 연구(human development and family studies)

　　　　　ⓛ 인간자원개발(human resource  development)

　　　　　ⓜ 가족·소비자 자원(family and consumer resource)

　　　　　ⓗ 가족·소비자과학(family and consumer science)

　　　　　ⓢ 가족·소비자 연구(family and consumer studies)

　　　　　ⓞ 소비자관계과학(consumer related science)

　　　　　ⓩ 소비자경제학(consumer economics)

　　　　　ⓒ 가정·지역사회 서비스(home and community service)

　　　　　ⓚ 가정학·가정생활(home economics and family living)

③ 머피(P.D. Murphy)교수는 다양한 명칭들에 대해 다음과 같이 비판하였다.

　　ㄱ 인간발달·가족생활·환경·인간생태학: 이들 명칭은 가정학의 현재 영역보다 광
　　　범위한 의미를 나타내므로 더 많은 입증도 필요하고, 현재의 가정학 명칭보다 일
　　　체감이 명확하지 않다.

　　ㄴ 가족생활: 동일성이 명확하지 않으며, 생활준비를 하는 남녀를 위한 일반교육이
　　　라는 의미를 안고 있다.

　　ㄷ 우경학: 가정학은 현재 우경학이 뜻한 바에 개입되지 않는 실정이다.

　　ㄹ 인간기술과학과 응용과학: 가정학은 전체적으로 인간에게 과학을 응용하지도 않
　　　으며, 인간에 대한 응용과학으로 생각할 수 없다.

④ 가정학의 개명 작업은 신중을 기할 필요가 있다. 명칭이 바뀌는 자체가 중요하기보
　다 가정학 학문의 목적, 본질과 내용, 연구대상, 연구방법, 연구방향 등을 충분히
　나타낼 수 있고 동일성의 명칭이 시대의 요구에 알맞게 생각되어야 한다.(기본철학
　과 사회적 요구를 고려해야 함)

⑤ 가정학의 중심인 가정학회는 가정학의 명칭 여하를 불문하고 가정학의 구심점 역할
　을 나라, 지역, 국제 수준으로 행하고 있다.

**01** 다음은 가정학의 정의에 대한 설명이다. 틀린 것은?

① 가정학은 사회변천에 따라 가정생활이 변화에 적응할 수 있도록 여러 지식을 체계화하여 적용하는 경험과학이다.
② 가정학은 가정생활을 연구대상으로 하는 학문이다.
③ 가정과 긴밀하게 관계되고 있는 환경의 관련성을 인적·물적 양면으로 연구하는 학문이다.
④ 가정학은 종합과학·응용과학·실천과학의 성격을 갖는다.

**정답** ①

**해설** 가정학의 정의
　　ⓐ 가정학은 가정생활을 연구대상으로 하는 학문이며, 가정과 긴밀하게 관계되고 있는 환경의 관련성을 인적·물적 양면으로 연구하는 학문이다.
　　ⓑ 가정학은 사회변천에 따라 가정생활이 변화에 적응할 수 있도록 여러 지식을 체계화하여 적용하는 종합과학·응용과학·실천과학의 성격을 갖는다.


**02** 다음 가정학을 보는 견해에 대한 설명이다. 가장 바람직한 방향을 모색할 수 있게 하는 견해는?

① 종합학문으로 보는 견해
② 학문의 체계로 보는 견해
③ 생활과학으로 보는 견해
④ 소비과학으로 보는 견해

**정답** ②

**해설** 가정학의 독자적인 성격을 강조하는 견해로서 생활체계에 맞추어 각 전공영역의 과학을 통하여 가정학을 체계적인 학문으로 보는 견해이다. 이 견해는 가장 바람직한 방향을 모색할 수 있게 한다.


**03** 가정학의 목표인 가정생활의 향상이 의미하는 것은 무엇인가?

**정답** 생활의 질(質: quality) 향상

**해설** 가정학에 있어서 가정생활의 향상 등의 목표는 한마디로 생활의 질(質: quality)향상을 의미한다. 가정생활이 건강, 안전, 쾌적, 평등, 창조 등을 달성하고 생활수단이 자연과 조화되어 있으며 풍요로운 생활을 누리고 있는 것이 생활의 질(質: quality)이다. 따라서 가정학원론에서도 생활의 질을 시종일관 목적으로 삼는다.

**04** '가정학(Home Economics)은 전인적(全人的)존재의 인간과 가까운 환경과의 사이에서 일어나는 상호작용에 관해 연구하는 것이다.'라고 가정학을 정의한 학자는?

> **정답** 크리크모어(A.M. Creekmore)
>
> **해설** 크리크모어(A.M. Creekmore)는 가정학(Home Economics)은 전인적(全人的)존재의 인간과 가까운 환경과의 사이에서 일어나는 상호작용에 관해 연구하는 것이다.(물질과 인간의 상호관계 연구)라고 가정학을 정의하였다.

**05** 우리나라에 설립된 최초의 여성 고등교육기관은?

> **정답** 이화학당
>
> **해설** 우리나라의 학교교육을 통한 여성교육은 미국 선교사에 의해 이화(梨化)학당에서 시작되었다. 우리나라 최초의 여성 고등교육기관인 이화학당은 1886년 스크랜튼 부인에 의해 설립되어 여성교육을 시작하였다.

**06** IFHE 는 무엇인가?

> **정답** 세계가정학회(국제가정학회)
>
> **해설** 세계가정학회(국제가정학회)(IFHE: International Federation of Home Economics)는 1908년 창설되었다. 프랑스 파리에 본부를 두고 있으며 세계회의는 4년마다 개최하고 있는 국제 비정부기구이다.

**07** 학문 분류에서 홈 이코노믹스(home economics)를 사회학 아래 소비경제학에 소속시킨 학자는?

① 폴 밀러(Paul Miller)
② 듀이(A.G. Dewey)
③ 머피(P.D. Murphy)
④ 리처즈(E.H. Richards)

> **정답** ②
>
> **해설** 제2회 L.P.C(1900년)에서는 홈 이코노믹스(home economics)의 사회학적 시대에 들어갔음이 확인되었으며 듀이(A.G. Dewey)는 학문 분류에서 홈 이코노믹스(home economics)를 사회학 아래 소비경제학에 소속시켰다. 이는 교과과정을 새롭게 편성할 때 사회경제학과의 관련성이 중시되었고 가사노동의 간소화와 교원양성이 제안되었다.

**08** 다음 가정학의 일반 목적 중 모든 학문의 궁극적인 목적에 해당하는 것은?

① 인류의 복지증진
② 인간개발
③ 가정생활의 향상
④ 가족의 행복증진

**정답** ①

**해설** 가정학의 일반 목적은 ① 인류의 복지증진– 모든 학문의 궁극적인 목적이다. ② 가족의 행복증진– 기본적인 요소이며 단위가 된다.
구체적 목표에는 ① 인간개발 ②가정생활의 향상이 있다.


**09** 일본 가정학의 발전에 영향을 준 나라는?

① 한국
② 미국
③ 프랑스
④ 캐나다

**정답** ②

**해설** 일본에서의 가정학은 미국 가정학의 영향을 많이 받고 있다.


**10** 제1회 L.P.C( Lake Placid Conferences )의 업적에 해당하는 것은?

① 홈 이코노믹스(home economics)란 명칭에 의견일치를 보았다.
② 가정의 위생학적 지식을 보급하기 위한 교원 양성 문제에 관해 토의되었고, 가정 경영의 문제 의식이 부각되었다.
③ 물적 환경뿐만 아니라 인적 특성에 대한 포괄적인 홈 이코노믹스의 정의가 검토되었다.
④ 홈 이코노믹스(home economics)의 사회학적 시대에 들어갔음이 확인되었다.

**정답** ①

**해설** 제1회 L.P.C(1899년)에서 홈 이코노믹스(home economics)란 명칭에 의해 의견일치를 보았다.

# 03

# 가정학의 학문적 성격

## 1. 학문에 대한 이해

① 학문은 사람의 영위이며, 사람에 의해 추진된다.

② 학문지향적 의욕이 능동적이어도 현실 속의 다면적 가능성에 대한 능동적 인지력이 없으면 의의가 상실된다.

③ 여러 문제에 관한 구체적인 이론 전개는 학문과 인간과 생활의 상호의존적 관련성 속에서 추진되어야 한다.

④ 오늘날의 학문영역의 새로운 동향은 내적으로는 현실과제를 통합한 원리의 구명 활동과 결부되고, 외적으로는 전문분야 간의 공동연구로 진전되는 것으로서 이 두 가지 경향을 조정하는 학문성의 역할이 중요시 된다.

### (1) 학문의 정의

학문은 방법론에 입각한 연구대상·방법·목적 등을 성립 조건으로 하는 체계적인 지식이다.

### (2) 학문 지식의 성립

가능성에서 가능성으로 펼쳐지는 인간생활의 현실과제 속에서 독자적인 입장으로 선택된 여러 가지 이론의 정합성을 추구하는 과정에서 육성되므로 단편적이 아니고 전체적으로 생각해내려는 통합적 고찰에 의해 보다 객관적인 확증을 얻게 된다.

## 2. 학문성

### (1) 학문성의 특징

① 학문을 만드는 정신을 학문성이라 하며, 학문성은 사람이 무엇을 알고 무엇을 모르는가를 이해하는 것이다.

② 현대의 학문은 폐쇄적인 개별의 전문영역을 넘어 종합적 문제로 펼쳐나가는 학제적 (interdisciplinary)인 시대에 접하고 있으므로 학문성의 뜻도 개인 연구뿐만 아니라 종합적 공동연구까지 확대되어야 한다.

㉠ 학문성의 뜻은 과거처럼 좁고 분화된 개인 연구 뿐만 아니라 적극적으로 과제를 서로 제공해서 검토를 하는 종합적 공동연구까지 확대하지 않으면 안 된다.

　　　㉡ 개별 연구와 공동연구의 전체적 총화와 조화가 이루어져 학문성을 확정한다.

## (2) 학문의 기본원리

학문은 기본적으로 확산의 원리와 통합의 원리가 지배적이다. 확산의 원리는 학문의 외연성 지향을 의미하며, 통합의 원리는 내부로 과제를 집중시키는 구심적인 주체성을 강조한다.

## 3. 학문과 대학

① 학문과 대학은 현대의 지적 요청에 응하기 위해 함께 전진하는 관계이다.

② 대학은 지식욕에서 발생한 창조적인 인식활동의 대표적이며 조직적인 기관이며, 다면적인 연구를 통해 인간 생활의 현실문제에 공헌할 수 있도록 학문을 전문화·공동화시키면서 실질 가치를 높여가고 있다.

③ 현재의 복잡한 사회 정세의 와중에서는 학문과 대학의 상호관계에 있어서 이념과 실제가 잘 맞지 않아 본질적으로 수많은 모순과 문제점이 야기되고 있으나 끊임없이 노력해서 현대의 지적 요청에 응하기 위해 진화하고 있다.

④ 대학의 본질(기능): 연구, 교육, 봉사(지역사회봉사)

　　　㉠ 연구 – 관찰, 실험, 조사를 통해 얻어진 결과를 기존의 지식에 통합시키거나 새로운 지식을 창조하는 것

　　　㉡ 교육 – 축적된 정밀한 새 지식이 제자, 후진, 후배들에게 전달되는 것

　　　㉢ 봉사 – 구체적인 생활 속에서 많은 대중을 상대로 해서 지식이 직접 응용되고, 이러한 응용된 지식을 통해서 우리 사회를 보다 향상시키도록 하는 것

⑤ 학문과 대학: 대학이라는 기관을 통해 학문이 연구되고 전달된다.

⑥ 학문은 사람이 창조적 인식 활동을 추구하여 본질을 관념적으로 규명한 단계에서 비로소 기능이 생동되는 특질을 갖는다.

⑦ 대학은 시국에 따라 대중의 지적활동을 결집하여 조직화를 시도하려는 연구체제를 공공적으로 실현했을 때 그 기구가 재인식되는 외연적(外延的) 성질을 갖는다.

※ 가정학의 학문적 특성
- 가정학은 자연, 사회, 인문의 3과학 분야에 걸친 종합적인 성격을 가지고 있고 어느 한 가지 과학에서만 속하지 않는다.
- 가정학은 연구목적을 가족의 행복증진에 둠으로 과학분류상 이론과학이 아닌 실천과학의 성격을 갖는다.

## 1. 가정학의 독자성과 가정성

가정생활에 대해 전문적으로 다루는 학문은 가정학 외에는 없다. 가정생활은 가정학이 다루는 고유한 연구대상이며, 가정학은 가정생활에 대한 과학적 연구를 통해 전문성을 확립할 수 있다.

① 일본의 가정학자 마쓰시마(松島千代野)는 가정학의 독자성 및 유일성(uniqueness)을 규명할 때 가장 적절한 개념은 '가정성(家政性)'이라 하였다.

② 가정성이란 개념은 가족원들이 가정생활의 독자적 기능에 관해 대내외적으로 인간다운 생활을 유지·발전시키기 위해 노력하는 가정의 주축이 되는 개념을 의미한다. 가정성은 일상의 가정생활을 보다 잘 유지·발전시키는 생명력이며 생활력이다.

③ 가정성이란 개념을 의식하면서 가정생활의 내용을 고찰해 나가면 지금보다 더욱 가정학의 독자성을 종합적으로 발휘해 나갈 수 있을 것이다.

## 2. 가정학의 성격과 학문성

### (1) 가정학의 성격

가정학의 성격을 현대 과학론에 결부시켜 가정학의 위치 및 오늘의 가정학을 살펴보면 다음과 같다.

① 과학론

과학은 경험을 통하여 특수대상에 대응하는 방법으로 이 특수 영역에 있어서의 객관적이고 보편적인 것을 발견하여 객체적 대상에 관한 인식을 체계화한 것이다. 근

대과학은 과학을 자연과학과 비 자연과학으로 분류하고, 비 자연과학에 해당되는
과학을 사회과학과 인문과학으로 보고 있다.

② 자연과학, 사회과학, 경험과학의 가정학

　㉠ 자연과학: 자연현상을 대상으로 그 법칙을 탐구하는 과학이다.

　㉡ 사회과학: 사회적 현상을 탐구하는 과학으로서 사회학, 경제학, 정치학, 법학,
　　역사학, 민속학 등이 이에 속한다.

　㉢ 경험과학: 경험적인 사실을 대상으로 한 과학이며, 대상별로 분류하면 자연과
　　학과 정신과학으로 나눠지고, 방법론적으로는 자연과학과 역사과학으로 분류
　　한다.

　㉣ 가정학: 가족이 가정을 단위로 환경과의 상호관계에 있어서 어떻게 하면 사람답
　　게 살 것인가를 연구하므로 가정학은 어느 한 가지 과학에만 속하지 않고 자연,
　　사회, 인문의 3과학 분야에 걸친 종합과학적인 성격을 가지고 있다.

③ 이론과학, 실천과학과 가정학: 과학은 이론과학(순수과학)과 실천과학(응용과학)으
　로 크게 분류한다.

　㉠ 이론과학: 원인과 결과, 사상(事象)과 사상(思想) 사이의 관계를 그대로 파악하
　　고 법칙을 정립한다.

　㉡ 실천과학: 어떤 사상(事象)을 목표화해서 그것을 실현시키기 위해 실생활에 응용
　　하는 것을 직접 목적으로 한다.

　㉢ 가정학: 가족을 주체로 하고 생활공동 조직체의 합목적 활동을 동태적으로 파악
　　하고 그 연구목적을 가족의 행복증진에 두므로 과학 분류상 실천과학의 성격을
　　갖는다.

④ 과학, 철학과 가정학

　현대철학은 철학을 논리철학(존재론과 인식론)과 실천철학(가치론)으로 구분한다.
　가정학도 이러한 과학으로서의 발전 기반을 충분히 가지고 있다.

⑤ 행동과학, 인간생태학과 가정학

　가정학은 자연환경 속의 인간 행동의 입장에서 가정학을 이해해야 하며, 인간생태
　학적 진화과정을 이해하고 의도적인 적응능력의 개발을 강화해야 한다.

　㉠ 행동과학: 행동을 전체적으로 다루어 논리 실증적으로 연구하는 과학의 총칭이
　　며, 가정학은 자연환경 속의 인간 행동의 입장에서 가정학을 사회과학으로 이해
　　하려고 한다.

　㉡ 인간생태학: 미국의 가정학계는 인간과 환경의 상호 관계에서 가정(家庭)은 가족

을 위해 생명유지체계(life support system)로 체계화되고 있다. 사람은 환경으로부터 지배를 받는 동시에 항상 균형을 유지하고 새롭게 수정하기 위해 적극적으로 환경에 이르는 주체이기도 하다. 따라서 현대 가정학은 이 제안과 같이 인간 생태학적 진화과정을 이해하고 의도적인 적응능력의 개발을 강화해야 한다고 강조하고 있다. 인간생태학은 현대사회의 요청에 맞게 하기 위하여 사명, 책임을 중심으로 체계화한 것이다.

- 가정학을 인간생태학이라 개칭할 때 가장 강조한 점은 교육목표로서 사회에 대한 사명달성을 우선으로 했다.
- 가정학과 인간생태학은 인간과 그의 일상생활환경과의 상호작용을 규명한다는 점에서 기본사고가 같다.

## (2) 가정학의 학문성

가정학의 학문성은 가정성(家政性)이다. 학문은 어디까지나 사람의 영위이며, 사람에 의해 추진되는 것이고, 학문성은 학문을 만드는 정신으로 사람이 무엇을 알고 무엇을 모르는가를 이해하는 것이다. 가정성은 일상의 가정생활을 보다 잘 유지·발전시키는 생명력이며 생활력이다.

① 인간의 생존이 계속되는 한, 현실의 생활세계에는 인간성—학문성—가정성의 상대적 연대체계에 반영된 법칙이 내재하면서 상호의 유대를 높여 광범위하게 영향을 주고받고 있다.

이 법칙은 개별적인 것부터 일반적인 것으로 한 걸음씩 확대, 심화되어 가므로 학문의 독자성을 종합한 독자의 원리가 상대적으로 인식되지 않으면 종합적 학문체계에 의미를 충분히 발휘할 수 없다.

학문이 인간을 변화시키고 인간이 학문을 변화시킨다. 연구를 촉진하는 동안 가정(家政)의 가치를 알게 될 것이다.

② 가정사·가정학사 등의 연구는 과거를 통해 현재의 상황을 비교하고 발전의 계기로 삼을 수 있다.

③ 가정학은 가정생활을 실현하는 수단이나 기술만이 아니라 가족관계, 인간의 정신, 신체적 성장 및 발달, 생활자원의 활용, 생활환경의 조성, 경제생활 등을 종합적으로 연구하여 실생활에 적용할 수 있도록 하는 종합과학이며 실천과학의 성격을 띠고 있다.

### (3) 가정학의 학문성이 과거에 인정을 받지 못한 이유

① 가정학이 학문으로서의 기반이 확인된 것은 극히 최근의 일이다.

② 학문으로 인식되기 전의 가정학은 자연생활이나 사회상황이 요구한 가사 일반의 처리기술만이 실용적으로 전달되는 실용적 기술론에 편중되고 있었다.

   ㉠ 학문으로 인식되기 전의 가정학은 학문영역의 설정이나 개념규정 보다는 오로지 자연생활이나 사회상황이 요구한 가사 일반의 처리기술만을 실용적으로 강조하였을 뿐이었다.

   ㉡ 가정학 발단 시에는 이론보다 기능이 먼저 필요했고, 그 당시의 가정학은 실용주의의 입장에서 생활을 향상시키는 일이 중요한 과제였기 때문이다.

사회변화에 능동적으로 적응해야 하지만, 명칭을 바꾸면 가정학의 기본원리가 바뀔 수밖에 없으므로 가정학 명칭을 바꾸어 탈가정학 노선을 선택하기보다 자체의 가정성 원리를 기초로 해서 요즘의 사회에서 요구되는 문제점들을 능동적으로 해결해 나가는 방법을 찾아야 할 것이다.

① 가정학은 사회에서 배척되고 있다. 따라서 격동의 와중에서 적응능력을 개발해야 한다. 현대사회의 진보에 적응하는 원리를 탐구해서 가정학의 전체를 다뤄야 한다.

② 명칭을 바꿔 탈가정학이 되는 노선을 선택하는 것이 아니라 더 만족스러운 이름이 나오더라도 가정학의 해소를 의미할 수 없을 것이며 오히려 저류에 깔려있는 이념이 시종일관 정착되어 가정성이 사회에 접촉하면서 새로운 방향과 흐름을 타게 될 것이다.

③ 앞으로의 가정학은 대상을 가정인(家庭人)의 가사적 기술이나 폐쇄적인 가정생활의 현상문제를 취급할 뿐만 아니라 생활에 대해 종합적인 시야를 가지고 가정 의식을 기반으로 해서 잠재적인 가정성을 연구 범위에 신장시켜 가면서 추진해야 할 것이다.

④ 앞으로의 가정학의 과제: 가정생활이 인간과 환경과의 상호작용에서 이루어진다는 시각에서 인간생태학으로 연구할 필요가 있다.

# 04 가정학의 학문적 성격: 예상 문제

제3장 가정학의 학문적 성격

**01** 다음은 학문의 이해에 대한 설명이다. 틀린 것은?

① 학문은 사람의 영위이며, 사람에 의해 추진된다.

② 학문지향적 의욕이 능동적이어도 현실 속의 다면적 가능성에 대한 능동적 인지력이 없으면 의의가 상실된다.

③ 여러 문제에 관한 구체적인 이론 전개는 학문과 인간과 생활의 상호의존적 관련성 속에서 추진되어야 한다.

④ 오늘날의 학문영역의 새로운 동향은 각 전문분야 간의 개별 연구로 진행하는 것이다.

**정답** ④

**해설** 오늘날의 학문영역의 새로운 동향은 내적으로는 현실과제를 통합한 원리의 규명 활동과 결부되고, 외적으로는 전문분야 간의 공동연구로 진전되는 것으로서 이 두 가지 경향을 조정하는 학문성의 역할이 중요시 된다.

**02** 가정학과 대학의 기능을 설명한 것이다. 적합한 것은?

① 지역사회개발, 교육, 봉사

② 연구, 교육, 지역사회봉사

③ 연구, 가정교육, 사회교육

④ 사업, 사례연구, 사회조사

**정답** ②

**해설** 대학의 기능은 연구, 교육, 봉사(지역사회봉사)이다. 가정학도 학문의 한 영역으로 동일한 기능을 갖는다.

**03** 일본의 가정학자 마쓰시마(松島千代野)는 가정학의 독자성과 유일성을 규명할 때 가장 적절한 개념을 무엇이라고 하였는가?

**정답** 가정성(家政性)

**해설** 일본의 가정학자 마쓰시마(松島千代野)는 가정학의 독자성 및 유일성(uniqueness)을 규명할 때 가장 적절한 개념은 '가정성(家政性)'이라 하였다.

**04** 방법론에 입각한 연구대상·방법·목적 등을 성립 조건으로 하는 체계적인 지식을 의미하는 것은?

> **정답** 학문
>
> **해설** 학문은 방법론에 입각한 연구대상·방법·목적 등을 성립 조건으로 하는 체계적인 지식이다.

**05** 사회적 현상을 탐구하는 과학으로서 사회학, 경제학, 정치학, 법학, 역사학, 민속학 등이 이에 속한다. 무엇을 설명하는 것인가?

> **정답** 사회과학
>
> **해설** 사회과학은 사회적 현상을 탐구하는 과학으로서 사회학, 경제학, 정치학, 법학, 역사학, 민속학 등이 이에 속한다.

**06** 학문을 만드는 정신을 말하며, 사람이 무엇을 알고 무엇을 모르는가를 이해하는 것이다. 무엇을 말하는가?

> **정답** 학문성
>
> **해설** 학문을 만드는 정신을 학문성이라 하며, 학문성은 사람이 무엇을 알고 무엇을 모르는가를 이해하는 것이다.

**07** 일상의 가정생활을 보다 잘 유지·발전시키는 생명력과 생활력을 말하는 것은?

① 생활성
② 가정성
③ 학문성
④ 생명성

> **정답** ②
>
> **해설** 가정성(家政性)이란 일상의 가정생활을 보다 잘 유지·발전시키는 생명력과 생활력을 말하며 가정학의 독자성 및 유일성을 나타낸다.

**08** 가정학을 인간생태학이라고 개칭되기도 했는데, 개칭할 때 강조한 점은 무엇인가?

① 가정학과는 다른 학문이라는 점을 강조하였다.
② 교육목표로서 사회에 대한 사명달성을 우선으로 했다.
③ 생태학에서 강조하는 주거환경에 큰 비중을 두었다.
④ 인간의 심리적 연구를 강조하였다.

**정답** ②

**해설** 현대 가정학은 인간 생태학적 진화과정을 이해하고 의도적인 적응능력의 개발을 강화해야 한다고 강조하고 있다. 인간생태학은 현대사회의 요청에 맞게 하기위하여 사명, 책임을 중심으로 체계화한 것이다.
가정학을 인간생태학이라 개칭할 때 가장 강조한 점은 교육목표로서 사회에 대한 사명달성을 우선으로 했다.

**09** 가정사, 가정학사 등 역사적 연구가 갖는 가장 큰 의의는?

① 과거를 통해 현재 상황을 비교하고 발전의 계기로 삼을 수 있다.
② 당시의 습관, 문화, 풍속 등을 이해할 수 있다.
③ 전통을 이해할 수 있다.
④ 다른 지역 또는 사회를 이해할 수 있다.

**정답** ①

**해설** 가정사·가정학사 등의 연구는 과거를 통해 현재의 상황을 비교하고 발전의 계기로 삼을 수 있다.

**10** 앞으로의 가정학 과제로 적절한 것은?

① 가정학은 발생 초기부터 이론보다는 기술이 중시되었으므로 그 특성을 강화하여 기능향상을 주된 임무로 삼아야 한다.
② 가정학에서 응용분야는 이미 발달했으므로 앞으로는 이론구축에 전력해야 한다.
③ 가정생활이 인간과 환경과의 상호작용에서 이루어진다는 시각에서 인간생태학적으로 연구할 필요가 있다.
④ 가정학의 학문적 발달을 위하여 전문분야를 종합하는 시각보다 더욱 세분화하여 연구해야 한다.

**정답** ③

**해설** 가정생활이 인간과 환경과의 상호작용에서 이루어진다는 시각에서 인간생태학으로 연구할 필요가 있다.

CHAPTER

# 04

# 가정학의 체계

# 01 학문과 체계

## 1. 체계

일반적 의미에서의 체계는 어떤 것을 구성하는 각 부분을 계통적으로 통일한 전체를 말한다. 즉, 일정한 원리에 의하여 조직된 지식의 통일된 전체를 의미한다.

## 2. 학문의 체계

① 학문의 체계란 연구의 목적, 대상, 방법에 의하여 조직된 지식의 통일된 전체 또는 사실과 법칙에 의하여 질서가 잡힌 이론 구성의 조직이라고 할 수 있다.

② 각 나라별로 이루어진 체계화의 작업

　　㉠ 미국 – 1950년대 이후 가정학의 정체감(正體感)을 찾기 위한 노력이 시작되었다.

　　㉡ 일본 – 연구를 중심으로 개별적인 가정학의 체계에 관한 연구가 활발히 진행되었다.

　　㉢ 우리나라 – 영역별 연구에 치중하였기 때문에 전체로서의 가정학원론의 연구가 부족하였다. 앞으로는 체계화 연구가 많이 필요하다.

③ 가정학의 체계화가 일찍 이루어지지 못한 이유: 실생활에서 빚어지는 문제해결을 위해 재봉, 수예, 요리 등 가사 기술개발에 치중해 왔기 때문이다.

## 3. 학문의 체계로서의 조건

① 연구대상을 분명히 밝혀야 한다.(명확하게 표현)

　　그 학문이 가장 잘 연구될 수 있는 것이어야 한다.

② 학문의 일반적 정의나 생각하는 방법에 모순이 없어야 한다.

③ 학문의 구성요소와 전체와의 관계가 명확하게 표현되어야 한다.

④ 다른 학문과의 관계가 명시되어 있어야 한다.

## 4. 학문의 체계를 논의할 때 고려되어야 할 사항

학문의 체계를 논의할 때 중요한 것은 체계와 교육과정을 구별하는 일이다. 즉, 가정학의 학문적 체계와 가정대학이나 가정학과의 조직 및 교과과정은 구별되어야 한다.

학문적 체계가 지금까지의 연구의 전통·축적과 무관하게 조직되지 아니하고, 대학의 조직이나 교과과정이 학문적 체계를 고려한 바탕 위에서 짜여져야 한다는 점에서 양자는 상호 관련이 있지만, 양자는 원칙적으로 구별되는 이질의 것이다.

## 5. 가정학 체계화의 난점

범위가 넓고 다양한 학문과 밀접한 관계를 가지므로 체계화하는데 몇가지 어려움이 있다.

① 가정학을 구성하는 부분과학의 통합적인 연구가 어렵다.

　가정학은 자연과학, 사회과학, 인문과학, 미학 등 여러 가지 학문이 복합된 학문 특성을 지니기 때문에 한꺼번에 여러 학문을 통달하는 것이 현실적으로 어렵다.

② 가정생활과 대상, 가정학에 대한 개념규정이 완전히 연구되지 않았다.

③ 가정학의 연구대상에 이질적인 계열이 함께 포함됨으로써 하나의 조직원리로 이론화하기 어렵다, 이 난점들을 해결해야만 가정학의 체계화가 바람직한 방향으로 될 수 있다.

# 02 가정학 체계화의 관점

## 1. 단일 영역(single area)으로 보는 관점

가정학이라는 하나의 체계 내에서 여러 분야를 모두 다루는 것으로, 전공이 아직 미분화된 상태로서 가정학의 초창기에 취해진 형태이며, 현재에도 가정학과에서는 이러한 형태로 교과목이 구성되어 있기도 하다.

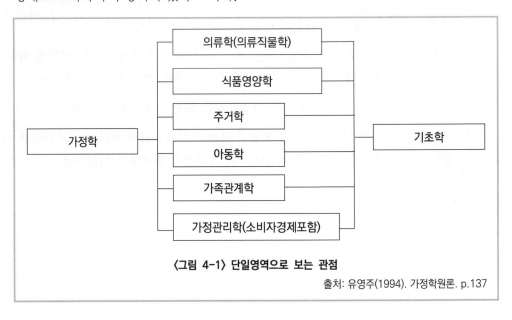

〈그림 4-1〉 단일영역으로 보는 관점

출처: 유영주(1994). 가정학원론. p.137

## 2. 서로 별개의 전문분야들의 집합(collection of specialities)으로 보는 관점

학문들의 전문화 추세에 따라 가정학을 여러 독립적인 전문분야가 모인 집합체로 본다. 즉, 가정학이라는 공통된 기준이 없이 각 분야의 전문적 발전만을 추구하는 것이다. 따라서 가정학으로서의 정체성을 잃고 여러 분야 간의 공동 연구가 더욱 소홀해지게 된다.

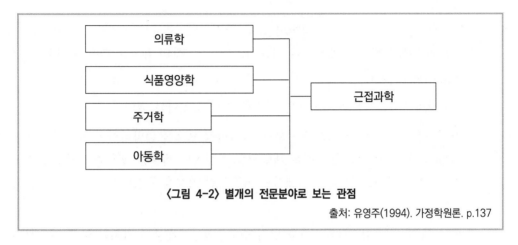

〈그림 4-2〉 별개의 전문분야로 보는 관점

출처: 유영주(1994). 가정학원론. p.137

## 3. 하나의 통일된 영역(unified area)으로 보는 관점

가정학은 하나의 통합된 영역으로 성장해 가야 한다는 것이다.

# 03 가정학의 체계

1950년대 이후에 미국에서 가정학의 정체성(identity)을 찾고자 하는 노력이 시작되었고, 그 과정에서 학문적 체계화가 시도되었다. 가정학의 체계는 다음과 같은 두 가지 특징을 지니고 있다.

① 가정학의 체계는 본래 다원적인 성격을 지니고 있다는 점이다.

가정학은 자연과학적 요소와 인문·사회과학적 요소를 총망라하여 하나의 고유한 체계를 이루고 있다. 같은 가정학 내에서도 이질적인 계열을 형성하고 있을 뿐만 아니라, 더 나아가서는 한 분야 내에서도 이질적인 지식을 종합해야 하는 어려움을 갖고 있다.

예를 들면, 의류학 분야는 직물의 성격이나 재단, 재봉의 기초를 알기 위해서는 자연과학을 기초로 배워야 하며, 디자인 분야는 예술적 지식을 요구하고, 의복구매 행동을 연구하는 데에는 사회과학적 지식을 요구하기 때문에 더욱 복잡한 체계를 필요로 하게 된다.

② 가정학의 체계는 완비되어 있는 것이 아니라 현재에도 계속 진행 중이라는 것이다.

현대사회는 더욱 전문화된 지식을 요구하기 때문에 가정학은 새로운 지식을 계속 흡수하여 적용해 나가야 하는 개방성을 지니고 있다. 즉, 한 학문의 정체성을 상실하지 않는 한도 내에서 부분을 교체하거나 신설, 확장하는 작업이 조직을 정교화시키는 작업과 항상 병행하여 일어나게 되는 것이다.

## 1. 하라다(原田一)의 견해

하라다는 그의 저서『가정학 입문』(1985)에서 가정학의 체계를 다음과 같이 설명하고 있다.

### (1) 고유영역·경계영역·연장영역

① 고유영역

* 옛날부터 가정학의 영역이었고, 다른 과학에서는 거의 연구되지 않은 영역으로 가정경영이 가장 대표적이다. 예 조리, 의복구성, 주거관리, 육아, 가족관계 등

● 고유영역은 다른 과학에서 관련시킬 수는 있지만, 그것을 전문으로 연구하는 과학은 가정학뿐이다.

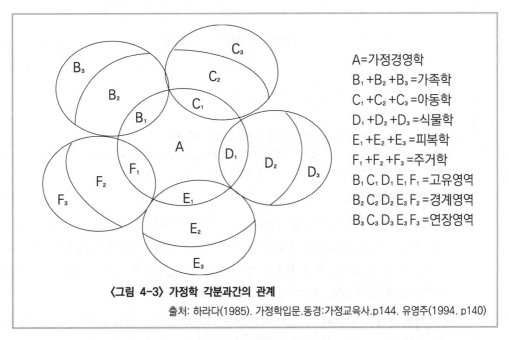

A=가정경영학
$B_1 + B_2 + B_3$ =가족학
$C_1 + C_2 + C_3$ =아동학
$D_1 + D_2 + D_3$ =식물학
$E_1 + E_2 + E_3$ =피복학
$F_1 + F_2 + F_3$ =주거학
$B_1 C_1 D_1 E_1 F_1$ =고유영역
$B_2 C_2 D_2 E_2 F_2$ =경계영역
$B_3 C_3 D_3 E_3 F_3$ =연장영역

〈그림 4-3〉 가정학 각분과간의 관계
출처: 하라다(1985). 가정학입문.동경:가정교육사.p144. 유영주(1994. p140)

가정학 각 분과의 고유영역, 경계영역, 연장영역의 관계를 그림 4-3과 같이 나타낼 수 있다.

※ 가정경영의 의미
　㉠ 가정관리, 가정경제, 가족관계를 포함하는 영역
　㉡ 가정관리, 가정경제를 포함하는 영역
　㉢ 가정관리

② 경계 영역(교체 영역)

　㉠ 어떤 하나의 과학과 다른 과학이 서로 겹쳐지는 부분에서 쌍방의 과학이 연구하는 영역이다. 예 영양학, 피복재료, 가정교육

　㉡ '영양'은 가정학과 의학의 경계영역이고, '피복 재료'는 가정학과 섬유공학의 경계영역이며, '가정교육'은 가정학과 교육학의 경계영역이다.

　　● 경계영역은 가정학의 고유영역을 연구하는 기초가 되는 점에서 '기초 영역'이라고 할 수도 있다.

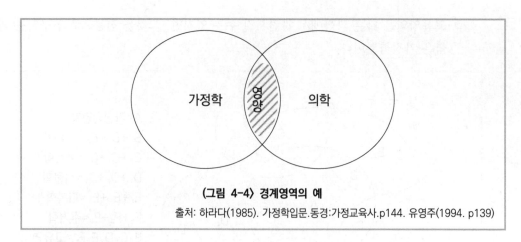

**(그림 4-4) 경계영역의 예**

출처: 하라다(1985). 가정학입문.동경:가정교육사.p144. 유영주(1994. p139)

③ 연장 영역(응용 영역)

- 사회의 산업화에 따라 전통적으로 가정에서 이루어지던 활동들이 사회로 이전해 온 것으로 연장영역의 중요성이 점점 높아지고 있고, 가정학 전공자의 진로와 밀접한 관계가 있다. 연장영역은 가정학을 응용한 영역으로 생각할 수 있으므로 '응용영역'이라고도 할 수 있다.

- 가정학에서는 연구하는 것은 전통적인 가정생활에만 속하지 않고, '가정에 준하는 생활'이나 '가정 생활에서 파생된 직업'에도 통용되는 것이 많다.

  예 가정에서의 육아연구는 어린이집, 유치원 등에서도 통용이 된다. 따라서 이들 기관에서 행해지고 있는 집단보육 등의 연구, 단체급식, 대량재봉이 가정학의 연장영역이다.

## (2) 가정학의 분과

① 분과란 하나의 과학을 더욱 작게 전문영역으로 나눈 것이다.

② 하라다(原田一)는 가정학을 크게 식물학(식품영양학), 피복학(의류학), 주거학, 아동학, 가족학(가족관계학), 가정경영학(가정관리학), 가정학원론 등의 7분과로 나누고 있다.

  ㉠ 식물학(식품영양학) : 식물에 관하여 연구하는 분과

  ㉡ 피복학(의류학): 피복에 관하여 연구하는 분과

  ㉢ 주거학 : 주거에 관하여 연구하는 분과

  ㉣ 아동학 : 아동에 관하여 연구하는 분과

  ㉤ 가족학(가족관계학): 가족에 관한 사항 및 가족원 간의 관계에 관해 연구

  ㉥ 가정경영학(가정관리학)

    ◈ 가정학원론: 가정학의 기본 문제에 관해 연구, 가정사, 가정학사, 비교가정학, 가정철학

### (3) 가정학의 체계

① 인간은 가족을 형성하여 가정생활을 영위하고 있으므로, 가정생활의 인간적 요소, 즉, 가정생활의 '주체'는 가족이다. 가족은 음식물, 피복, 주거와 같은 물적요소를 수단으로 하여 가정생활을 영위하고 있다. 여기에서 이 인적 요소와 물적 요소를 결부시켜 가정생활을 영위하는 것이 '가정경영(家庭經營)'이다.

② '경영방법'을 연구하는 학문이 '가정경영학(가정관리학)'이므로, 가정경영은 가정생활의 주체이고 인적요소인 가족·아동을 연구하는 '가족학', '아동학'과 가정생활수단인 물적 요소를 연구하는 '식품학', '피복학', '주거학'을 결부시켜 가정학 중심에 위치하는 것이라고 할 수 있다.

③ '가정학원론'은 가정학 전체를 조직하고 또한 가정생활에 목표를 부여하는 것을 연구하는 분야이다. 가정학원론은 가정학을 전체로서 그 기본 문제에 관하여 연구하며 가정사, 가정학사, 비교가정학, 가정철학 등을 각각 독립된 내용으로 할 수 있다.

## 2. 미야가와(宮川滿)와 미야시다(宮下美智子)의 견해

이전 견해들이 기능면과 구조면을 통합하지 않고, 한가지 측면에서만(주로 구조적 면에만 초점) 파악하는 종래 가정학을 체계화하는 방법을 비판했다.

이들은 기능면과 구조 면을 관련시켜 통일적으로 체계화시키는 것이 바람직하다고 보고 가정학 체계의 구성요소를 실천적 가정학, 영역 과학, 보조과학으로 설명하였다.

### (1) 실천적 가정학

#### ① 연구대상의 면에서 고찰

가정학의 가장 중요한 대상으로 가정(家政)을 중핵으로 하는 생활시스템과 이를 중심으로 한 각 영역이 파악된다. 이렇게 파악된 각 영역이 실천을 중심으로 하는 가정학의 주된 내용이고, 곧 실천적 가정학으로서의 위치를 차지하게 된다.

#### ② 가정학의 연구방법

- 제1단계: 사실인식을 전개하는 단계
- 제2단계: 목적달성을 위하여 가치인식을 전개하는 단계
- 제3단계: 가정에 의한 체계화·통일화를 추구하는 과정

실천적 가정학은 제2단계인 가치인식에 초점을 맞추고 있다. 각 영역과학의 연구결과로부터 취득한 사실인식을 근거로, 가정목적(중간목적)을 지향하는 가치인식이 실천을 통하여 실현된다는 의미에서 실천적 가정학이라고 본다.

## (2) 영역 과학

① 영역과학은 각 영역의 여러 요소들을 대상으로 하여 구체적인 사실 인식을 추구하는 과학이다.

② 이들 영역 과학은 실천적 가정학에 사실 인식을 제공한다는 형태로 뒷받침되고 있다. 이 사실 인식이 없는 실천적 가정학은 객관적 과학성을 확보하지 못하므로 가정학으로서 영역 과학이 필요하다. 사실인식이 없으면 규범학이 될 수도 있다.

③ 영역과학의 사실인식에는 법칙 추구적인 사실 인식과 의미 이해적인 사실 인식의 2가지가 있는데 실천적 가정학은 영역 과학에 대하여 문제의식을 제공함과 동시에 영역 과학의 의미이해를 돕는다.

## (3) 보조과학

① 영역 과학은 그 연구대상인 각 요소에 관하여 사실인식을 깊게 하기 위해 과학, 물리학 등의 보조과학, 관계 과학의 방법·지식을 원용하게 된다. 이것들은 가정학을 구성하는 것이 아니고, 주변에 있으면서 영역과학에 의하여 이용되기 때문에 기초과학이라고 하지 않고 보조 과학 또는 관련 과학이라고 한다. 즉, 구성요소가 아닌 보조역할만을 한다는 것이다.

② 가정(家政)을 중핵으로 한 생활 체계의 각 요소를 규명한다는 점에서 볼 때 보조과학에는 각 영역 과학에 필요한 방법·지식을 포함시킨다는 한계를 설정해야 한다. 보조과학에 포함되는 정도는 문제에 따라 다르지만 어쨌든 보조과학이 가정학을 직접 구상하는 것은 아니다.

## (4) 종합

이상이 미야가와와 미야시다가 주장하는 가정체계를 중핵으로 하는 생활체계를 대상으로 한〈가정학의 체계〉이다. 즉, 연구대상의 구조면에서는 중핵이 되는 가정체계를 구명하는 실천적 가정학과 영역과학이 설정된다.

연구방법면에서는 제1단계는 사실인식을 주로하는 영역과학이고, 제2단계는 가치인식에 초점을 맞춘 실천가정학이다. 제3단계는 가정에 의한 체계화와 통일을 추구하는 단계이다.

1·2단계가 상호작용하면서 전체로서 가정체계화의 목적달성이라는 가정학의 목적을 향해서 종합 통일되고, 거기에서 하나의 독립된 과학이 성립된다.

## 3. 크리크모어(A.M. Creekmore)의 견해

① 크리크모어는 가정학의 전문영역을 인적요소, 근접환경, 이 둘간의 상호작용으로 대별하고 각 영역마다 물리·생물학적, 사회심리·문화적, 미적 요인이 있으며, 이는 동시에 각 영역마다 기초 학문으로서 자연과학, 사회과학 및 예술이 필요함을 나타낸다고 본다.

② 크리크모어는 각 전문 영역에 전문적 훈련을 가하여 교육, 사회봉사, 기업에서의 활동, 연구라는 전문직에 진출한다고 본다.

> ※ 크리크모어가 제시한 가정학 내용
> ① 인적요소: 아동기, 성년기, 노년기
> ② 근접환경: 의류와 직물
> ③ 상호작용: 영양과 인간, 의복과 인간, 식품과 인간

## 4. 인간생태학적 견해(미국의 가정학행정가협회)

1970년 미국의 가정학행정가협회(AAHE: Association of Administrators of Home Economics)에서는 생태학적 접근을 통해 가정학이 세 가지 주요한 주력 활동에 기초를 둘 것을 제안하였다.

### (1) 가정학의 세 가지 주력 활동

이는 가정학이 자연과학, 사회과학 및 예술의 세가지 면을 모두 포함한 통합과학임을 나타내는 특징을 제시하고 있다.

① 인간과 환경의 물리적·생리학적 관점(물질적 요소 파악)

② 인간의 사회심리학적 요구와 발달

③ 인간과 그 속에서 인간이 발달하고 생활하는 기술적 환경과의 관계

### (2) 가정학 연구활동에 요청되는 5가지 목표

세 가지 주력 활동을 기초로 하여 가정학의 광범위한 연구 활동을 위해 다음 다섯가지 목표를 설정하였다.

① 인간의 심리적·사회적 발달에 기여하는 조건의 향상

② 인간의 생리적 건강과 발달에 기여하는 조건의 향상

③ 인간의 근접 환경의 물리적 구성요소의 향상

④ 소비자의 능력과 가족 자원 사용의 향상

⑤ 가족생활을 향상시키는 지역사회서비스의 질과 유효성의 향상

## (3) 인간생태학적인 면에서 가정학의 체계

〈그림 4-5〉인간생태학적 체계는 다섯가지 목표를 토대로 하여 인간생태학적인 면에서 가정학의 체계화를 시도한 것이다.

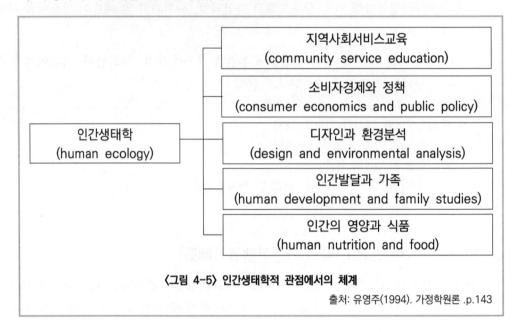

〈그림 4-5〉 인간생태학적 관점에서의 체계

출처: 유영주(1994). 가정학원론 .p.143

① 인간생태학

　　㉠ 지역사회 서비스 교육(community service education)

　　㉡ 소비자 경제학과 공공정책(consumer economics and public policy)

　　㉢ 디자인과 환경분석(design and environmental analysis)

　　㉣ 인간발달과 가족연구(human development and family studies)

　　㉤ 인간의 영양과 식품(human untrition and food)

② 특징

　　㉠ 전문영역별(종래의 의, 식, 주, 아동 등 대상)로 나누는 것을 피하고 생태학적인 면에서 가정학의 목적 및 방법을 고려한 체계이다.

　　　－ 전문영역별로 나누는 것보다 현대사회의 요청에 맞는 사명·임무 즉, 가정학의 대사회적인 역할에 초점을 맞춘 체계화를 시도한 것으로, 이는 미국의 국유지 무상교부대학(Land-grant College)에서 항상 강조해온 가정학의 사회적 봉사기능을 강화한 것이다.

　　㉡ 의류학과 주거학을 같은 영역으로 했다.

　　㉢ 가족관계학은 사회심리적 성격으로 보아 아동학과 통합했다.

ⓐ 가정교육학을 강화하여 가정교육 외에 보건교육·생애교육·유아교육도 포함하는 광범위한 영역으로 설정한 것도 보급(지역사회봉사)이라는 가정학의 사명(교육·연구·봉사)의 하나를 구현하기 위함이다.

## (4) 가정학과 인간생태학적 체계

인간생태학은 인간과 환경의 상호작용을 규명한다는 점에서 가정학의 목적과 방법을 같이하고 있다.

① 인간생태학적 관점에서의 가정학 체계는 종래의 의·식·주·아동 등 전문영역의 분류를 피하고, 생태학적인 면에서 가정학의 목적·방법을 고려한 체계이다.

② 전문 영역별로 나누는 것보다는 현대사회의 요청에 맞게 하기 위하여 사명·임무를 명확하게 파악하여 가정학의 혁신을 도모한 것이다.

③ 이 발상은 생물물리적·사회심리적·실천기술적 에코시스템(ecosystem)을 모델로 한 것이다.

## (5) 가정학회의 조직

가정학의 체계를 현실에서 파악할 수 있는 방법 중의 하나는 가정학회의 조직을 살펴보는 것이다. 대한가정학회의 경우 전공영역별로 조직되어 있지 않기 때문에 미국가정학회(AHEA)는 회원을 직업별·전공 영역별로 나누고 있고, 전공 영역을 다음의 9개 영역으로 분류하고 있다.

① 예술·디자인(Art and Design)

② 가정경제·가정관리(Family Economics and Home Management)

③ 가족관계·아동발달(Family Relations and child Development)

④ 식물·영양(Food and Nutrition)

⑤ 주거·가구·기구(Housing, Furnishings, and Equipment)

⑥ 의류·식품(Textiles and Clothing)

⑦ 가정과 교육(Home Economics Teacher Education)

⑧ 급식관리(Food servics Systems Administration)

⑨ 가정학 커뮤니케이션(Home Economics Communication)

이상의 9개 영역은 가정학의 하위영역으로 볼 수 있다.

## 1. 앞으로의 가정학 체계

앞으로의 가정학의 체계는 다음과 같은 의식의 전환이 필요하다.

① 어느 분야이든 인적요소를 공통으로 다루고, 이와 관련하여 물적인 요소를 탐구하는 관점이 바람직하다.

가정학이 인적인 요소와 물적인 요소, 그리고 환경과의 상호작용을 중요시한다는 점에는 변함이 없으나 기존의 체계들이 인적 요소를 다루는 분야는 아동 및 가족학으로, 물적 요소를 다루는 분야는 식품영양학과 의류학 등으로 구분한 것은 현재에는 적합하지 않다.

② 가정학 전체의 통합성을 고려하여 인간발달, 가정학원론, 연구방법론과 같은 과목을 어느 분야이든 교육하고, 공동 연구를 해야 한다.

전공분야 외에는 관심을 두지 않는다면 가정학의 체계화 작업은 더욱 늦어질 것 이다.

③ 가정학의 체계는 전문화의 요구에 부응하여 한 영역 내에서도 여러 분야로 나누어 학생들이 자신의 진로에 맞는 교과목을 집중적으로 학습할 기회를 열어주어야 한다.

## 2. 가정학의 전체성

가정학의 체계는 견해에 따라 다양하게 구성될 수 있음을 살펴보았는데, 가정학의 전체성을 검토하면 다음과 같다.

① 가정학이 가정학 본래의 기능을 다하기 위해서는 자신의 전공만 공부하고 그 외의 분과에 관해서 전혀 모르는 것은 좋지 않다.

- 예를 들면, 의학이 여러 분과(내과, 외과, 소아과, 산부인과, 안과, 이비인 후과 등)로 나누어져 있지만, 의사가 되기 위해서는 의학의 모든 분과를 공부하여 그 중 하나의 분과를 전공하는 것이 필요한 점과 같다.

- 의복을 전공하더라도 인간발달의 단계, 가족관계, 가정경영에 관한 지식이 없으면 인간을 표현하고 보호하는 기능을 정확히 실천할 수가 없다.

② 가정학 연구를 위해서는 어느 분과를 전공하든 전체적인 관점을 가지고 가정생활 전체를 파악함과 동시에 전공 부분을 정밀하게 보는 자세가 특히 필요하다.

# 05 가정학의 체계: 예상 문제

**01** 가정학의 체계가 일찍 이루어지지 못한 이유는?

① 여러가지 기초과학의 집합으로 하나의 독립된 학문이 아니기 때문이다.
② 가정학의 체계화가 필요없었기 때문이다.
③ 생활에서 빚어지는 문제해결을 위해 가사 기술개발에 치중해 왔기 때문이다.
④ 가정학이 동양에서 시작되었기 때문이다.

 ③

해설 가정학의 체계화가 일찍 이루어지지 못한 이유는 실생활에서 빚어지는 문제해결을 위해 재봉, 수예, 요리 등 가사 기술개발에 치중해 왔기 때문이다.

**02** 학문의 체계에서 갖추어야 할 조건으로 적합하지 않은 것은?

① 연구대상을 분명히 밝혀야 한다.
② 학문의 구성요소와 전체와의 관계가 명확하게 표현되어야 한다.
③ 다른 학문과의 관계가 명시되어 있어야 한다.
④ 학문의 일반적 정의나 생각하는 방법에 모순이 있어야 한다.

정답 ④

해설 학문의 체계에서 갖추어야 할 조건은 ① 연구대상을 분명히 밝혀야 한다.(명확하게 표현) ② 학문의 일반적 정의나 생각하는 방법에 모순이 없어야 한다. ③ 학문의 구성요소와 전체와의 관계가 명확하게 표현되어야 한다. ④ 다른 학문과의 관계가 명시되어 있어야 한다.

**03** 연구의 목적, 대상, 방법에 의하여 조직된 지식의 통일된 전체 또는 사실과 법칙에 의하여 질서가 잡힌 이론 구성의 조직으로서 학문의 성립을 위한 필수적인 것을 무엇이라 하는가?

정답 학문의 체계

해설 학문의 체계란 연구의 목적, 대상, 방법에 의하여 조직된 지식의 통일된 전체 또는 사실과 법칙에 의하여 질서가 잡힌 이론 구성의 조직이라고 할 수 있다.

**04** 가정학 체계의 구성요소를 실천적 가정학, 영역 과학, 보조과학으로 설명한 학자는 누구인가?

> **정답** 미야가와(宮川滿)와 미야시다(宮下美智子)
>
> **해설** 미야가와(宮川滿)와 미야시다(宮下美智子)는 가정학을 체계화하는 방법으로 기능면과 구조 면을 관련시켜 통일적으로 체계화시키는 것이 바람직하다고 보고 가정학 체계의 구성요소를 실천적 가정학, 영역 과학, 보조과학으로 설명하였다.

**05** 생태학적 접근을 통해 가정학이 세 가지 주요한 주력 활동에 기초를 둘 것을 제안한 미국의 단체 명칭은?

> **정답** 가정학행정가협회(AAHE: Association of Administrators of Home Economics)
>
> **해설** 1970년 미국의 가정학행정가협회(AAHE: Association of Administrators of Home Economics)에서는 생태학적 접근을 통해 가정학이 세 가지 주요한 주력 활동에 기초를 둘 것을 제안하였다.

**06** 가정생활의 주체는?

> **정답** 가족
>
> **해설** 인간은 가족을 형성하여 가정생활을 영위하고 있으므로, 가정생활의 인간적 요소, 즉, 가정생활의 '주체'는 가족이다. 가족은 음식물, 피복, 주거와 같은 물적요소를 수단으로 하여 가정생활을 영위하고 있다. 여기에서 이 인적 요소와 물적 요소를 결부시켜 가정생활을 영위하는 것이 '가정경영(家庭經營)'이다

**07** 각 나라별로 이루어진 체계화 작업을 설명한 것이다. 바르게 설명한 것은?

① 미국– 연구를 중심으로 개별적인 가정학의 체계에 관한 연구가 활발히 진행되었다.
② 일본– 영역별 연구에 치중하였기 때문에 전체로서의 가정학원론의 연구가 부족하였다.
③ 우리나라– 체계화 연구가 많이 필요하다.
④ 우리나라– 1950년대 이후 가정학의 정체감(正體感)을 찾기 위한 노력이 시작되었다.

**정답** ③

**해설** 각 나라별로 이루어진 체계화의 작업은 ㉠ 미국– 1950년대 이후 가정학의 정체감(正體感)을 찾기 위한 노력이 시작되었다. ㉡ 일본– 연구를 중심으로 개별적인 가정학의 체계에 관한 연구가 활발히 진행되었다. ㉢ 우리나라– 영역별 연구에 치중하였기 때문에 전체로서의 가정학원론의 연구가 부족하였다. 앞으로는 체계화 연구가 많이 필요하다.

**08** 다음 중 연장영역에 해당하는 것은?

① 피복재료
② 단체급식
③ 가정교육
④ 영양학

**정답** ②

**해설** 연장 영역(응용 영역)은 사회의 산업화에 따라 전통적으로 가정에서 이루어지던 활동들이 사회로 이전해 온 것으로 연장영역의 중요성이 점점 높아지고 있고, 가정학 전공자의 진로와 밀접한 관계가 있다. 연장영역은 기관에서 행해지고 있는 집단보육, 단체급식, 대량재봉이 가정학의 연장영역이다.

**09** 가정학의 영역 중 인적요소를 다루는 교과목으로만 묶인 것은?

① 의복구성, 주거학
② 가정관리, 가정경제
③ 가족학, 아동학
④ 식품학, 식품

**정답** ③

**해설** 연구의 초점을 인적요소에 두는 '가족학', '아동학'과 관계영역에 두는 가정관리, 연구의 초점을 물적 요소에 두는 영역은 '식품학', '피복학', '주거학'이다.

**10** 각 영역의 여러 요소들을 대상으로 하여 구체적인 사실 인식을 추구하는 과학이다. 이에 해당되는 것은?

① 영역과학
② 보조과학
③ 응용과학
④ 실천과학

정답 ①

해설 영역과학은 각 영역의 여러 요소들을 대상으로 하여 구체적인 사실 인식을 추구하는 과학이다. 영역 과학은 실천적 가정학에서 각 영역에 대한 객관적 사실을 제공하는 작용을 한다.

CHAPTER

# 05

# 가정학의 연구 방법

# 가정학연구방법의 기초

## 1. 방법론과 연구방법

① 방법론(methodology)

　㉠ 방법론이란 어떤 학문의 성격에 관한 철학관 혹은 인식론적 바탕 위에 지식을 얻는 근거, 지식의 주장이 타당함을 밝히는 절차 같은 것을 주제로 하는 메타이론적, 논리적 접근을 일컫는다.

　㉡ 방법론은 철학의 고유영역에 속하는 것이지만, 가정학원론에서도 그것을 쟁점의 대상으로 삼는다.

② 연구방법(research method)

　연구방법이란 그 학문 분야의 관심사, 주제를 중심으로 이론을 전개하는 논리적 절차, 그런 이론이나 가설들을 만들고 그것들을 실제적, 경험적 자료들에 입각하여 검증·확인하는 절차, 그런 자료들을 규정하고 실제로 찾아내며 수집하는 기법, 입수한 자료들을 분석·처리하는 기법, 분석된 자료를 해석하는 논리, 그런 결과를 제시하는 방법과 방식 같은 것을 일컫는다.

## 2. 과학에 관한 관점

과학을 보는 관점은 각기의 입장이 전제하는 존재론적 실제관, 인식론적 근거 및 가치론적 지향에 따라 크게 표준 과학적 관점, 해석과학적 관점, 비판 과학적 관점으로 분류할 수 있다.

### (1) 표준 과학적 관점(분석적 관점-경험적 관점)

① 표준과학적 관점의 개념

　㉠ 이는 분석적·경험적 관점이라고도 하는데 기본적으로 모든 과학은 그 대상이 자연현상이든 사회현상이든 상관없이 자연과학의 바탕이 되는 자연관에 입각해서 실증적인 접근을 취하는 하나의 방법임을 강조하는 입장이다.

　㉡ 과학이란 어떤 정해진 목적에 대한 수단에 관한 지식만 제공할 뿐 목표를 형성하는데는 도움을 주지 못하는 것이라고 보는 관점이다.

ⓒ 사회라는 것도 자연의 한 부분으로 간주하고, 그 사회라고 하는 측면의 자연이 관찰자에게 드러내 보여주는 법칙, 규칙성, 통일성 같은 것을 찾아내고자 하는 노력을 사회과학이라고 보는 입장이다.

---

※ 표준과학적 관점
- 과학적 설명의 구실은 변수들 사이의 인과관계를 정립하는 것이다.
- 관찰의 정확성을 높이기 위해 조작적 정의 같은 것이 주로 활용된다.
- 세계에 대한 경험적 이론의 정립을 추구하는 인식론적 입장을 취한다.
- 가치와 사실의 분리가 원칙이며, 인간의 경험적 관찰에 의해서 이론의 타당성 여부를 확인하는 것이다.

---

② 표준과학적 관점에서의 가정학

가정학은 기술과학(technical science)이나 응용과학(applied science)이라고 할 수 있다.

③ 표준 과학적 관점에 대한 비판

ⓐ 현실세계만에 관심을 갖고 당위의 세계는 보지 않으므로 지적 오류 및 규범적 오류를 범하게 된다.

ⓑ 이론이 실천적 추론에 필요한 것임을 무시한다.

ⓒ 과학의 개념화를 지나치게 이상화한다.

ⓓ 다양한 대체적인 수단들 사이에서의 판단에도 아무런 도움을 주지 못한다.

④ 표준과학적 관점의 연구방법

ⓐ 이론의 형태 - 경험적·설명적 일반화의 연역적 설명

ⓑ 목표 - 설명, 예측, 통제

ⓒ 관심의 범주 - 관찰 가능한 사회적 또는 자연적 현상

ⓓ 설명의 성격 - 인과적·기능적

ⓔ 타당화방법 - 통제된 관찰(예:실험)

ⓕ 가치지향 - 도구적 가치를 제외한 모든 가치는 합리적 형성과 사용이 불가능한, 단지 정서적인 반작용이다. → 과학은 가치중립적이다.

ⓖ 활동의 종류 - 기술적 또는 도구적

ⓗ 활동의 규칙 - 기술적(X를 성취하기 위하여 Y를 행함)

## (2) 해석과학적 관점

### ① 해석과학적 관점의 특징

㉠ 해석 과학적 관점에서 해석이란 말의 뜻은 명확하게 정의되었다기 보다 인간의 주관적 의식을 중요시하는 방법론적 입장이라는 뜻으로 사용된다. 참여관찰이 대표적 기법이다.

㉡ 이 관점이 표준 과학적(분석적·경험적)관점과 대조되는 기본요소는 그 존재론적 실재관(세계관)이다. 인간의 사회는 단순히 자연현상처럼 인간의 의식 바깥에 그 것과 동떨어져, 그 나름의 독립된 실체로 존재하는 객관적 실재일 수만은 없다는 점을 강조하기 때문이다.

### ② 해석과학적 관점에서의 가정학

㉠ 해석학적 관점에서 본다면 가정학은 그 개념을 분석하려고 노력할 것이며, 다른 학문이 수행한 가정학의 개념 분석을 도출하려고 노력할 것이다. 이러한 분석은 실천가의 일이나 연구자의 일 또는 전문 교육의 수행과 같은 모든 면의 전문적 활동을 행하는데 명료성을 증가시키게 될 것이다.

㉡ 해석학적 관점에서 일상생활은 추상적이거나 이론적이지 않다는 것을 알게 되는 데 도움이 되지 않을 수 있다. 즉 구체적인 생활에서 부딪치는 문제는 '세계를 변화시키는 데 어떤 행동을 취할 것인가' 라든가 또는 '어떤 수정된 행동을 취해야 하는가'라는 질문에 관한 실천적 문제이다.

> ※ 해석과학적 관점의 가정학이 지니는 장점
> - 가족이나 문화의 상호작용 체계를 형성하거나 변화시키는 데 도움이 된다.
> - 실제의 문제해결에 있어 변화의 원인 및 실패의 원인을 탐구, 이해할 수 있다.
> - 전문가가 실제문제 해결에 임하는데 있어서 도움을 준다.

### ③ 해석과학적 관점에 대한 비판

㉠ 해석학적 과학자는 실천적 문제에 관련된 실제적·인간적 선입견의 본질을 이해하는 데는 도움을 주지만, 실제 문제를 해결하는 데 사용할 충분한 지식은 제공하지 못한다.

㉡ 이론가는 중립적인 이론을 추구하며 실천적 관심은 무시한다.

㉢ 해석과학에 있어서도 과학적 지식과 행동 간의 괴리는 감소되지 않고 있다. 즉, 과학이 인간의 생활을 안내할 합리적인 기초를 제공하고 따라서 인간 존재를 향상시키고자 하는 희망은 여전히 충족되지 않은 채 남아 있다.

㉣ 해석과학의 결과는 기술적(技術的)이다. 그것은 인간 행동의 밑바탕이 되는 실재를 이해하게 하는 데 도움이 되지만, 인간의 행복과 정의를 위하여 합리적인 배

경에서 그 실재가 변화될 필요가 있을 때 그것을 평가하는 기초도, 그것을 변화시키기 위한 수단도 제시하지 못한다. 해석과학은 정해진 가치 기준을 갖지 않는다. 즉, 실천적 이성에서 필요로 하는 수단에 관한 기술적 지식을 제공하지 못하는 것이다.

④ 해석적관점의 연구방법

   ㉠ 이론의 형태– 분석적·경험적 : 주관의 해석

   ㉡ 목표– 상징적 상호작용의 의미이해

   ㉢ 관심의 범주– 언어적·비언어적 상징과 행동의 숨겨진 의미, 즉, 지적 의미뿐만 아니라 규범적 의미

   ㉣ 설명의 성격– 의사소통적인 상징과 행동의 기초가 되는 논거

   ㉤ 타당화방법– 간주관적으로 공유된 의미의 분석(예: 개념 분석)

   ㉥ 가치지향– 가치는 개인이나 문화에 따라 상대적인 것으로 봄.→간주관적으로 공유될 수도 있다.

   ㉦ 활동의 종류– 의미를 가진 언어·행동·기타상징을 통한 의사소통적 상호작용

   ㉧ 활동의 규칙– 언어의 논리와 규칙: 사회적 가치와 규범

## (3) 비판 과학적 관점

① 비판과학적 관점의 개념

   ㉠ 비판 과학적 관점은 표준 과학적 관점 및 해석 과학적 관점을 통합한 포괄적인 지식으로부터 도출되었다. 이는 주로 프랑크푸르트학파들이 주장한 것으로 주된 초점은 이론과 실천의 관계로 좁혀지며 사회라는 실재를 총체적인 역사적 구조라는 변증법적 안목에서 파악한다.

   ㉡ 비판과학은 서구 문명의 타락과 그 타락에서의 과학의 역할에 대한 관심에서부터 과학에 대한 관점의 하나로서 형성되었다.

   ㉢ 권력에 바탕을 둔 인간의 해방적 관심을 다루는 것이 바로 비판적으로 지향된 과학의 일이다. 이러한 과정에서 활용하는 구체적 방법이 담론적 방법이다.

② 비판과학적관점의 연구방법

   ㉠ 표준·해석과학을 포괄·통합의 입장

   ㉡ 주로 가치론적 측면에서 표준·해석과학과 큰 차이가 있다.

   ㉢ 사회라는 존재를 총체적인 역사적 구조라는 변증법적 안목에서 파악한다.

   ㉣ 서구문명의 타락과 이에 대한 과학의 역할에 관심을 둔다.

ⓜ 타당화 방법-담론적(discursive)분석과 담론적 실천을 동시에 추구한다.

ⓗ 실천의 문제, 인간해방에 관심을 둔다.

ⓢ 규범성·당위성 문제에 초점을 두고서 기존사회의 당연시된 가정을 거부하고 살기좋은 새로운 사회수립에 역점을 둔다.

ⓞ 가정학은 이 입장에서 가족생활의 실천적문제, 생활의 질, 이데올로기의 영향 등을 비판적으로 검토하는 것이 바람직하다.

ⓩ 가족의 실천적 문제를 규명하고 해결하는 것은 지식에 관한 포괄적인 이론을 필요로 한다. 실천적 문제를 다루는 실천가는 용도에 따라 경험적·분석적 연구 및 해석적 연구로부터 적절한 지식을 비판적으로 선택·조직할 것이다.

〈표 5-1〉 세가지 과학에 관한 관점의 비교

| 과학적 관점 | 이론의 형태 | 탐구양식(mode) | | | | 가치지향 (가치에 대한 견해) | 활동체계 | |
|---|---|---|---|---|---|---|---|---|
| | | 목표 | 관심의 범주 | 설명의 성격 | 타당화 방법 | | 활동의 종류 | 활동의 규칙 |
| 표준 과학 (분석적, 경험적 과학) | 경험적: 설명적 일반화의 연역적 설명 | 설명, 예측 통제 | 관찰가능한 (사회적 또는 자연적 현상) | 인과적, 기능적 | 통제된 관찰 예 실험 | 도구적 가치를 제외한 모든 가치는 합리적 형성과 사용이 불가능한, 단지 정서적인 반작용임: 과학은 가치중립적임 | 기술적 또는 도구적 | 기술적(x를 성취하기 위하여 y를 행함) |
| 해석 과학 | 분석적, 경험적: 주관의 해석 | 상징적 상호작용의 의미 이해 | 언어적, 비언어적 상징과 행동의 숨겨진 의미, 즉각적 의미 뿐만 아니라 규범적 의미 | 의사소통적인 상징과 행동의 기초가 되는 논거 | 간주관적으로 공유된 의미의 분석 예 개념분석 | 가치는 개인이나 문화에 따라 상대적인 것으로 봄: 강주관적으로 공유될 수도 있음 | 의미를 가진 언어, 행동, 기타 상징을 통한 의사소통적 상호작용 | 언어의 논리와 규칙: 사회적 가치와 규범 |
| 비판 과학 | 규범적 | 계몽, 의사소통능력의 확립, 내부의 충동과 불필요한 사회적 통제로부터의 해방 | 교란되고 왜곡된 의사소통, 충동적 행동과 조작된 도구적활동 | 숨겨져 있거나 근거가 되는 사회생활면과 그것을 반영하는 면을 회고 | 실천적 담론 | 가치는 무엇을 해야 하는가에 관한 실천적 담론에서 합리적으로 형성되고 검토될 수 있는 것으로 봄 | 해방적: 사회변동치료, 인간화 | 언어적, 기술적 규칙 뿐만 아니라 진실, 자유, 정의 등 가치 |

※ 과학에 관한 관점의 이론적 형태
 - 표준과학의 이론적 형태: 경험적(설명적 일반화의 연역적 설명)
 - 해석과학의 이론적 형태: 분석적·경험적(주관의 해석)
 - 비판 과학의 이론적 형태: 규범적

## 3. 과학적 연구의 목적

일반적으로 과학적 연구의 목적은 기술(技術)과 이해의 목적, 설명의 목적, 예측의 목적, 통제의 목적을 가지고 있다.

① 현상의 정확한 기술(describe)과 이해

대상이 되는 현상을 정확하게 기술하고 이해하기 위해서는 정확한 관찰과 조사가 필요하다.

② 현상이 일어나는 이유를 설명(explain): 현상이 일어난 원인을 설명

어떤 현상이 왜 일어나는지를 설명하려면 실험을 해야 한다. 그것이 현지 실험이든 실험실 실험이든, 어떤 현상과 그 현상을 발생시킨 조건 간의 인과관계를 설정할 수 있어야 한다. 기술적 방법으로는 이런 인과관계를 측정하기가 어렵다.

③ 앞으로 어떻게 될 것인가를 예측(predict): 무엇이 일어날 것인가에 해답을 준다.

어떤 자연현상이나 사회현상을 예측한다는 것은 그 현상이 일어날 수 있는 조건을 정확히 알고 있다는 것을 의미한다.

④ 어떻게 통제(control)할 것인가: 어떻게 할 것인가에 해답을 준다.

현상의 발생 원인이나 선행조건에 대해 잘 알고 예측할 수 있다면 그 현상을 일으키게 하는 조건을 제거하거나 제시함으로써 통제가 가능하다.


## 4. 가정학의 연구방법

① 가정학의 연구방법으로서 독자적인 것은 없으며, 여러 학문의 방법을 연구 목적 및 주제에 따라 이용하는 다원론적 입장을 취한다.

② 미야가와와 미야시다가 제시한 가정학의 연구방법은 인식방법에 의하여 결정된다.

　　㉠ 1단계: 사실 인식

　　㉡ 2단계: 가치 인식

　　㉢ 3단계: 통일 개념의 인식(가정학을 통일적으로 파악하는 통일개념의 인식)

> ※ 가정학 인식 방법
> 1단계는 사실 인식, 2단계는 가치 인식, 최종적으로 통일 개념을 나타내나 이들이 각기 융합하여 하나로 될 때 가정학 연구방법의 독자성이 있다.

# 02 우리나라 가정학 연구의 실태

## 1. 게재 논문 편수

① 학회별 총 논문 게재 편수는 식생활 분야(49.4%)가 제일 많았다.
   그 다음으로 의생활 분야, 아동학·가족관계 분야, 주생활·가정관리 분야, 가정과·교육분야 순이며, 가정과 교육분야는 미미했다.

② 아동학·가족관계 분야에 134편(11.6%) 가정과·교육 분야에 31편(2.7%)으로 총 1,159편으로 식생활 분야가 제일 논문 편수가 많다.

③ 한국 가정학 연구의 기록
   1959년에서부터 찾아볼 수 있다. 대한가정학회가 1947년에 창립된 후 12년이 지난 1959년에 『대한가정학회지』, 창간호가 나오게 되어 비로소 가정학 연구가 상호 교류되기 시작하였다.

## 2. 연구방법과 자료처리

① 10년 동안 게재된 논문에서는 조사연구 방법과 실험 연구방법(83.2%)을 제일 많이 사용하였다.

② 식생활 분야에서는 실험 연구방법이 압도적이고 다음이 조사연구방법이며, 의생활 분야에서는 조사연구방법과 실험연구방법이 거의 비슷했고 역사적 방법이 그다음으로 많았다. 주생활·가정관리, 아동학, 가족관계 분야에서는 조사연구 방법이 반 이상이었고 그 다음으로 도서관 조사방법이 있었으며, 실험연구는 많지 않았다.

## 3. 공동연구

① 대한 가정학회지에 의하면 개인 연구가 대부분이고, 공동연구는 전체 연구의 약 1/9 수준이다. 공동 연구에 참여한 인원은 2인이 가장 많았다.

② 공동 연구의 필요성이 많이 지적되고 있으나 실제로 수행된 경우는 적었으며, 특히 인접 학문이나 다른 학문과의 학제 간 공동 연구는 극히 적었다.

## 4. 연구 기간 및 연구비 수혜

① 연구기간은 대개 1년 미만이었다.

② 연구비 수혜를 분석하면 교육부 학술 연구조성비 수혜가 62.8%로 제일 많았고, 산학 협동재단이나 기업체에서의 연구비 수혜, 교내 연구소에서의 수혜 순으로 나타났다.

## 5. 연구자료 처리경향

대부분의 연구가 한국적 특색을 토대로 하는 이론 정립이나 연구 목적에 타당한 도구선정 및 개발보다는 도구사용의 유형에 따라 연구자료가 처리되는 경향이 있다.

## 1. 연구의 과정

### (1) 과학적 연구의 과정

연구설계에서 다루어야 할 요소는 이론, 가설, 관찰, 경험적 일반화 등이다. 과학적 연구의 과정은 '작업가설 설정→관찰→경험적 일반화→이론'의 순이다. 구체적으로는 '추상적 가설 설정→ 작업가설로 전환(조작적 정의)→ 관찰(실험·참여관찰·내용분석·조사연구)→ 표본추출→ 자료수집→체계화 →경험적 일반화 →개념구성, 이론통합' 순서로 진행된다.

과학적 연구는 이론적 명제와 경험적 관찰의 연결로써 이루어지는데 이들 중 어디에서도 시작될 수 있다.

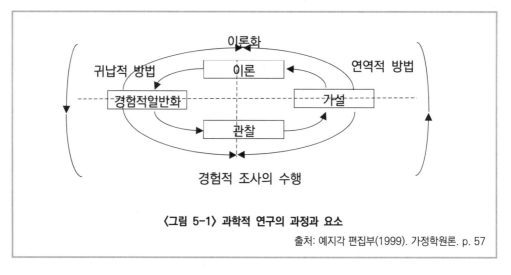

〈그림 5-1〉 과학적 연구의 과정과 요소

출처: 예지각 편집부(1999). 가정학원론. p. 57

### ① 작업가설의 설정

연구의 과정을 이론 체계에서 시작할 때 우리는 기존의 이론을 바탕으로 이론적인 연역을 통해 새로운 가설, 즉 작업 가설을 설정하게 된다.

### ② 관찰

㉠ 일단 작업가설이 설정되면 이를 검정하기 위해 현실 세계에 뛰어들어 관찰하게 되는데 이때 실험·참여관찰·내용분석·조사연구 등의 방법 가운데 어느 것을 선

택하여 사용한다.

ⓛ 작업가설들을 검정하기 위해서 측정도구를 만들고 표본을 추출하여 이를 관찰하게 된다. 일단 자료가 수집되면, 이를 정리하고 체계화하여야 한다.

③ 경험적 일반화(empirical generalization)

개별적으로 관찰된 현상은 통계적으로 요약되고 특히 표본에 의한 것일 경우에는 모수(母數)를 추정함으로써 경험적 일반화를 추구하게 되는데, 이 과정에서 관찰한 자료들이 설정한 가설에 부합되는가 여부를 검정하고 이를 통해 이론을 확인하거나 수정 또는 거부할 것을 결정하게 된다.

④ 이론

㉠ 경험적으로 일반화시킨 후 이를 바탕으로 개념을 구성 또는 재구성하고 이들을 기존의 이론으로 통합시키게 되는데 일련의 경험적인 일반화과정을 거쳐 찾아낸 명제들은 기존의 이론과 과학적 지식을 더욱 풍부하게 해 줄 수 있는 것이다.

ⓛ 수정 또는 재구성된 이론으로부터 다시 논리적인 연역을 통해 새로운 가설을 도출할 수 있고 이러한 과정은 반복된다.

> ※ 변수, 가설, 개념, 조작적 정의
> ㉠ 변수-어떤 관계에 있어서 어떤 범위 안의 임의의 수값으로 변할 수 있는 수
> ㉡ 가설- 여러 개념 간의 상호관계에 대한 잠정적인 결론을 미리 진술한 것, 즉, 검증되지 않은 결론으로 해답을 예상해 본것
> ㉢ 개념- 어떤 현상을 가리키기 위해 그것을 구체적으로 관찰해서 얻은 공통의 특성을 추상해 낸 것
> ㉣ 조작적 정의- 추상적이고 관념적인 용어와 이러한 용어들의 연결로 이루어진 가설을 경험적으로 검증할 수 있는 가설, 즉 작업가설로 전환시키는 것

## 2. 연구의 모형

과학적 연구는 연역적 방법과 귀납적 방법이라는 두 가지 논리적 방법을 통해 이루어질 수 있다.

### (1) 연역적 방법

① 연역적 방법은 일반적 사실이나 원리를 전제로 하여 개별적인 특수한 사실이나 원리를 결론으로 이끌어 내는 추리 방법이다. 다시 말해 이론으로부터 가설을 설정하고 내용을 현실 세계에서 관찰한 다음, 관찰에서 얻은 자료가 어느 정도 가설에 부합되는가를 판단하여 가설의 채택 여부를 결정짓는 방법이다.

② 포퍼(Popper): 이론은 직관에 의해서만 얻어질 수 있다고 주장한다. 경험과학에서 귀납적 접근을 강조하고 있는 일반적 추세에 반하여 귀납의 원칙이 논리적 불일치를 초래할 수 있다고 본다. 따라서 귀납적 논리에 반대하고 연역적 방법의 타당성을 강조하고 있다.

③ 과학적 연구를 위해서는 우선 이론 또는 모형을 설정하고 여기에서 명제를 도출해 내며, 이를 검증하기 위해서 연구계획을 수립한 후 경험적 자료를 가지고 이의 채택 또는 기각을 결정해야 한다.

④ 실천가정학의 연구방법

과학의 원리·법칙을 가정생활에 적용하는 것, 연역적 방법이 주체를 이룬다.

## (2) 귀납적 방법

① 귀납적 방법은 개별적인 특수한 사실이나 원리를 전제로 하여 일반적인 사실이나 원리로서의 결론을 이끌어 내는 연구방법이다. 다시 말해 우선 관찰을 통해 자료를 수집하고 이를 정리, 분석하여 일반적인 유형을 찾아내고 이것으로부터 잠정적인 결론에 도달하는 것이다.

② 머튼(R.K.Merton): '경험적 연구는 단순히 이론을 검증하기 위한 수동적인 역할만을 하는 것이 아니라 이론을 이끌어 가기도 하고 수정 또는 재구성하기도 하며, 이를 보다 명료하게 하는 능동적인 역할을 수행하고 있다.'고 주장한다.

③ 먼저 사회현상을 관찰하여 그 속성을 기술하고, 이를 여러 가지 상황 속에서 살펴보아야 한다. 자료 분석을 통해 체계적인 유형이 내재하는지를 찾아본 다음, 만약 어떠한 유형이 나타난다면 이를 바탕으로 이론을 구성할 수 있다고 보는 것이다.

④ 귀납적 방법

  ㉠ 관찰을 통해 자료를 수집하고 이를 정리·분석하여 일반화 이론을 찾는다.

  ㉡ 탐색적 연구에서 주로 사용된다.

  ㉢ 자료 분석을 통해 내재된 체계적인 유형을 바탕으로 이론을 구성한다.

---

〈요약〉
• 귀납적 방법 – 관찰을 통해 자료를 수집, 정리, 분석하여 어떤 유형을 찾아내고 그로부터 결론에 도달하는 것
• 연역적 방법 – 이론으로부터 가설을 설정하고 가설의 내용을 현실세계에서 관찰한 다음, 관찰 자료가 가설에 부합하는가를 판단하여 가설의 채택여부를 결정하는 방법

---

# 04 연구의 유형

## 1. 문헌 연구법

### (1) 문헌연구법의 의의와 장단점

① 문헌 연구의 의의

㉠ 문헌연구(documentary method)란 문헌고찰이라는 절차와 구별되는 자료 수집과 분석의 방법으로, 연구자가 탐구해 보고 싶은 현상에 대한 정보를 담고 있는 문서 자료의 수집과 분석의 방법을 말한다.

㉡ 성격상 기존의 문헌의 보여주는 것은 과거의 일이고, 또는 사학자가 이 방법을 빈번히 이용했기 때문에 이런 연구법을 역사적 연구 또는 역사적 방법이라고도 한다.

㉢ 연구자와 관찰자가 직접 수집한 자료를 분석하지 않고 이미 있는 자료를 분석하므로 2차적 분석(secondary analysis)이라 일컫기도 한다.

② 문헌 연구법의 장점

㉠ 직접 면접이나 관찰이 불가능한 경우 사용 가능: 연구대상자를 직접 만나 면접이나 관찰을 할 수 없을 때 관련 문서 자료가 필수적인 중요한 정보원이 된다. 이럴 경우 문헌 연구가 거의 유일한 연구방법이 되는 셈이다.

㉡ 무반응(nonreactivity)의 장점: 특별히 연구자료를 제공하고자 하는 목적으로 작성한 문서가 아닌 경우에는 연구자의 개입에 대한 정보제공자의 반작용이 없으므로, 이로 인한 문제를 분석할 수 있다.

㉢ 장기간의 종단연구 기능: 자료만 있다면 문헌연구는 장기적 종단 분석을 가능하게 하는 이점을 지닌다.

㉣ 대규모의 표본연구 가능: 표본 크기에 있어서 실험이나 현지 연구에 비하여 조사 연구처럼 대규모의 표본을 상대로 연구할 수 있다.

㉤ 제보의 자발성의 보장: 본인이 자발성을 충분히 발휘할 수 있어서 정보의 자연스러움을 보장하게 된다.

ⓑ 고백의 가능성이 큼: 면접을 받는다거나, 질문서를 가입한다거나 또는 관찰하는 사람이 있음을 아는 상황이라면, 마음속의 모든 것을 솔직하게 고백하기가 쉽지 않다. 그러나 문서로 남긴다면 비교적 용이할 것이다.

ⓢ 비용 지출이 적음: 특별한 회귀분석, 국보급 문헌 같은 것을 직접 입수한다면 비용이 엄청나게 들지만 여러 자료를 보관한 곳에 가서 볼 수만 있다면 비용을 크게 절약할 수 있다.

ⓞ 양질의 자료 가능성: 다른 방법에 의해 얻은 자료보다 양질의 자료를 얻을 수 있다.

③ 문헌연구법의 단점

㉠ 작자에 의한 편의(偏倚)의 가능성이 큼: 인물의 전기, 개인의 일기 등에는 개인의 과장·자기합리화 같은 것이 개입하기 쉽고, 공식 문서는 '공식적' 입장이라는 편의가 끼어들기 쉽다.

㉡ 선별적 보존의 문제: 종이에 쓴 글이든, 출판물이든, 또는 다른 영상 자료라 해도 어떤 것들은 잘 보존되는데, 다른 것들은 존속하지 못하는 것이 많다.

㉢ 불완전성의 문제: 선별적 보존의 문제로 인해 자료가 불완전하기도 하고, 또 남아 있는 문헌이라 해도 연구자가 필요로 하는 정보를 제대로 다 갖추고 있다는 보장이 거의 없다. 개인의 사사로운 문서에는 연구자와 같은 객관자가 아무리 봐도 이해 못 할 은어나 특이한 경험 같은 것을 담아서 불완전할 수가 있다.

㉣ 입수 가능성의 문제: 어떤 방면의 정보는 애당초 기록도 하지 않았거나, 기록했더라도 존속하지 않아서 입수하지 못하는 수가 많다.

㉤ 표집편의(標集偏倚)의 문제: 문서 자료는 처음부터 유식한 사람들이 남기는 것이라는 점에서 표본에 편의가 있다.

㉥ 비언어적 행동자료확보의 어려움: 요즘은 각종의 전자 매체용 영상 자료가 있지만, 그렇다고 해도 문헌 자료의 대부분은 역시 언어적 행동의 소산이다. 일상적으로 행하는 비언어적 행동에 대한 자료를 얻기가 매우 힘들다.

㉦ 자료비교시 조정해야 하는 어려움: 표집 형식의 결여로 인하여 비교시 자료를 조정할 필요가 있다. 각종 문서 자료란 외형적인 모양뿐 아니라 표현 양식·문장 형식 등에서 각양각색인 것이 특징이다. 따라서 비교하기가 어렵다.

㉧ 부호화(符號化)의 난점: 문헌 자료는 근본적으로 부호화를 새로 해야 하는 부담이 있다. 어려움을 해소하는 하나의 방편으로 개발한 기법에 내용 분석법(content analysis)이 있지만, 이 방법이라고 완벽할 수 없다.

## (2) 문헌 자료의 종류

① 원초적 문헌과 2차적 문헌

    ㉠ 원초적 문헌: 자신이 몸소 경험한 것을 직접 남긴 자서전, 체험담, 수기 같은 것

    ㉡ 2차적 문헌: 중요한 체험을 한 사람이 기록을 못할 경우 제 3자가 그 내용을 들어서 기록으로 작성한 것

② 개인문서와 공식문서

    ㉠ 개인문서: 개인이 사사로운 목적으로 기록한 것

    ㉡ 공식문서: 공공기관에서 공적 목적으로 기록한 것

③ 통계자료

    ㉠ 타당도의 문제: 기존 통계자료의 개념규정이나 변수의 범주를 자신의 연구 목적 문제에 맞게 조정해야 한다.

    ㉡ 신뢰도의 문제: 원자료 수집자가 믿을 만한 정당한 절차를 밟았는지 확인해야 한다.

> ※ 통계자료 이용시 유의 할 점
> - 타당도와 관련하여 기존의 통계자료란 그것을 이용하려는 연구자의 연구 목적을 위하여 수집하는 것이 아니라는 것을 주목할 필요가 있다.
> - 신뢰도에 있어 특히 원자료를 수집·집성한 사람이 과연 믿을 만한 정당한 절차를 밟았는지를 확인해 볼 필요가 있다.

④ 원자료의 재분석: 재분석이 가능하면 그만큼 시간·비용이 절약된다.

# 2. 실험

## (1) 실험의 의의

① 실험의 정의: 실험은 다른 것들을 일단 통제한 후 하나의 변수가 다른 변수에 어떠한 영향을 미치는가를 알아보고자 하는 방법이다. 실험에서 사용되는 자극이 대개는 독립변수가 되며 자극에 대한 반응이나 결과가 종속변수가 된다.

② 고전적인 실험의 의미에 포함되어 있는 요소

    ㉠ 독립변수와 종속변수의 설정

        실험에서 사용되는 자극이 대부분 독립변수(independent variable)가 되며, 자극에 대한 반응이나 결과가 종속 변수(dependent variable)가 된다.

ⓛ 실험집단과 통제집단의 구분

- 실험집단(experiment group): 실험의 대상이 되는 집단이다.

- 통제집단(control group): 모든 조건은 실험집단과 동일하고 다만 실험자극을 주지 않는 집단이다. 실험에서 실험 자극에 대한 변화를 파악해 낼 수 있는 것은 통제집단이 있기 때문이다.

ⓒ 사전검사와 사후검사

- 사전검사(pre-testing): 실험 자극을 주기 이전에 실험 대상의 상태를 측정하는 것을 말한다.

- 사후검사(post-testing): 실험 자극 이후에 실험 대상의 상태를 측정하는 것을 말한다.

## (2) 인과관계

실험은 다른 어떤 연구 방법보다 인과관계를 파악하는데 유용한 방법이다. 인과관계를 인정하려면 공변이, 시간적 순서, 비허위성이라는 세가지 조건을 갖추어야 한다.

### ① 공변이

ⓐ 두 변수 간에 인과관계가 있으려면 독립변수와 종속변수 간에 공변이(convariation)가 있어야 한다.

ⓑ 공변이는 여러 가지 형태를 띠는데 정적(正的, +), 부적(負的, -)인 선형 관계((linear relation)나 혹은 몇 가지의 비선형적 관계 등이 있다.

### ② 시간적 순서

ⓐ 인과성을 나타내기 위해서는 특정 독립변수의 변화가 종속변수의 변화보다 시간적으로 앞서야 한다.

ⓑ 이 시간적 순서는 인과관계에서 필수적인 비대칭성을 제시하는데 도움을 준다.

### ③ 비허위성

ⓐ 두 변수가 공변이를 나타내고 시간적인 순서가 확인될 수 있다고 하더라도 인과관계가 존재한다고 할 수 있으려면 제3의 조건이 충족되어야 한다.

ⓑ 종속변수와 특정 독립 변수 간의 관련성이 다른 공통적인 요인에 의해 나타나는 것이 아니어야 한다.

※ 인과관계를 인정하기 위해 갖추어야 할 조건(인과관계의 조건)
 ㉠ 공변이: 한 변수의 체계적 변화·차이가 다른 변수의 변화·차이를 동시에 수반해야 한다.
 ㉡ 시간적 순서: 인과성을 나타내기 위해 특정 독립변수의 변화가 종속변수의 변화보다 시간
  적으로 앞서야 한다.
 ㉢ 비허위성: 종속변수·독립변수 간의 관련성이 다른 공통적인 요인에 의해 나타나는 것이
  아니어야 한다.

## (3) 실험의 종류

### ① 현지 실험

㉠ 현지실험은 현실적인 사회상황 속에서 주의깊게 실험 조건을 통제하여 하나 이
상의 독립변수를 조작함으로써 그 효과를 보고자 하는 방법이다.

㉡ 현지 실험은 실재적·자연적 상황에서 변수를 조작하여 그 결과에 대한 인과관계
를 규명하려는 것이기 때문에 인위적으로 조작된 실험실에서의 실험이나 단순한
자료의 수집을 통해 사실의 발견 또는 변수 간의 상관관계를 보려는 현지조사와
다르다.

㉢ 실생활의 상황을 연구의 대상으로 삼기 때문에 그 상황은 복잡하고 서로 엉켜 있
는 때가 많은데, 이것을 잘 분석해 줄 수 있다.

㉣ 현지 실험의 장점
 ● 독립변수의 조작과 실험대상의 무작위적 선출구성이 가능하다.
 ● 독립변수의 영향이 실험실 실험의 경우보다 더 강하다. 왜냐하면 자연상황의
  실재성이 작용하고 있기 때문이다.
 ● 실재성을 지니고 있기 때문에 연구의 외적 타당성이 높아 다른 경우에도 일반
  화시킬 수 있는 가능성이 높아진다.
 ● 복잡한 일상생활·사회화과정·변화·영향 등을 연구하기에 적합하다.
 ● 가설의 검증을 통해 문제해결에 기여하므로 실제의 세계에 연결되는 연구의
  성격을 띤다.

㉤ 현지 실험의 단점
 ● 실험실 실험과는 달리 실험 상황을 엄격히 통제하지 못한다.
 ● 독립변수의 조작도 실험실 실험만큼 다양하지 못하여 때로 불가능한 경우도
  있다.
 ● 연구 자체의 정확도가 실험실 실험보다 낮다.
 ● 연구자의 편견이 개입될 가능성이 높다.

② 실험실 실험

　　㉠ 실험실 실험은 실험자가 원하는 조건을 갖춘 상황을 정확하게 조성해 내어 변수를 조작하고 다른 변수를 통제하면서 변수 간의 효과를 관찰하는 방법이다.

　　㉡ 실험실 실험의 장점

　　　　● 종속변수에 영향을 주는 외부변수가 개입하지 못하도록 완전히 통제할 수 있다.

　　　　● 연구대상에 대한 무작위 표본 추출이 용이하며, 특히 하나 이상의 독립변수를 마음대로 조작할 수 있다.

　　　　● 실험 상황을 엄격히 통제하기 때문에 연구가 정밀할 뿐만아니라 반복하기도 쉽다.

　　㉢ 실험실 실험의 단점

　　　　● 항상 일정한 실험만을 위해 조작된 상황이기 때문에 독립변수에 대한 실험적 조작의 영향력이 일반적으로 약하다.

　　　　● 지나친 인위성 때문에 자연적이고 실재적인 현실에 일반화시키는 데 한계가 있으며, 연구자가 반작용을 일으킬 수 있다.

　　　　● 내적 타당성은 있으나 외적 타당성이 결여되기 쉽다.

## 3. 조사연구법

### (1) 조사연구의 의의

① 조사연구는 변수 조작없이 자연현상을 파악하며, 질문지를 사용한다.

조사연구에서는 자연적으로 일어나고 있는 현상을 파악하고자 하며, 이는 실험적 방법에서 변수를 조작하는 것과는 대조가 된다.

② 조사연구(survey research)는 가정학의 연구에서 매우 중요한 위치를 차지하고 있으며, 특히 가정관리·가정경제·가족관계 등 사회과학 분야의 연구에서 차지하는 비중은 더욱 크다.

③ 조사연구는 사회과학에서 널리 사용되고 있는 방법 중의 하나로, 사회현상의 여러 측면에 대한 의문을 해결하고 그 결과 사회에 대한 이해를 높여 줄 수 있는 자료들을 수집하는 데 많이 이용되어 왔다.

예 주부의 가사 노동 만족도와 그 영향 요인에 관한 연구

### (2) 조사연구의 유형

① 연구 목적에 따른 유형

  ㉠ 탐색을 위한 조사연구

  ㉡ 기술을 위한 조사연구

  ㉢ 인과관계의 설명을 위한 조사연구

  ㉣ 가설 검증을 위한 조사연구

  ㉤ 평가를 위한 조사연구

  ㉥ 예측을 위한 조사연구

  ㉦ 지수개발을 위한 조사연구

② 조사방법에 따른 유형

조사연구의 유형 분류에서 가장 많이 사용되는 분류 기준은 조사방법이다. 조사방법에 따른 대표적인 유형은 다음과 같다.

  ㉠ 면접법: 직접 조사 대상을 면담하는 유형이다.

  ㉡ 질문지법: 집단조사법(group survey), 우편질문지법(mail or mailed questionnaire), 개인적 자기 기입법(personal self administration)

### (3) 조사연구의 수행과정

조사연구 과정은 여섯 단계로 구성된다. 다음의 여섯 단계는 독립적인 단계를 의미한다기보다는 실제로 각 단계는 전후 단계와 상호 관련성이 있다.

① 목적에 따른 연구 계획 및 연구 설계 → ② 표집(標集) → ③ 질문지 작성 → ④ 실제 자료 조사 및 자료 수집 → ⑤ 회수된 자료 분석 →⑥ 연구보고서의 작성

### (4) 조사연구의 장단점

① 조사연구법의 장점

  ㉠ 대규모 집단의 특성을 기술하는 데 유용하다.

  ㉡ 측정된 변수 간의 관계를 체계적으로 설명할 수 있다.

② 조사연구법의 단점

조사연구의 제한점은 연구자와 응답자와의 관계에서 발생된다. 이러한 특성을 고려하여 조사연구를 계획하고 시행해야 결과가 의미 있는 것이 될 것이다.

○ 조사는 응답자의 협동에 의존하게 되는데 조사과정이 지나치게 지루하거나 덜 중요하게 보이면 응답률이 감소하게 되고 응답 결과가 불성실하고 신뢰할 수 없게 된다.

○ 응답자가 알고 있지 못한 정보는 조사를 통해서 얻을 수 없다.

○ 응답자가 비밀이라고 생각하는 내용을 질문받거나 응답자의 정직성을 조사하는 질문을 받으면 응답자는 정확한 응답을 회피하게 된다.

○ 응답자는 자신이 옳다고 생각하는 특성을 과장하거나 사회에서 낮게 평가하는 특성을 과소평가하기도 하며, 사회의 평가에 따라 응답할 수 있다.

○ 조사는 미래에 대하여 양적으로 정확한 의견을 얻을 목적으로 시행할 수 없다.

## 4. 현지연구법

### (1) 현지연구법의 의의와 장단점

① 현지 연구법의 의의

○ 현지 연구법이라는 말에서 핵심이 되는 부분은 '현지'이다. 현지란 '실제적인 삶의 상황' 혹은 자연스러운 일상적인 삶의 현장에서 행위자들이 하는 행동과 활동이 일어나고 있는 그대로 관찰하고 분석한다는 뜻을 담고 있다.

○ 자연스러운 삶의 현장에서 행위자들이 수행하는 실제 활동을 있는 그대로 관찰하고 분석하는 연구방법이다.

② 현지연구법의 장점

○ 사회적 과정의 역할을 장기적으로 관찰할 수 있고 자연스러운 사회적 상황에서의 인간 행위를 심층적으로 이해할 수 있다.

○ 방법론적으로 유연성·신축성·개방성을 갖는다.

○ 일반적으로 대규모 조사연구나 복잡한 실험 연구에 비해 비용이 적게 든다.

○ 연구법상의 수정과 개선이 가능하다.

③ 현지연구법의 단점

○ 연구자가 반작용을 일으킬 수 있다.

○ 연구자 자신이 현지 상황에서 피조사자들과 형성하는 관계로 말미암아 그 나름의 편의가 개입하게 된다.

○ 인간의 지각에는 선입관과 기타요인으로 인한 선별적 인지작용이 있다는 점에서

개방적인 관찰의 한계를 느낀다.

ⓔ 대개 현지 연구란 단독으로 실시하는 것이고 상당히 주관성이 강하기 때문에 신뢰도의 측정이 불가능하다.

ⓜ 현지 연구의 대상이 한계 또는 극소수의 사례에 국한되기 때문에 대표성(代表性)의 문제가 있다.

ⓗ 현지 연구는 엄격한 가설 검증이라든가 인과적 이론체계의 정립 및 검증을 하는 기능보다는 가설의 형성과 이론 생성을 위한 탐색적 연구의 성격이 강하다.

ⓢ 현지 연구가 비용이 덜 들지는 모르나 장기간의 시간을 요하며 현지에서의 생계를 보장한다는 점에서 간접 비용은 더 들 수도 있다.

ⓞ 현지 연구법은 질적 연구법이기 때문에 심층 연구·과정연구가 가능한 대신 정확성에 문제가 있다.

---

※ 현지연구의 장단점
　ⓐ 장점-사회적 과정의 역할을 장기 관찰하고 자연스러운 상태에서의 인간행위를 심층적으로 이해할 수 있으며, 방법론적 유연성·신축성·개방성을 갖고, 비용이 적게 든다.
　ⓑ 단점-질적 연구법이므로 정확성의 문제가 있고, 대상의 국한성 때문에 대표성의 문제가 있다. 또한 가설 형성과 이론 생성을 위한 탐색적 연구의 성격이 강하고 장기간의 시간을 요하며, 현지 생활에서의 간접 비용 소모가 크다.

---

## (2) 현지 연구의 절차

① 현지연구준비(연구주제, 문제설정, 대상선정) → ② 현지연구착수 → ③ 현지 작업을 실시한다.

① 현지 연구 준비

　㉠ 연구주제와 문제설정

　　● 어떤 분야에서 어떠한 영역의 주제를 다룰 것인가를 결정한다.

　　● 주어진 주제와 관련하여 어떤 쟁점을 연구할 것인가를 연구 문제의 형식으로 규정한다.

　　● 연구 문제를 한층 더 정교화하고 체계화해서 가설을 정립한다거나 이론적인 틀과 연결시켜 보는 것도 가능하다.

　　● 사전에 해당 분야에서 해당주제와 관련있는 이론서나 연구 결과들을 섭렵하여 가설을 형성한다든가 연구 절차상의 유의사항 등에 소양을 갖추는 것도 좋다.

ⓒ 연구대상의 선정

　　　연구자가 어떤 장, 또는 환경적 상황을 '현지'로 규정하는가에 따라 그가 수집할
　　　수 있는 자료의 성격이 달라질 수 있고, 그 장소와 상황의 선택은 이론이나 연구
　　　목적의 영향을 받는다.

　② 현지 연구의 착수

　　연구의 준비와 실시과정 사이에 착수과정을 따로 두는 것은 자료 수집에 들어가기
　　전에 우선 현지 상황에 접근하여 그 속에 들어가서 친근한 관계를 수립하는 일이 중
　　요하다는 입장에서이다. 이 과정에서 중요한 일은 다음과 같은 내용을 포함한다.
　　(현지연구의 착수에 있어서 중요한 내용)

　　　㉠ 예비 지식의 습득

　　　ⓒ 접근과 입장 허가 습득

　　　ⓒ 연구자의 역할 확립

　　　㉥ 친근한 신뢰관계(Rapport)의 수립

　　　㉤ 각종 기초 자료의 수집

　③ 현지 작업의 실시

　　㉠ 현지 작업을 실시하는 과정에는 어떠한 기법을 사용하든 현지 작업을 조직화하
　　　고 개방성을 유지하도록 하며, 표본추출은 일반 표집 원리를 적용하되 여러모로
　　　융통성 있는 전략으로 적응해 나가는 과정에서 현지 여건에 맞추어서 수행하도
　　　록 한다.

　　ⓒ 융통성 있게 하더라도 이론이나 연구 목적을 잘 반영하는 일이 중요하다.

## (3) 현지 작업의 핵심이 되는 자료 수집 기법

　주종을 이루는 것이 참여 관찰이고, 그다음으로 중요한 것이 심층 면접이며, 세 번째
　기법이 생활사 연구법이다.

## 1. 표집

### (1) 표집과 표본조사의 의의

① 표집(sampling): 조사하고자 하는 대상 전체(모집단)에서 그 일부(표본)을 추출하는 과정으로, 표본추출이라고도 한다.

② 표본조사(sampling survey): 모집단의 일부를 표본으로 추출하여 조사한 결과로써 모집단 전체의 성질을 추측하는 통계조사 방법이다.

### (2) 표집의 기본 용어들

① 전 대상: 이론적으로 연구하고자 설정하는 대상 전체를 뜻한다.

② 모집단: 표본을 추출해 내는 대상의 전수(全數)로 규정하는 집단이다.

③ 요소: 모집단을 이루는 개별요소를 뜻한다.

④ 표집단위: 표본으로 추출한 요소들의 묶음을 뜻한다.

⑤ 관찰단위와 분석단위: 관찰 단위는 정보를 얻어 내는 개별 요소 내지 요소들의 집합이고, 분석 단위는 자료를 분석하는 단위이다.

⑥ 표집틀: 표집을 위해 모집단의 요소, 단위를 모은 목록(list)이다.

⑦ 모수치: 모집단의 어떤 변수가 갖고 있는 특성을 요약한 값이다.

⑧ 통계치: 표본의 어떤 변수가 갖고 있는 특성을 요약한 값이다.

⑨ 표집간격: 표본추출 시 추출된 요소와 요소 간의 간격을 뜻한다.

⑩ 표집틀: 모집단에서 개별요소가 선택될 비율을 뜻한다.

### (3) 표집의 종류

① 확률표집법

순전히 확률적인 절차로 뽑을 때 모집단의 요소들이 표본으로 추출된 개연성을 모두 가지고 있으며 각각의 요소가 추출될 확률을 정확히 알고 표집하는 방법이다. 단순 무작위 표집, 계통 표집, 층화 표집, 집락표집, 가중 표집 등

ⓐ 단순 무작위 표집: 확률표집법 가운데서 가장 기본적인 유형이다. 여기에서는 각 요소가 표본으로 뽑힐 확률이 동등하다는 원칙이 중요하다. 그리고 각 요소는 직접 개별적으로 추출되는 절차를 밟는다. 예 제비뽑기

ⓑ 계통표집: 표집률을 결정한 후, 최초 표본만 무작위로 선택하고 그다음부터는 일정한 표집간격으로 추출하는 방법이다.

ⓒ 층화표집: 전체의 모집단에서 표본을 추출하는 것이 아니라, 모집단을 일련의 하위 집단으로 층화시킨 후 각 하위 집단에서 적절한 수의 표본을 추출하는 방법이다.

ⓓ 집락표집: 표집단위를 개인 아닌 집단으로 하여 표본추출하는 방법이다. 층화 표집과는 달리 집락(집단)을 이질적인 요소로 구성시키고자 한다.

ⓔ 가중표집: 확률 표집의 논리를 따르면서도 필요에 따라 표집률을 달리하여 표본을 추출하는 방법이다.

② 비확률 표집법

확률 표집이 불가능하거나 모집단을 정확하게 규정지을 수 없는 경우, 또는 표집오차가 큰 문제가 되지 않을 때는 비확률표집의 방법을 쓴다.

연구에 사용될 표본을 표집확률을 전혀 고려하지 않고 추출하는 방법이다. 비확률 표집은 확률 표집에 비해 훨씬 간편하고 경제적이라는 장점을 가지지만 이를 통계적 검증의 근거로 삼기는 어렵다. 편의 표집, 유의 표집, 할당표집 등

ⓐ 편의 표집: 손쉽게 접할 수 있는 대상만을 선택하는 방법이다.

ⓑ 할당 표집: 모집단이 갖는 특성의 비율에 맞추어 표본을 추출하는 방법이다.

ⓒ 유의 표집: 때로 판단표집(judgement sampling)이라고도 부르는데, 모집단에 대한 연구자의 사전지식을 바탕으로 하여 표집하는 것이다.

## (4) 표집의 기준과 절차

① 표본추출의 기준: 표본의 대표성·적절성

ⓐ 표본의 대표성: 이질적 요소들로 구성되어 있는 모집단에서 어떻게 하면 이들 특성을 고루 대표하는 적절한 모집단의 단면을 표본으로 얻을 수 있느냐 하는 문제이다. 즉, 어떻게 추출하면 선택된 표본이 모집단 전체의 전형적 특성을 대표할 수 있는지의 문제이다.

ⓑ 표본의 적절성: 표본의 크기를 어떻게 오차를 줄이면서 최적으로 잡느냐하는 문제이다.

② 표본추출의 절차

　　㉠ 모집단의 규정 →㉡ 표집단위의 선택 →㉢ 원부(原簿)의 확보 →㉣ 표본추출의
　　형태 결정 →㉤ 표본의 크기 결정 →㉥ 표본추출 절차의 결정 →㉦ 실제로 표본을
　　뽑고 확인·검토한 후 뽑힌 표본을 옮겨 쓰고 중요한 사항 기재 →㉧ 표본의 수정 →
　　㉨ 자료의 분석·해석

## 2. 측정

### (1) 측정의 의미

① 측정(measurement)은 관찰된 현상의 경험적인 속성(변수)에 대해 일정한 규칙에
따라 수치를 부여하는 것을 말한다.

② '수치'는 연구자가 의미를 부여하지 않을 때에는 수량적인 의미를 갖지 않는다. '일
정한 규칙'이란 대상이나 사건에 대해 수치를 부과하는 방법이라 할 수 있다.

### (2) 측정 수준(척도의 종류)

스티븐스(S.S.Stevens)가 제시한 네 가지 척도는 명목 척도, 서열 척도, 등간 척도, 비
율척도로서, 제공하는 정보의 수준과 자료분석에 이용할 수 있는 통계적 방법의 수준
에 따라 순위가 정해진다. 즉 명목척도<서열 척도< 등간 척도< 비율 척도의 순으로 점
차 더 많은 정보를 제공해 주며, 활용할 수 있는 통계적 기법도 다양해 진다.

① 명목 척도(명명 척도)

어떤 사물, 인물, 또는 속성을 단지 분류하기 위해서 수치를 부여하는 것을 말한다.
여러 가지 사물이 속하는 집단들을 서로 식별하기 위해서 편의상 어떤 수치를 매기
는 것이다.

예 운동선수들의 등 번호, 주민등록 번호, 전화번호 등

② 서열 척도(순위 척도)

사물을 비교하기 위하여 그 사물들의 어떤 속성의 다과 또는 대소의 순서에 따라 수
치를 부여하는 방법을 말한다.

예 학력을 초졸, 중졸, 고졸, 대졸로 나누고 각각에 1,2,3,4로 표시할 때의 척도

③ 등간척도(동간 척도)

서열 척도에서와 같이 각 수치들 사이에 질적인 서열이 유지되는 동시에 수치들 사
이의 간격이 양적으로 똑같은(등간) 척도를 말한다. 등간 척도는 대상을 서열화했을

뿐 아니라 대상들 간의 거리를 표준화할 수 있다.

예 섭씨온도 5°C 또는 10°C와 같은 측정치

④ 비율척도

등간척도와 다른 모든 특성에서 동일하나 '0'이 자의적으로 부여한 값이 아닌 절대적 의미를 갖게 된다는 점에서 등간 척도와 구분된다. 즉 절대 영점(absolute zero point)을 갖고 있는 척도이다.

예 길이, 무게, 시간 등을 나타내는 측정치

## 3. 바람직한 자료를 얻기 위한 기준

철학적 입장이 달라도 과학적 지식을 얻고자 할 때 누구나 바라는 공통된 원칙은 '믿을 만하고 마땅한 자료'를 갖는 것이다. 이를 자료의 신뢰성(reliability), 타당성(validity)이라 한다.

### (1) 신뢰성

① 신뢰성이란 둘 이상의 관찰자가 각기 관찰해서 동일한 결과를 얻을 수 있는 정도로, 타당성과 더불어 측정에서 가장 중요한 요소이며 측정 대상으로서의 지표의 구비 조건이기도 하다.

② 신뢰성은 우선 측정에 있어서 안정성·신빙성·예측성을 갖는다.

③ 신뢰도를 평가하는 방법

㉠ 재검사법(test-retest method)

㉡ 반분법(split-half method)

㉢ 내적 일관성법(internal consistency method)

### (2) 타당성

① 타당성은 측정하려는 것을 제대로 측정하고 있느냐의 동일성 확인에 관한 것이다. 즉, 그 연구가 달성하고자 하는 목표를 정확하게 탐구하고 있음을 뜻한다.

② 타당도를 평가하는 방법

㉠ 내용 타당도: 점수 또는 척도가 일반화하려고 하는 개념을 어느 정도로 잘 반영해 주고 있는가 하는 것이다.

㉡ 기준 관련 타당도: 사용하고 있는 측정도구의 측정 값과의 상관관계를 나타낸다.

ⓒ 구성체 타당도: 측정의 기초를 이루고 있는 이론적 구성의 타당도이다.

---

※ 자료의 질을 판가름하는 기준
   ㉠ 신뢰성: 둘 이상의 관찰자가 각기 관찰해서 동일한 결과를 얻을 수 있는 정도
   ㉡ 타당성: 측정도구가 실제로 측정하고자 하는 개념을 측정하고 있는가 그리고 그 개념이
      정확히 측정되었는가 하는 두요소를 포함한다.

---

**01** 다음 〈보기〉가 설명하고 있는 것은 무엇인가?

> 〈보기〉
> 어떤 학문의 성격에 관한 철학관 혹은 인식론적 바탕 위에 지식을 얻는 근거, 지식의 주장이
> 타당함을 밝히는 절차 같은 것을 주제로 하는 메타이론적, 논리적 접근을 일컫는다.

① 분석기법
② 연구방법
③ 방법론
④ 연구절차

정답 ③

해설 방법론이란 어떤 학문의 성격에 관한 철학관 혹은 인식론적 바탕 위에 지식을 얻는 근거, 지식의 주장이 타당함을 밝히는 절차 같은 것을 주제로 하는 메타이론적, 논리적 접근을 일컫는다.

**02** 과학에 관한 세 가지 관점 중 가정학은 기술과학(technical science)이나 응용과학(applied science)이라고 보는 관점은 무엇인가?

① 해석과학적 관점
② 표준과학적 관점
③ 비판과학적 관점
④ 응용과학적 관점

정답 ②

해설 표준과학적 관점에서는 가정학을 기술과학(technical science)이나 응용과학(applied science)이라고 보았다.

**03** 식생활 분야에서 가장 많이 쓰이는 연구방법은?

① 역사적 연구방법
② 실험 연구방법
③ 조사 연구방법
④ 통계자료 분석법

**정답** ②

**해설** 10년동안 제재된 논문은 조사연구방법과 실험연구방법을 제일 많이 사용하였다. 식생활 분야에서 가장 많이 사용한 방법은 실험연구방법이었고 그다음이 조사연구방법이며, 의생활 분야에서는 조사연구방법과 실험연구방법이 비슷했고 역사적 방법이 그다음으로 많았다.

**04** 어떤 현상이 일어나는 이유를 설명(explain)하려면 우선적으로 해야 할 일이 있다. (  )안에 알맞은 것은?

〈보기〉

어떤 현상이 왜 일어나는지를 설명하려면 (     )해야 한다.

**정답** 실험

**해설** 어떤 현상이 왜 일어나는지를 설명(explain)하려면 실험을 해야 한다. 그것이 현지 실험이든 실험실 실험이든, 어떤 현상과 그 현상을 발생시킨 조건 간의 인과관계를 설정할 수 있어야 한다. 기술적 방법으로는 이런 인과관계를 측정하기가 어렵다.

**05** '경험적 연구는 단순히 이론을 검증하기 위한 수동적인 역할만을 하는 것이 아니라 이론을 이끌어가기도 히고 수정 또는 재구성하기도 하며, 이를 보다 명료하게 하는 능동적인 역할을 수행하고 있다.'고 주장한 학자는?

**정답** 머튼(R.K.Merton)

**해설** 머튼(R.K.Merton): '경험적 연구는 단순히 이론을 검증하기 위한 수동적인 역할만을 하는 것이 아니라 이론을 이끌어 가기도 히고 수정 또는 재구성하기도 하며, 이를 보다 명료하게 하는 능동적인 역할을 수행하고 있다.'고 주장한다.

**06** 추상적이고 관념적인 용어와 이러한 용어들의 연결로 이루어진 가설을 경험적으로 검증할 수 있는 가설, 즉 작업가설로 전환시키는 것을 무엇이라 하는가?

정답 조작적 정의

해설 조작적 정의는 추상적이고 관념적인 용어와 이러한 용어들의 연결로 이루어진 가설을 경험적으로 검증할 수 있는 가설, 즉 작업가설로 전환시키는 것이다.

**07** 연구방법 중 개별적인 특수한 사실이나 원리를 전제로 하여 일반적인 사실이나 원리로서의 결론을 이끌어 내는 논리적 방법을 무엇이라 하는가?

정답 귀납법, 귀납적 방법

해설 귀납적 방법은 개별적인 특수한 사실이나 원리를 전제로 하여 일반적인 사실이나 원리로서의 결론을 이끌어 내는 연구방법이다. 다시 말해 우선 관찰을 통해 자료를 수집하고 이를 정리, 분석하여 일반적인 유형을 찾아내고 이것으로부터 잠정적인 결론에 도달하는 것이다.

**08** 과학적 연구의 과정이 바르게 나열된 것은?

① 작업가설 설정→이론→경험적 일반화→관찰
② 이론→작업가설 설정→관찰→경험적 일반화
③ 작업가설 설정→관찰→경험적 일반화→이론
④ 관찰→작업가설 설정→경험적 일반화→이론

정답 ③

해설 과학적 연구의 과정은 '작업가설 설정→관찰→경험적 일반화→이론'의 순이다.

**09** 다음 중 확률표집법에 해당하는 것은?

① 편의 표집
② 유의 표집
③ 단순 무작위 표집
④ 할당표집

**정답** ③

**해설** 단순 무작위 표집은 확률표집법이다. 비확률 표집법은 편의 표집, 유의 표집, 할당표집 등이 있다. 비확률 표집법은 확률 표집이 불가능하거나 모집단을 정확하게 규정지을 수 없는 경우, 또는 표집오차가 큰 문제가 되지 않을 때는 비확률표집의 방법을 쓴다.

**10** 다음 중 절대 영점(absolute zero point)을 갖고 있는 척도는?

① 명목 척도
② 서열 척도
③ 등간 척도
④ 비율 척도

**정답** ④

**해설** 절대 영점(absolute zero point)을 갖고 있는 척도는 비율척도이다. 비율척도는 등간 척도와 다른 모든 특성에서 동일하나 '0'이 자의적으로 부여한 값이 아닌 절대적 의미를 갖게 된다는 점에서 등간 척도와 구분된다. 예 길이, 무게, 시간 등을 나타내는 측정치

CHAPTER

# 06

# 가정학의 연구 대상

### 1. 과학의 정의

① 과학은 보편적인 진리나 법칙을 발견하여 체계적인 지식을 수립하는 학문으로, 보통 대상의 학(學)이라고 정의된다.

② 과학에 있어서 대상이 중요한 이유는 과학은 경험이나 직접적인 체험을 통해 특수한 대상과 이에 대응하는 방법을 체득하고, 그에 의해서 이 특수한 영역에 있어서의 법칙 내지 원리를 발견하는 것, 즉 객관적이고 보편적인 것을 발견하여 객체의 대상에 관한 인식을 체계화한 것이기 때문이다.

### 2. 가정학의 연구 대상의 필요성

① 과학은 특정한 대상이 있어야만 특정의 독자적인 과학으로서의 존재 이유를 갖는다.

② 가정학이 독자적인 과학임을 주장하기 위해서는 독자의 대상을 갖는 것이 우선적으로 요구된다. 응용과학이라는 것을 구실로 해서 다른 과학의 연구 성과를 받아들이는 것만으로 만족한다면 '잡학' 또는 '가정학에는 범위가 있으나 대상은 없다.'라는 비판을 면할 길이 없다.

③ 가정학의 연구대상을 분명히 하기 위해서는 이론적으로 체계화되고 조직화 되어야 한다. 따라서 가정학의 대상에 대한 견해를 정리해야 한다.

※ 가정학의 발전을 위한 시도
가정학의 발전을 위해서는 가정을 궁극적인 개념으로 독자적인 체계화를 시도해야 한다.

## 1. 기초적 용어의 개념

### (1) 집(家)

가정학적인 입장에서의 집은 건물로서의 집, 친족의 공동생활로서의 집, 관념상에서의 계보로서의 집으로 구분할 수 있다.

① 건물로서의 '집': 예 집을 짓는다든가 집이 넓다든가 하는 경우의 집을 뜻한다.

② 친족의 공동생활로서의 집: 이는 가족의 의미에 가깝다.

> 예 우리 집은 모두 외출한다든가 우리 집은 그러한 일은 하지 않는다든가 하는 경우의 집

③ 관념상 계보로서의 집: 「민법」에 규정된 동일 호적에 기재된 친족의 집단임과 동시에 선조로부터 자기의 대(代)를 거쳐 자손으로 영원하게 지속되는 혈연 공동체를 가리킨다.

> 예 이씨집과 김씨집의 결혼, 가풍 또는 가문

### (2) 가족

가족 구성면에서는 「민법」에서 규정된 가족, 사회학적으로 규정되는 가족, 기능면에서의 규정된 가족으로 구분할 수 있다.

① 구성 면에서의 가족

　ㄱ 「민법」에서 규정된 가족
　　「민법」779조를 보면 가족의 범위를 '배우자·직계 혈족 및 형제 자매, 직계혈족의 배우자·배우자의 직계혈족 및 배우자의 형제자매(생계를 같이 하는 경우에 한한다.)'로 규정하고 있다.

　ㄴ 사회학적으로 규정되는 가족
　　가족이란 결혼, 혈연, 양자결연 등에 의해 관계가 맺어진 혈연집단이다. 가족의 한사람 한사람은 가족원이다. 예 우리의 가족은 4인이라든가, 복합가족, 핵가족, 결손가족 등이라고 말하는 경우의 가족이 이에 해당된다.

② 기능면에서의 가족

　　㉠ 동일 가족이라는 의식을 갖는다.

　　㉡ 동일한 주거에서 거주한다.

　　㉢ 생계를 함께 한다.

　　㉣ 생식, 교육문화 전승 등의 기능을 갖는다.

그러나 오늘날의 사회에서는 직업이나 취학 때문에 동일주거의 요건을 결여하는 수가 있고, 또 생계의 동일성과 교육·문화전승의 기능이 약화되는 수도 있다. 그러나 동일의 가족이라는 의식을 가지고 있다면 가족으로서 충분하다.

③ 구성과 기능의 양면에서의 가족

　　㉠ 동일 가족 의식을 갖는다.

　　㉡ 생계와 생식·교육·문화 전승 등의 기능을 갖는다.

　　㉢ 혈연적 집단이다.

## (3) 가정(家庭)

① 가정(家庭)의 의미

　　㉠ 가족이 있는 장소: 가족이 주거하는 장(場)을 의미한다.

　　㉡ 가족원이 생활을 함께 하는 최소의 사회집단: 주인을 중심으로 친자(親子), 부부 등의 가족 집단 내지 가정생활을 의미한다.

　　㉢ 고이케(小池行松)- 가정을 혈연사회의 근원적 단위로 규정, 가정은 결혼·자녀·가정생활·가(家)의 네 가지 요소로 구성된다고 정의하였다.

　　　● 결혼: 성(性)이 다른 두 사람이 성(性)을 매개로 해서 인격적으로 결합하는 것으로 혈연사회를 구성하는 근원적 원리이다.

　　　● 자녀: 가족관계를 강화하고 가정을 충실하게 하는 필수의 조건이다.

　　　● 가정생활: 가족이 동일한 장(場)에서 생활하기 위해 필요하다.

　　　● 가(家): 가정을 구성하는 요소이다.

　　　⇒ 가정(家庭)은 가(家)·가족·그리고 가정생활을 포함하는 것으로 규정될 수 있다.

② 학술 용어로서의 가정

가정(家庭)이란 단어를 학술용어로 사용하는 경우에는 의미 내용을 한정해서 사용하는 것이 중요하다. 왜냐하면 가정은 집(家)·가족(家族) 그리고 가정생활을 포함하는 것으로 규정될 수 있기 때문이다.

## (4) 생활(生活)

① 광의와 협의로서의 생활

ⓐ 광의: 인간의 생활이라 하는 경우에는 물론 여러 종류의 생활을 포함한 광의의
생활을 지칭한다.

ⓑ 협의: 가정생활을 뜻하며 협의의 생활을 의미한다. 예'생활이 어려워졌다.'든가
생활비 등이라고 하는 경우의 생활은 가정에서 '살아가는 것' 등

② 학술용어로서의 생활

ⓐ 학술용어로서의 생활은 생존과 구별된다.
일반적으로 광의의 생활이 다루어지는데 여러 견지에서 규정되고 분류된다. 특
히 가정학의 대상과 관련되어서 생활은 생존과 구별되고 또한 내용 내지 성격,
기능 등의 면에서 분류되어 각기 의미가 부여된다.

ⓑ 생존과 생활의 개념: 생존이란 생명의 유지 및 계속의 기능이 영위되는 것을 의
미하고, 생활이란 주체성을 가지고 생명의 유지 및 계속의 기능을 영위하는 것을
의미한다.

ⓒ 내용의 측면에서의 생활(고이케, 小池行松): 전체적 생활과 부분적 생활
지식의 진보와 가치의 분화가 나타남에 따라 생활의 분화 작용이 일어나게 되어
전체적 생활과 부분적 생활이 분리되었다고 보고, 전체적 생활은 가정생활과 국
민생활, 부분적 생활은 경제생활·종교생활·예술생활 등 모든 부분 생활이 포함
된다고 보았다.

ⓓ 구조적인 측면에서의 생활(다나카, 田中義英): 사회생활, 가정생활

● 사회생활:개인을 단위로 한 개방체계로서, 구성원으로서의 개인이 사회계약
에 의해 질서 지어지고 권리와 의무의 관계로 연결되어 있다.(게젤샤프트,
Gesellshaft)

● 가정생활: 가족을 단위로 한 봉쇄체계로서, 자연적이고 생물학적인 성질을
갖는 가족이 혈연관계로 연결되어 독립된 단위생활 집단을 형성하고 상호의
분업 기능을 서로 나누는 생활 공동체를 유지하고 있다.(게마인샤프트,
Gemeinshaft)

ⓔ 기능적인 측면에서의 생활(산도우, 三東純子); 개인생활, 가족생활, 사회생활

● 개인생활: 개인생활은 사색이나 휴식, 독서 등과 같이 기록이나 타인과의 직
접적인 접촉을 하지 않고 자기 자신과의 관계로만 유지되는 생활이다. 이는
자신과의 엄격한 대결이기도 하며 정신적인 위안과 향상 및 육체적인 휴양이

기도 하다.

● 가족생활: 가족생활이란 물리적, 의식적으로 가족과 함께하는 생활로, 가족은 애정으로 결합되므로 가족생활 속에서 긴장을 풀고 심신을 안정시킨다.

● 사회생활: 사회생활은 타인과의 접촉이 많고 이해관계가 개입되므로 긴장과 정신적 피로의 원인이 되는 경우가 많다.

---

※ 내용·구조·기능 면에서의 생활
 – 내용의 측면에서의 생활(고이케): 전체적 생활과 부분적 생활
 – 구조적인 측면에서의 생활(다나카): 사회생활, 가정생활
 – 기능적인 측면에서의 생활(산도우): 개인생활, 가족생활, 사회생활

---

## 2. 가정학의 연구대상에 대한 여러 가지 견해

가정학의 대상은 가정생활이다. 이는 가족을 이루는 가족구성원들이 생활해 나가는 일상적 활동을 가리킨다.

가정학의 연구대상에 대한 견해는 학자에 따라 다양하나 대체로 가정생활 및 이에 유사한 생활, 가정생활, 가정의 세 가지로 대별 할 수 있다.

### (1) '가정생활 및 이에 유사한 생활'을 대상으로 보는 견해

① 고등교육 또는 직업교육으로서 가정생활 및 이에 유사한 집단생활 등에서 필요한 식품, 의복, 주거, 육아, 가정관리, 가정 경제 등의 과목이 학습되어 왔다는 역사적 사실과 이러한 여러 분야를 포괄하는 학문으로 가정이 가르쳐져 왔다는 사실에 토대를 두어 형성된 것이다.

② 가족에 유사한 집단의 생활을 가정학의 응용으로 다루기보다 가정학의 대상으로 통합한 것은 가족이란 사회에 고립해서 존재하는 것이 아니고 여러 시설이나 기관과 유기적인 관련을 갖고 있다는 발상과 더불어 가정학 전공자의 직장 개발이라는 교육상의 배려에 연유한 것이다.

③ 가정생활에 유사한 생활이란 원래 가정에서 이루어지고 있던 의·식·주·육아, 간호 등의 일부 또는 전부가 가정 밖에서 행해지게 된 경우의 생활을 말한다. 사회경제의 발달에 따른 생활양식의 변화로 인해 이러한 생활은 최근 급격히 증가하고 있다.

④ 여자의 고등교육 또는 직업교육으로서의 역사적 사실에 초점을 맞추어서 나타난 견해이다. 가정생활에 유사한 생활 또는 준하는 생활이 증가하는데 대해 사회로서 대응책을 강구할 필요가 있게 되며, 그 대응책의 하나가 여자에 대해 고등교육과 동시에 직업교육을 실시하는 것이었다.

⑤ 가정학의 연구대상을 가정생활 및 이에 유사한 생활로 규정할 때의 장단점

　　㉠ 장점: 가정학 전공자의 직업 개발에 유리하다. 가정학의 발전과 관련해 볼 때 매우 타당성이 있다. 가정의 기능이 사회로 확대되었기 때문에 그것을 포용할 수 있다.

　　㉡ 단점: 가정학의 응용으로 충분한 것이지 구태여 대상으로 포함될 필요는 없다. 사실 인식에 치우친 나머지 가치인식(추상적 사실의 인식)이 결여되고 가정학의 대상을 확대하다보면 가정생활의 특질을 무시할 수도 있기 때문이다.

## (2) '가정(家政)'을 대상으로 보는 견해

가정학의 대상으로서의 가정의 의미는 대체로 가정생활에 있어서의 영위로 이해하는 견해와 가정생활에 있어서의 경영으로 이해하는 견해의 두 가지로 나눌 수 있다.

① 가정에 있어서의 영위(營爲)로 보는 견해

　가정생활의 향상을 목적으로 하고 의·식·주·육아 등 가정생활의 모든 부분에 가능하면서 이들의 조화와 균형 위에서 전체를 통합하는 종합적인 활동이 가정이다.

② 가정(家庭)을 경영(經營)으로 보는 견해

　경영은 가정(家政)을 가정(家庭)과 동의어로 이해한다. 인간의 욕구 충족의 장과 작용의 통일이 경영인데, 가정도 인간의 욕구 충족의 장과 작용의 통일이기 때문에 경영이라고 본다. 가정은 가족, 개인 등의 생활구성체, 즉 경영체와 이것이 영위하는 합목적적인 활동과의 통일을 의미한다.

　　㉠ 가정이 경영이고 의도적·동태적이다.

　　㉡ 가정은 가치실현을 위한 활동이며 동태적, 조직적인 것을 특질로 한다.

　　㉢ 가정은 근원경영(根源經營)인 반면 기업은 파생적경영(派生的 經營)이라고 하였다.(니클리슈,H.Nichlisch)

　　　● 니클리슈(H.Nichlisch)는 독일의 경제학자로, 가정을 근원 경영으로 보고, 인간 공동체가 구성되는 경우 그것이 기업이든 가정이든 언제나 경영이 존재한다고 보았다.

　　　● 가정은 욕구충족을 가장 직접적이고 근원적으로 실현하는 실체와 작용의 통일로서의 경영이라는 점에서 근원경영이라고 한데 반해, 기업은 욕구충족의 수단으로서 재화의 생산을 통해 간접적·우회적으로 욕구충족을 하는 파생적 경영이라 하였다.

　　㉣ 셴플르그(F.Schönpflug)는 니클리슈의 견해를 비판하였는데, 셴플르그는 경영은 어디까지나 기업에 해당하는 것이지 가정에는 적합하지 않다고 하였다.

③ 가정시스템

가정에 대해 목적 실현을 위한 하나의 시스템을 구성하고 있다는 견해가 보편적이다.

　㉠ 시스템의 정의

　　시스템이란 구성요소가 목적 실현을 위해서 긴밀한 상호작용에 의해 관련을 맺고 있는 집합체(조직성)를 의미한다.

　㉡ 가정시스템의 구조

　　가정시스템의 구성은 가족하위시스템과 관리하위시스템을 포함하고, 그 외부에는 가정생활에 필요한 여러 자원이 가정환경으로 존재한다.

　　● 가족 하위 시스템: 개인적인 지식, 능력, 건강, 가치, 신념 등과 가족원 간의 협조성, 구속성, 친밀감, 가족관계

　　● 관리 하위 시스템: 목표설정, 의사결정, 계획 입안과 수행

　　● 가정환경: 가정생활에 필요한 자원

　㉢ 가정시스템의 기능

　　가정시스템의 기능은 사람과 물질, 사람과 사람 간의 상호작용이며 부분과 부분 또는 부분과 전체 간의 상호작용의 관계이다. 또한 이 관계에 의해 전체로서의 균형을 유지하면서 진화해 가는 생활을 조직하고 체계화하는 것이다.

④ 가정학의 연구대상을 '가정'으로 할 때의 장단점

　㉠ 장점: 가정학의 독자성이 분명해진다. 가정생활에 있어서 가치 추구에 초점을 두는 점을 강조하기 때문에, 연구방법론과 관련해 볼 때는 장점이 있다.

　㉡ 단점: 가정(家政)'은 가정학의 분과인 가정경영이 중심이 되므로 가정생활이라는 영역을 연구하는 여러 과학이 경시되거나 무시됨으로써 가정학의 범주가 축소되어 현재의 가정학의 전 분야를 감싸지 못한다.

---

※ 가정학의 대상을 '가정(家政)'으로 보는 견해

가정생활의 목적 실현을 위한 가치 추구에 초점을 둠으로써 가치 인식을 중시하나 한편으로 그렇기 때문에 대상이 좁아지게 된다. 따라서 '가정(家政)'은 가정학의 한 분과인 가정경영학의 대상으로는 타당할 수 있으나 현재 가정학을 구성하는 여러 분야를 감싸지는 못한다.

---

## 3. '가정생활'을 대상으로 보는 견해

가정학의 연구대상은 일상적인 가정생활이라는 것이 오늘날 일반적인 통설로 되어 있으며, 이러한 견해가 많은 가정학자들에 의해 지지되고 있다.

### (1) 가정생활의 뜻

가정생활이라는 단어의 의미 내용은 여러 가지이다. 가정생활은 다면적(多面的)이고 다양해서 그 전체를 명확한 말로 표현하기가 곤란하다.

㉠ '가정생활이 즐거워졌다.'라고 하는 경우의 가정생활은 주로 가족관계를 가리킨다.

㉡ '가정 생활이 편해졌다.'고 할 때의 가정생활은 가정의 경제적인 면을 의미한다.

㉢ '저 아이의 가정생활은 좋지 않다.'고 하는 경우는 경제적인 면과 함께 부모의 예의범절과 교육을 가리킨다.

㉣ '가정생활이 향상했다.'고 하는 경우에는 생활수준을 의미한다.

### (2) 가정생활의 구조

#### ① 수직관계로 보는 견해

인간의 생활이란 물질적 생존에서 사회적 생존으로 또한 정신적 가치를 추구하는 생활로 구조를 가지고 있다는 사실에 그 근거를 두고 있다. 가정생활은 '물질–생명–생존–생활'의 중층 구조를 갖는다고 보는 견해와 자연적·물질적인 하부구조와 사회적·문화적인 상부구조로 구성되어 있다고 본다. 가정생활을 중층적·입체적 관계로 파악한 히라다(平田昌)의 견해가 이에 속한다.

㉠ 인(人)=생물학적 조건을 내포한 문화적·사회적 존재

㉡ 인(人)을 내포하는 집단='가족집단'

㉢ '가족집단'을 단위로 하는 생활조직체=가정

㉣ '가정생활조직체'로서의 활동상황='가정생활'

#### ② 수평관계로 보는 견해

가족의 의도적·동태적··종합적인 생활의 영위를 수행하는 가정생활의 기능에 주목하여 이 기능을 갖는 구성요소를 생활주체(가족), 생활객체(물질, 환경), 생활매체(기술, 금전, 시간)의 세가지로 본다.

● 〈표 6-1〉 가정생활의 구성요소(수평관계로 보는 견해)

| 구성요소 | 가정생활을 넓게 보는 견해 | 가정생활을 좁게 보는 견해 |
|---|---|---|
| 생활주체 | 가정생활을 구성하는 사람들<br>=가족 | 가정 담당자(가정생활을 운영, 관리하는 가족원) |
| 생활객체 | 가정생활에 필요한 물자·시설·환경 등 | 가정 담당자로부터 보호를 받는 사람(유아·아동·노인·환자 등의 가족원) |
| 생활매체 | 가정생활에 공헌하는 과학적 지식·능력·기술·노동력·금전·생활시간 등 | 가정생활에 필요한 물자·시설·환경 등 |

출처: 유영주(1994). 가정학원론. 신광출판사. p.16

③ 시스템(통합)적인 관계로 보는 견해

시스템적인 관계로 보는 견해(통합적 관점)는 수직관계와 수평관계를 통합하는 시각이다. 위의 수직, 수평관계는 가정생활의 이해에 많은 도움을 주나, 가정생활의 다원적(多元的)인 특성을 고려할 경우 가정생활의 일면만을 파악할 우려가 있다. 따라서 두 견해를 통합하여 체계적으로 파악되는 것이 바람직하다. 가정생활은 가족 상호 간, 가족원과 물질 간, 가족의 생존과 생활 간 그리고 또한 이들과 생활 전체와의 상호작용의 관계를 시스템적으로 파악하는 것이 바람직하다.

## (3) 가정생활의 기능

① 사회변동에 따른 가정생활의 기능이 변화되어 점차로 사회에 이양되고 있으나 애정, 생식, 보육 등의 기능은 그대로 유지되며 성인의 정서 안정기능 등은 더욱 중요시되고 있듯이 가정생활의 기능이 축소된 것을 의미하지는 않는다.

② 가정생활의 본질적 기능

파슨스(T.Parsons)는 가정생활의 본질적 기능을 자녀의 사회화 기능과 성인의 정서 안정기능이라고 하였다. 이 정서적·심리적 욕구 충족과 장(場)으로서의 가정생활의 기능은 오늘날 그 중요성이 더욱 증대되고 있다.

현대 가정에서는 정서적·심리적 욕구충족의 기능이 강조되고 있다.

③ 현대 가정생활의 기능: 성적 안정의 기능, 자녀의 출산·양육·교육의 기능, 생활을 구축하고 지켜나가는 기능, 정신적·신체적인 피로회복의 기능, 물질적 안정과 사회에의 공헌 기능 등이다.

## ⑷ 가정생활의 성질

### ① 생활 일반과 공통되는 가정생활의 성질(나까하라)

나까하라는 생활 일반과 공통되는 가정생활의 성질을 일상성, 계획성, 연대성, 적응성, 균형성, 통일성의 6가지를 제시하였다. 이 중 균형성(특히 주체적 균형성 중요)과 통일성이 가정생활을 대상으로 하는 가정학의 체계를 구성하는 데 있어서 중요한 성질이라고 보고 있다.

### ② 가정생활의 독자적 성격(히라다)

히라다는 가정생활의 독자적 성격을 대면성, 자아개방, 봉쇄성(폐쇄성), 공산성 등으로 제시

㉠ 대면성: 가족원은 상호 숨기는 것 없이 전인격적으로 접촉한다.

㉡ 자아개방: 가정에서는 다른 사람을 의식하지 않고 자기 마음대로 하기 쉽다.

㉢ 봉쇄성: 가정의 일을 다른 사람에게 보여주지 않도록 한다.

㉣ 공산성(共産性): 가족은 가재나 가구 등 재산을 원칙적으로 공유한다.

### ③ 가정생활의 특징(가고야마)

가고야마는 가정생활의 특징을 내적 안정성, 경제적 보장성, 보호성, 구속성 등으로 제시

㉠ 내적 안정성: 격심한 사회의 변동에 대해 가족은 서로 힘을 합쳐 가정 내부의 평정을 유지하고자 노력한다.

㉡ 경제적 보장성: 가족원의 수입은 공유되고 가족 상호간에 정산하는 일 없이 전체로서 수지의 균형이 이루어진다.

㉢ 보호성: 노인과 유아 또는 병자를 가족원들이 상호 헌신적으로 보호한다.

㉣ 구속성: 가족원들은 상호 끊기 어려운 정이나 인연에 강하게 결합되어 있다. 이러한 구속성 때문에 가족원이 대의명분을 위해 자기희생적인 행동을 하는데 제약을 받는 경우가 가끔 있다.

# 03 가정학의 대상과 가정생활

가정학의 연구대상은 일상적인 '가정생활'이라는 것이 통설인데, 이는 가정학의 여러 분야를 포괄하며, 환경과의 상호작용에 관련해서도 그 기점을 이루며, 행복을 추구하는 인간이 주체가 된다는 점에서 고도의 철학적 가치를 기본 전제로 한다.

## 1. 가정학의 대상으로서의 생활시스템

가정생활은 복잡한 다차원적 요소로 생활시스템을 구성하고 있는 균형 체계로서 자연환경과 사회환경에 둘러싸인 생태계의 일환으로, 가정생활과 환경과의 관계를 중시하는 인간생태학적 관점에서 입체적·종합적으로 이해해야 한다.

### (1) 생활시스템의 내용

① 미야가와 등은 가정학의 대상을 가정(家政)을 중핵으로하는 생활시스템으로 설정함으로써 차원이 다른 가정생활과 가정(家政)을 시스템 이론에 적용하여 통합하고자 하였다.

② 시스템이론에 의하면 가정생활과 그에 관련된 환경은 하나의 생활시스템을 구성한다. 이 경우 환경에는 물론 가정생활에 준하는 생활, 유사한 생활, 긴밀한 관계에 있는 사회적 사상(事象) 등이 포함된다.

③ 생활시스템이라고 해서 인간의 생활 전반을 말하는 것이 아니고 가정생활을 중심으로 하는 것이다.

④ 생활시스템은 가정생활의 여러 목적 실현을 목표로 하는 가정(家政)을 중핵으로 하고 생활자료 등으로 구성되는 가정환경을 포함하며 그 외부에 환경이 존재한다.

### (2) 생활시스템의 구성요소

① 가정(家政)

　㉠ 가족 하위 시스템: 가족의 개인적인 요소(예 지식·기능·건강·신념)와 상호관계 등

　㉡ 관리하위 시스템: 가정 담당자의 경영기능(예 의사결정·목표설정·계획입안·실천 등) 중심

② 가정환경·가정생활에 필요한 자원

③ 환경: 가정생활에 긴밀한 관계에 있는 사회적, 자연적 여러 사상(事象)

## (3) 생활시스템의 전개

① 생활시스템은 생활 목적의 실현이라는 목표를 위해 가치를 추구하는 가정(家政)을 중핵으로 해서 기능을 전개하며, 이 기능의 전개는 가족 하위 시스템과 관련 하위 시스템 간에 또 가정(家政)시스템과 가정생활 및 환경 간에 이루어진다.

② 인간과 물질, 인간과 인간이 상호작용하고 관계를 맺으면서 전체에 연결되고, 전체로서 조화가 이루어진 통일적인 활동이 되는 것이다.

# 2. 미국가정대학학장협의회(AAHE)가 제시한 5가지 연구목표

미국에서는 1970년대 들어와서 가정학은 인간과 물질의 학문으로 보았던 가정학 발달 초기의 인간생태학적인 관점이 다시금 주목을 받으면서, 인간과 그 일상생활 환경과의 상호작용에 대한 연구에 초점을 두고 있다. 이러한 학문적 맥락에서 미국가정대학 학장협의회(AAHE)는 1970년 생태계모형을 기본으로 하여 가정학의 5가지 연구목표를 설정하고 각 연구목표별로 연구문제 영역과 특정 연구 내용을 제시하였다.

## (1) 목표

① 목표 I

㉠ 연구목표: 인간의 심리적·사회적 발달에 기여하는 조건을 향상시킨다.

㉡ 연구 문제 영역: 사회적·정서적 발달, 인지적 발달, 가족구조와 기능, 역할과 역할 행동, 가족계획, 남편과 부인의 관계, 부모와 자녀의 관계 사회적·기술적 변화 등이 있다.

② 목표 II

㉠ 연구목표: 인간의 생리적 건강과 발달에 기여하는 조건을 향상시킨다.

㉡ 연구 문제 영역: 필수영양소와 물질대사, 영양 상태, 식품의 패턴, 식품의 품질·구성성분 및 안전, 건강과 관련된 변인들, 식품 서비스 제도 등을 들 수 있다.

③ 목표 III

㉠ 연구목표: 인간의 근접 환경을 이루는 물리적 구성요소를 향상시킨다.

㉡ 연구 문제 영역: 주거와 환경, 직물과 그 제품, 의복 등이 있다.

④ 목표 IV

　　　　⊙ 연구목표: 소비자의 능력과 가족자원 사용을 향상시킨다.

　　　　ⓒ 연구 문제 영역: 소비자 서비스의 필요성, 소비자 의사결정과 행동, 소비자와 마
　　　　　케팅시스템, 가치와 행동, 생활수준, 관리·의사결정 과정과 상황, 자원의 개발과
　　　　　분배 및 이용 등이 있다.

　　⑤ 목표 V

　　　　⊙ 연구목표: 가정생활을 풍부하게 하는 지역사회 서비스의 질과 이용 가능성을 향
　　　　　상시킨다.

　　　　ⓒ 연구 문제 영역: 지역사회 프로그램의 필요성, 건강·안전 및 휴양 관련 프로그
　　　　　램, 주거프로그램, 지속적인 교육프로그램, 취학전 어린이를 위한 보육프로그
　　　　　램, 공공프로그램에 대한 가족의 영향과 반응 등이 있다.

**(2) 연구목표별에 따른 교과목**

　　① 목표 I : 아동학, 가족학

　　② 목표 II : 식품학, 영양학

　　③ 목표 III : 주거학, 의류학

　　④ 목표 IV : 소비자학, 가정관리학

　　⑤ 목표 V : 지역사회활동프로그램

## 3. 가정생활을 가정학의 대상으로 보는 경우 바람직한 관점

　　① 가정생활의 주체자는 생명체로서의 인간, 즉 신체적·정신적 능력을 가진 인간임을
　　　기본전제로 하지 않으면 안된다.

　　　가정생활은 가정이라는 특정의 장소에서 가족을 단위로 해서 영위되는 집단생활이
　　　며, 생활의 주체자는 어디까지나 생명체로서의 인간이라는 것을 기본적 전제로 해
　　　두어야 한다.

　　② 가정생활은 중층적·입체적인 구성체를 이룬다.

　　　가정생활을 중층적·입체적인 것으로 파악하는 시각이 중요하다. 가정생활의 중층
　　　적 구조(자연적 생존, 사회적 생활, 정신적 생활)에 있어서는 정신적 생활이 가장 상
　　　위의 위치를 점하고 있다.

　　③ 가정생활은 그 구성요소들이 상호작용을 하면서 목적을 실현해 가는 통일된 조직
　　　체, 즉 시스템을 구성한다.

가정생활을 그 구성요소들이 상호작용을 하면서 목적을 실현해 가는 통일된 조직체, 즉, 시스템으로 이해하는 시각이 중요하다.

④ 가정생활을 가정학의 대상으로 보는 것이 타당하다.

가정생활은 현실적으로 가정학이 포괄하는 영역을 포함하고 있고, 응용영역에 있어서도 논점이 될 수 있으며, 가정에 있어서의 영위나 가정경영을 그 핵으로 할 수 있기 때문이다.

※ 가정학의 연구대상은 일상적인 가정생활이라는 것이 오늘날의 통설이다.

※ 가정학에서 생활문제를 다룰 때 바람직한 태도

가족의 생활을 생태학적 관점에서 종합적으로 이해하여야 한다.

**01** 다음은 가정학의 연구대상의 필요성을 설명한 것이다. 틀린 것은?

① 과학은 특정한 대상이 있어야만 특정의 독자적인 과학으로서의 존재 이유를 갖는다.

② 가정학이 독자적인 과학임을 주장하기 위해서는 독자의 대상을 갖는 것이 우선적으로 요구된다.

③ 가정학이 응용과학으로서 다른 과학의 연구 성과를 받아들이는 것만으로도 독자적인 과학임을 주장할 수 있다.

④ 가정학의 연구대상을 분명히 하기 위해서는 가정학의 대상에 대한 견해를 정리해야 한다.

 ③

해설 가정학이 응용과학이라는 것을 구실로 해서 다른 과학의 연구 성과를 받아들이는 것만으로 만족을 한다면 '잡학' 또는 '가정학에는 범위가 있으나 대상은 없다.'라는 비판을 면할 길이 없다.

**02** 가정학적인 입장에서의 집(家)의 의미에 대한 설명으로 적합하지 않은 것은 무엇인가?

① 건물

② 친족의 공동생활로서의 집

③ 관념상 계보로서의 집

④ 성인 남성과 여성의 결합

정답 ④

해설 가정학적인 입장에서의 일상적인 집의 의미는 건물로서의 집, 친족의 공동생활로서의 집, 관념상에서의 계보로서의 집 등이 있다.

**03** 기능 면에서의 '가족'을 설명한 것으로 거리가 먼 것은?

① 동일 가족이라는 의식을 갖는다.
② 생계를 함께한다.
③ 동일한 주거에서 거주한다.
④ 혈연집단이다.

**정답** ④

**해설** 기능 면에서의 가족은 동일 가족이라는 의식을 갖고, 생계를 함께 하며, 동일한 주거에서 거주하고, 생식·교육·문화전승 등의 기능을 갖는다.

**04** 가정은 근원경영(根源經營)인 반면 기업은 파생적경영(派生的 經營)이라고 주장한 학자는 누구인가?

**정답** 니클리슈(H.Nichlisch)

**해설** 니클리슈(H.Nichlisch)는 가정은 근원경영(根源經營)인 반면 기업은 파생적경영(派生的 經營)이라고 주장하였다.

**05** 가정생활의 본질적 기능을 자녀의 사회화 기능과 성인의 정서 안정기능이라고 제시한 학자는 ?

**정답** 파슨스(T.Parsons)

**해설** 파슨스(T.Parsons)는 가정생활의 본질적 기능을 자녀의 사회화 기능과 성인의 정서 안정기능이라고 하였다. 이 정서적·심리적 욕구 충족과 장(場)으로서의 가정생활의 기능은 오늘날 그 중요성이 더욱 증대되고 있다.

**06** 실험 연구에서 실험적 처치를 받지 않는 집단을 무엇이라 하는가?

> **정답** 통제집단
>
> **해설** 실험 연구에서 실험적 처치를 받지 않는 집단을 통제집단이라 한다.

**07** 다음 중 주체성을 가지고 생명의 유지 및 계속의 기능을 유지하는 활동에 해당하는 것은?

① 생리활동
② 생활
③ 생존
④ 존재

> **정답** ②
>
> **해설** 생존이란 생명의 유지 및 계속의 기능이 영위되는 것을 의미하고, 생활이란 주체성을 가지고 생명의 유지 및 계속의 기능을 영위하는 것을 의미한다.

**08** 히라다가 제시한 가정생활의 독자적 성격에 해당하는 것은?

① 내적 안정성
② 대면성
③ 경제적 보장성
④ 보호성

> **정답** ②
>
> **해설** 히라다는 가정생활의 독자적 성격을 대면성, 자아개방, 봉쇄성(폐쇄성), 공산성 등으로 제시하였다.

**09** 가정학의 연구대상으로 가장 적절한 것은?

**가정생활**

가정생활을 가정학의 대상으로 보는 것이 타당하다. 가정생활은 현실적으로 가정학이 포괄하는 영역을 포함하고 있고, 응용영역에 있어서도 논점이 될 수 있으며, 가정에 있어서의 영위나 가정경영을 그 핵으로 할 수 있기 때문이다. 가정학의 연구대상은 일상적인 가정생활이라는 것이 오늘날의 통설이다.

**10** 미국가정대학 학장협의회(AAHE)는 1970년 생태계모형을 기본으로 하여 가정학의 5가지 연구목표를 제시하였다. 인간의 근접 환경을 이루는 물리적 구성요소를 향상시키는 연구문제영역에 해당하는 것은?

① 영양 상태
② 주거와 환경
③ 인지적 발달
④ 사회적·정서적 발달

②

인간의 근접 환경을 이루는 물리적 구성요소를 향상시키는 것을 목표로 하는 연구문제영역은 주거와 환경, 직물과 그 제품, 의복 등이 있다.

# 가정생활론

# 01 가족의 본질

## 1. 가족의 정의 및 특징

### (1) 가족의 정의

① 가족이란 부부관계를 기초로 하고 자녀나 형제 등 소수의 근친자(近親者)를 구성으로 하는 제1차적인 복지추구의 집단으로 정의된다.

② 가족은 혼인 관계로 맺어진 남녀, 즉, 부부와 그들의 자녀로 구성되는 혈연집단으로서 성, 연령, 자원에 있어 이질적인 요소로 구성되나 이익을 초월한 비영리적 집단이며 공동 목표를 지닌 지속적인 공동생활체이다.

### (2) 가족의 특징

① 가족의 구성면

　㉠ 가족은 부부관계를 기초로 하는 점이 다른 소집단과 결정적으로 다르다.

　㉡ 부부관계를 기초로 함으로써 가족을 성립시키는 세 가지 전제인 남녀간의 성적인 결합, 근친혼 금지 규칙, 적출(嫡出)의 원리(부부 사이에서 태어난 아이가 사회적으로 정상적인 아이로 인정받는 원리)가 성립되게 된다.

② 가족의 기능면

　가족의 기능—생계를 함께 한다. 생식의 욕구를 충족한다. 문화를 전승한다.

　㉠ 가족은 포괄성과 다면성을 갖는다.

　㉡ 소집단 중에는 특정의 과제 수행을 목적으로 해서 결합된 작업 집단과 정서적 표출을 목적으로 하는 심리 집단이 있는데 가족은 이 양면을 모두 가지고 있다.

　㉢ 유아의 인격을 형성하는데 가족이 제1차적인 중요성을 가지고 있다는 쿨리(C.H. Cooley)의 견해에 따라 가족은 제1차적인 복지추구의 집단으로 정의된다.

　㉣ 가족이 수행하는 다양한 기능은 가족이 사용할 수 있는 자원의 제약하에서 가족원의 욕구를 충족시켜줌으로써 보다 높은 복지를 실현하고자 하는 것이기 때문이다.

　㉤ 복지추구집단

**126** 독학사 **|** 가정학원론

- 국가 및 지방 공공단체: 개개의 가족의 상태를 개별적으로 고려하지 않고 일정한 조건하에 있는 다수의 가족에 대해서 획일적인 형태로 주어지며, 또한 이러한 복지는 주민의 권리로서 주민측으로부터 요구되기도 한다.
- 가족: 가족원에 대해 획일적이지 않고, 더구나 권리로서 요구되기보다는 감정융합에 의해 자발적으로 제공되는 것이다. 특히 인간의 유년기의 복지에 대해 가장 커다란 책임을 지고 있는 제1차적 복지추구집단(쿨리의 견해)이다.

## (3) 가족의 사회집단으로서의 특성

가족은 사회적 집단이다. 이는 적어도 두 사람 이상이 모여서 생활하는 것이기 때문이다. 물론 현대사회에 들어와서 1인 가족이 점차 증가하고 있지만, 엄밀한 의미에서 가족이라 칭할 수는 없다.

① 가족은 일차적 집단(primary group)이다.

　㉠ 일차적 집단이라는 말은 Cooley에 의하여 명명되었다. 일차적 집단은 성원 상호 간의 친밀한 관계로서 그 내부에 개인성(personality)이나 태도(attitude)가 형성되는 기본적인 역할을 수행한다. 또한 이들은 대면적 결합관계(face-to-face association)에 있는 것이 특징이다. 그 결과 이들 성원 상호 간에는 '우리의 감정(we feeling)'이 발생하여 강한 일체감을 유지하고 있다. 가족은 이러한 특성을 지닌 일차적 집단이다. 가족은 이러한 특성을 지닌 일차적 집단이다.

　㉡ 이차적 집단(secondary group)은 간접적인 거리를 가지고 접촉하는 결합관계를 갖는 것으로 사회, 조합, 국가 등을 들 수 있다. 이차적 집단은 구조가 비교적 크고 제도화되어 있다.

② 가족은 공동 사회 집단(gemeinschaft)이다.

　㉠ 공동 사회 집단(gemeinschaft)은 Tonnies가 사용한 개념으로, 공동사회 또는 희생사회라고도 불린다. 이러한 집단은 성원 상호 간의 애정과 이해로 결합되어 외부적인 어떤 장애나 분리에도 결코 분열되지 않는 본질적인 결합관계를 갖는다.

　㉡ 대립개념으로서의 게젤샤프트(gesellschaft)는 어떠한 결합에도 불구하고 본질적으로 분리되어 있는 사회라고 정의되는 것으로 이익사회라고 한다. 정당, 사회, 조합 등의 집단이 이러한 사회집단이다.

③ 가족은 폐쇄적 집단(closed group)이다.

　㉠ 폐쇄적 집단이란 성원이 되기 위한 자격 획득이나 포기가 용이하지 않은 집단을 의미한다. 즉 가족의 일원이 되기 위해서는 근친자이어야 하고, 또 이것을 거부하고자 해도 혈연으로 맺어진 이상 가족관계를 포기할 수 없으므로 폐쇄적 집단

이다.

    © 이에 반하여 개방적 집단이란 집단의 소속성이 자유로워 원하는대로 그 집단 구성원의 자격을 획득하거나 포기할 수 있는 집단을 말한다.

④ 가족은 형식적 집단(formal group)이나 내면적으로는 타인의 통제를 받지 않는 비형식적인 집단(사적 집단)이다. 가족관계는 비형식적·비제도적(informal)이다.

    ㉠ 가족은 결혼의 법적 절차에 의하여 부부관계가 성립되므로 이러한 면에서는 형식적이고 제도적인 집단이다.

    © 가족 상호 간의 관계에 있어서는 가족구성원 모두가 각각 인간적인 감정으로 연결되어 대인관계에서 어느 사회보다도 자유롭고, 솔직하며, 순수하여, 형식적이나 예의에 얽매이지 않는 비형식적이고 자유로운 사회집단이다.

## (4) 가족의 일반적인 본질

① 거주의 공동체이며, 집이라는 특정한 장소에서 같이 취사하고 동거한다.

② 성과 혈연의 공동체이며, 원초적이고 보편적인 기초적 집단이다.

③ 애정의 결합체이며, 가족 간에는 인내와 봉사, 희생이 자연적으로 발생되며 인격 형성이 이루어지는 장이 된다.

④ 가계의 공동체이며, 성적 관계나 혈연관계가 유지되도록 경제적 협동을 수행하는 공동체 생활을 하게 된다.

⑤ 운명의 공동체이며, 출생과 더불어 소속이 결정되고 가족원 간의 지위와 역할이 부여된다.

## 2. 가족의 기원과 역사

가족의 기원과 역사에 관한 가설은 핵가족이 어떻게 해서 성립하였는가에 대해 가족 진화설과 핵가족설의 두 가지 학설이 대립되고 있다.

## (1) 가족 진화설

① 가족진화설의 정의

    가족진화설은 모건에 의해 주장되었으며, 난혼가족으로부터 시작하여 여러단계를 거쳐 핵가족이 형성한다.

    ㉠ 가족진화설은 현재의 핵가족이 역사적으로 변화를 거듭하면서 오늘날 형성된 것으로 보는 학설이다.

ⓒ 스위스의 법학자인 바흐오펜(J.J.Bachofen)으로부터 모건(L.H.Morgan)과 엥겔스(F.Engels)에 걸쳐 주장되어 왔다.

ⓒ 오늘날에도 사회주의 국가와 일본의 많은 학자들이 이를 지지하고 있다.

② 모건(L.H.Morgan)의 견해

ⓐ 모건은 그의 저서인「고대 사회」에서 가족 발달 단계설을 주장하였다.

ⓑ 가족의 역사는 난혼상태(亂婚狀態)→ 혈족혼 가족(소집단 가족) →반혈족혼 가족(프나루아혼 가족) → 대우혼 가족(일시적 일부일처제) → 일부일처제 가족(가부장제→근대가족)의 단계로 발전해왔다.

③ 엥겔스(F.Engels)의 견해

ⓐ 엥겔스는 모건의「고대 사회」에 토대를 두어 가족의 역사를 기술하였는데, 그의 인류사는 집단을 형성하고 방어력을 강화하기 위해서 '무규율 성교(無規律 性交)'라는 번식 형태를 취한 인류의 원시상태에서 출발한다.

ⓑ 인류의 번식형태는 결코 무규율 상태로 머문 것이 아니라, 처음에는 자연도태의 법칙에 의해 남녀의 성관계에 제한이 가해졌으며, 그 후에는 '노동'의 발전에 의한 인류사의 구분, 즉 야만, 미개, 문명에 상응하여 군혼(群婚), 대우혼(對偶婚), 단혼(單婚)으로 발전되었다.

  ● 군혼(群婚): 집단혼, 원시사회에서 한 무리의 남자와 한 무리의 여자가 집단적으로 행한 혼인 형태.

  ● 대우혼(對偶婚): 일시적 일부일처제

  ● 단혼(單婚): 일부일처의 결혼↔복혼(複婚)

  ● 복혼(複婚): 배우자가 동시에 두 명 이상인 혼인 형태(일부다처·일처다부)

④ 가족 진화설의 의의

가족 진화설이 19세기 중엽에 처음 주장되었을 때는 많은 학자나 기독교인에 의해 심하게 비판되고 공격을 받았으나 그 후 민족학과 인류학 및 여러 인접 과학에서 대량의 자료가 축적됨으로써 오늘날 많은 사회과학자들에 의해 지지되고 있다.

## (2) 핵가족설(원시 가부장적 일부일처제)

① 일부일처제의 핵가족은 인류의 역사와 함께 변함없이 존재하여 왔다고 주장하는 학설이다. 종의 보존 본능과 질투심과 같은 인간의 본성을 고려해 볼 경우에 또는 문화인류학적인 실증적 연구를 토대로 볼 경우에 핵가족설이 타당하다고 주장한다.

② 메인(H. Maine), 웨스터마크(E.A. Westermark), 말리노브스키(B. Malinowski), 머독(G. Murdock) 등에 의해 주장되어 왔다.

③ 머독의 「사회구조론」(1949) 핵가족이라는 용어를 최초로 사용하였다.

  ㉠ 남성의 성과 경제생활의 통일로서의 혼인과 그에 기반을 둔 부부와 미혼자녀의 동거집단인 핵가족은 인류에 보편적으로 존재한다고 보았다.

  ㉡ 핵가족이 보편적으로 존재하는 이유: 성과 연령이 다른 8가지의 관계(부-처, 부-자, 부-양, 모-자, 모-양, 형-제, 자-매, 형제-자매)가 통합되면서 이루어지는 성, 경제, 생식, 교육 등의 기능 충족이 가족 외의 어떠한 기관에 의해서도 대치될 수 없기 때문으로 보았다.

④ 핵가족설에 대한 비판

  ㉠ 역사적으로 다양한 형태의 가족 또는 모계제가 존재했음을 보여주는 실증적 자료가 축적되면서 핵가족설은 비판되고 있다.

  ㉡ 일부에서는 핵가족설이 구미(歐美)의 가족형을 중심으로 지나치게 단순화되어 설명되고 있다고 비판하기도 한다.

# 02 가정생활의 역사와 본질

## 1. 가정생활의 역사

가정생활은 역사적 실존체이므로 사회변화에 따라 가정생활도 변화해 간다. 따라서 가정생활의 역사를 알기 위해서는 사회의 변천을 고찰해 봐야 한다.

### (1) 원시사회의 가정생활

① 원시사회는 성과 연령에 의한 자연적 분업이 이루어졌으며, 모든 노동이 공적인 의미를 가졌고, 구성원이 행동하고 민주적인 가정생활을 했던 사회이다.

② 원시인들은 숲속 나무 위, 굴 속에서 집단 생활을 하였다(군취생활)

집단을 형성하는 것이 수렵·채집·몸을 보호하는 데 유리하다.

③ 하나의 혈거(穴居:동굴)에는 모와 자, 부와 처, 부와 자의 관계가 순차적으로 성립한다.

④ 혈거를 중심으로 하여 육아와 침식을 함께 하기 위해 가정생활을 형성하였다. (혈거 중앙에는 불을 핀 흔적 발견, 주거의 성원이 불에 고기를 구워 먹고, 밤에는 등으로서, 겨울에는 난방의 수단으로 이를 이용)

⑤ 가족은 군혼(群婚)·대우혼(待遇婚) 형태이다.

⑥ 생산은 공동체 내에서 이루어졌고, 성·연령에 의한 자연적인 분업이 성립되었다.

⑦ 공동체를 유지·발전시키기 위해 전 구성원이 협력해서 노동을 하였으며, 남녀 구분 없이 평등하고 민주적인 관계가 성립하였다.

### (2) 고대 사회의 가정생활

① 농경·목축·도구를 사용하며, 생산물 상승으로 잉여생산물이 생겨났다. (부 축적, 사유재산 형성)

② 고정적·가부장적인 일부일처제의 단혼(單婚)이 형성되었다. 단혼 가족은 부의 상속인인 자손을 낳는다는 목적을 가진 가족으로서 실제로 여자에게만 단혼이고 남자가 지배적인 가부장제 가족이었다.

③ 생산물을 보다 많이 만들기 위해 대가족 형성, 가장이 강력한 통솔자 역할을 담당하였다.

생산물을 보다 많이 만들고 보다 많은 저장을 위해서 많은 일손이 필요했다. 따라서 자손들은 성인이 되어도 한 집에 머물러 대가족을 이루었으며, 생산노동의 분담, 협동, 산물의 분배를 위해 강력한 통솔자가 필요하였는데 바로 가장이 이러한 역할을 담당하였다.

④ 생필품이 대가족 내에서 자급자족되었다.

이전 시대에는 혈연공동체인 사회집단에서 행해지던 생산이 가족생활 중에서 행해지게 됨으로써 가족은 사회의 기본을 이루는 단위로서 그 중요성을 더해갔다. 여자에게만 해당하는 단혼인 가부장제 가족으로 여성의 노동은 사적 노역으로 취급하는 남성우위의 가족관계가 발생하였다.

⑤ 대가족의 질서를 보호하기 위해 사회가 형성되었고, 그 사회의 질서로서 가부장의 절대적 권한과 가족원의 복종이 확립되었다.

⑥ 대가족의 가부장 사이에 장유의 순서가 생겨 가장 유력한 가부장이 그 사회의 장이 됨으로써 상하관계에 의한 고대 사회의 조직화가 이루어졌다.

## (3) 봉건제 사회의 가정생활

① 소유의 질서에 의해 지배되는 개별가족은 봉건제 사회가 되어서도 그대로 지속되었다. 많은 토지가 가부장에게 집중되면서 생산을 보다 효율적으로 하기 위해 봉건제 사회는 영주(지주)와 농노(소작인, 토지를 대여받는 대가를 노동으로 보상)의 신분제로 변모되었다.

② 분업과 물물교환이 시작되면서 자급자족이었던 고대의 대가족은 각기 일을 분담하는 소가족으로 나누어졌다.

③ 가정생활은 가장을 중심으로 해서 가족 전원이 자기 집의 가업을 수행함으로써 영위되었다.

④ 가업의 세습(世襲)제나 장자상속이 확립되었고 그 결과 사회계층이 뚜렷해졌다.

## (4) 자본주의 사회의 가정생활

① 자본주의 사회는 생산이 개별가족의 손에서 벗어나 기업적인 조직체로 이양되었다.

② 자본주의적 생산 양식 하에서 분업과 협업이 발전하고 특히 기계제 대공업이 출현하게 되면서 생산수단을 소유한 자본가 계급이 '노동'을 가부장적 개별가족으로부터 이탈하게 하여 사회적으로 결합시킨 것이다. 이에 따라 생산 노동은 기계에 종속

된 임금노동의 성격으로 변모하게 되었다.

③ 자본주의 사회는 자본가 계급과 노동자 계급을 기본적인 2대 계급으로 하는 사회이다.

　㉠ 자본가 계급은 생산수단을 소유함으로 스스로 직접 생산에 종사하는 대신 노동자를 고용하여 이들이 생산한 생산물을 상품으로 판매함으로써 이윤을 얻는다.

　㉡ 노동자 계급은 자기의 노동력을 제공한 대가로 임금을 얻어 생활수단을 구입해서 생활한다.

④ 자본주의 사회에서의 가족 형태: 자본주의 사회에서는 사유재산이 발생한 이후 생산과 소비가 혼연일체를 이루었던 근대 이전의 개별가족과는 다른 형태의 가족, 즉 생산적 노동의 측면이 배제되고, 노동 또는 생산과 대비되는 개념인 생활을 영위하는 새로운 형태의 개별가족이 등장하게 되었다.

⑤ 자본주의 사회에서 나타나는 가정생활의 변화

가정에서 분리되어 사회적으로 결합되는 생산의 범주가 확대됨에 따라 가정생활에는 커다란 변화가 일어난다. 가정생활의 변화 중 가장 현저한 것으로는 가정생활의 산업화 또는 사회화, 가정생활의 궁핍화, 가정의 소비 단위로의 전락 등을 들 수 있다.

　㉠ 가정생활의 산업화·사회화 경향

　　● 자본제 생산의 진전에 따라 다양한 생활용품의 구입이 보편화되면서 소비생활이 획일화될 뿐 아니라 나아가서 가정 밖으로 진출하는 결과까지 야기되었다.

　　● 자본주의는 가정생활의 획일화를 초래할 뿐 아니라 더 나아가 그 분해를 강요하는 일면을 가지고 있다고 볼 수 있다.

　㉡ 가정생활의 궁핍화 경향

　　● 이는 자본주의 사회 내의 특정 계층, 즉 노동자나 소규모 자영업주의 가정생활에서 주로 나타나는 현상이다.(생산이 사회로 이양됨에 따라 생산수단이 시장구매를 통해 이루어지므로 임금이 부족할 경우 상대적 궁핍화가 심화된다.)

　　● 자급자족이 어느 정도 가능한 경우라면 임금이 부족하더라도 가족원의 욕구를 충족시키기 위한 생활용품을 자가생산(自家生産)함으로써 임금의 부족이 보완될 수 있으나, 현대 산업사회에 있어서는 생활수단이 거의 시장구매를 통해 공급되므로 임금이 부족할 경우 상대적인 궁핍화는 심화된다.

　　● 자본주의 경제의 발달이 전반적인 생활수준의 향상을 초래했으나 계층 간의 격차를 더욱 확대시킴으로써 특정 계층(노동자 및 소규모 자영업주)에 있어서 상대적 궁핍화 내지 상대적 박탈감을 크게 했다.

ⓒ 가정의 소비 단위로의 전락 경향: 가정은 생산 단위가 아닌 소비 단위로 전락하였으며, 전 가족원은 가정의 임금에 일차적으로 의존하는 종속적 존재가 되고 물질 만능의 가치관이 자리잡게 되었다.

⑥ 자본주의 사회의 경제생활

ⓖ 노동생활과 가정생활의 분리가 확대되고 있다.

ⓛ 대규모 기계제 공업이 중심이 된다.

ⓒ 생산의 공동화와 기업화가 진행된다.

ⓔ 노동자 계층이 자본과 끊임없이 경쟁하면서 몰락해 가고 있다.

## 2. 가정생활의 본질

### (1) 가정생활의 본질

① 모든 시대를 통해 지속적으로 수행하고 있는 역할이 육아와 침식이다.

② 가족의 본질이 육아와 침식이라는 근거

ⓖ 육아와 침식은 모든 시대를 통해 가정생활에서 수행하고 있는 초역사적 사실이다.

ⓛ 미개인의 사회에서도 가정생활은 육아와 침식을 위해 행해지고 일부일처혼이 굳게 지켜졌다.

ⓒ 가정생활이 육아와 침식 외에 생산기능을 수행하였던 시대에서도 자기 자손에게만 물려주고 싶기 때문에 생산물을 저장하였다.

③ 가정생활은 본질적으로 육아와 침식을 위해서 형성된 공동체라 할 수 있다. 육아와 침식은 그 본질상 생리적인 것으로 초역사적 실체이며 단지 그 방법이 시대에 따라 변화해 왔을 뿐이다. 따라서 육아와 침식을 그 본질로 하는 가정생활은 생리적이고 자연적인 공동체이며 바로 이것이 일반 사회집단과 근본적으로 다른 점이다.

④ 역사의 흐름에 따른 사회경제적 환경의 변화에 따라 가정생활이 각각 상이한 역할을 수행해 온 사실을 고려해볼 경우 가정생활은 확실히 역사적 범주라고 하겠다. 그러면서도 모든 시대를 통해 가정생활이 지속적으로 수행하고 있는 역할이 육아와 침식이다.

### (2) 침식과 육아

① 침식은 일상생활을 하면서 휴식을 하고, 영양을 섭취하고, 오락을 즐기는 것을 말한다. 그 목적은 노동력의 재생산에 있다.

② 사회 존속을 위해 노동력의 지속적인 공급이 필요한데 육아를 통해 새로운 노동력의 재생산이 이루어진다. → 노동력 순환의 지속

- 육아와 침식

  육아와 침식은 다음 세대의, 그리고 그날 그날의 노동력을 생산하기 위한 것이다. 육아와 침식은 모든 시대를 통해 가정생활에서 수행된 초역사적 사실이며, 사회의 변화에 관계없이 항상 가정에서 수행되어 온 본질적인 활동이다.

## (2) 가정생활과 노동력의 재생산

① 가정생활은 노동력 재생산의 장이며 가정생활의 본질은 노동력의 재생산이다. 가정생활의 본질이 노동력의 재생산에 있다는 것은 단지 인간을 노동력으로 환원한 것으로 경제학적으로는 타당할지 몰라도 가정학적으로 적합하지 않다.

② 가정생활을 단순한 노동력의 재생산의 장으로만 파악하는 것에 난색을 표명하고 그 배경인 경제학에 대해 이론적 경계선을 긋고자 한다.→이는 노동력의 개념을 정확히 인식하지 못한 것에 기인한다.

③ 노동력은 인간의 신체적·정신적 능력의 총체이며 노동이란 자연을 인간생활에 유용한 형으로 변화시키는 활동이다.

④ 가정생활의 본질은 시공을 초월하고 사회체제의 차이를 초월해서 인간의 존엄성을 창조하고 발전시키는 것이다.

가정생활은 가정이라는 장소에 가족이 집단적인 생활을 계속적으로 영위하는 보다 동태적·발전적 성격을 갖는 개념이다.

## 1. 가정생활의 구조

생활구조론은 최근에 경제학, 가정학, 사회학 등에서 각광을 받고 있는 이론으로 생활의 장소, 시간, 생활수단, 경영, 역할, 생활방식 등이 전체로서 하나의 생활구조의 요소를 이루고 각기 관련을 가지고 기능한다고 보는 접근법이다.

### (1) 생활구조론과 가정생활의 구조

#### ① 생활구조

생활시스템(생활체계)의 구조적 측면으로서 "개인 또는 가족의 생활의 전 분야와 이에 관련된 물질적·사회적·문화적 제 조건 그리고 시간적·공간적 범주 및 구체적인 생활행동양식이 체계화된 복합체"를 의미한다. 이는 또한 "생활의 기능분화의 동적 측면과 확대하는 생활 제측면의 상호관련성을 파악하려는 개념"으로도 설명할 수 있다.

#### ② 생활구조론

ⓐ 생활을 인간관계, 생활시간, 생활공간, 생활수단, 경제생활 환경, 생활의식 등의 여러 측면에서 종합적·통일적으로 인식하고 구조화된 시스템으로 파악하고자 하는 이론이다.

ⓑ 생활구조론은 가정생활의 동태적인 생활행동 측면에 주목하여 생활을 전체적이고 종합적인 시스템으로 파악하는 시각이다.

ⓒ 생활구조론은 우리의 생활을 기능면에서 경제적 재생산인 노동과 생리적 재생산인 소비·휴양의 순환으로 보고, 그 순환이 원활하게 이루어지는 것은 구체적으로 다양한 생활 행위가 연속해서 반복적으로 이루어지기 때문인 것으로 본다.

#### ③ 생활구조의 내용

생활의 기능 면과 구조적 요인의 두 가지 측면에서 접근해 볼 수 있다.

ⓒ 생활의 기능면: 물질의 재생산, 조직의 재생산, 정신의 재생산, 그리고 생명의 재생산 등 네가지 재생산활동을 행하는 과정으로 볼 수 있다.

ⓛ 생활구조의 요소: 개인의 행동을 중심으로 형성된 것

- 생활시간 구조: 노동, 여가 및 소비의 시간적 배분
- 생활공간 구조: 직장, 여가의 장, 가정의 주거 공간
- 생활수단 구조: 의, 식, 주 등 소비재의 소유와 배치
- 금전(경영,가계) 구조: 경영, 소득의 규모, 가계의 배분 상황
- 역할관계(생활관계) 구조: 가족 내의 역할 분담과 권력 구조
- 생활규범(생활문화) 구조: 가풍, 관습, 문화의 전달

ⓔ 생활구조에 있어서 생활의 요인

- 생활의 내적 요인: 역할과 의식은 생활을 안으로부터 쌓아가는 요인
- 생활의 외적 요인: 시간과 공간은 생활을 밖으로부터 제한하는 조건
- 생활의 매개적 요인: 수단과 금전은 생활의 전개를 촉진하는 존재

④ 가정생활의 구조

생활구조를 가정생활에 보다 구체적으로 적용해서 나타낸 것이다.

ⓒ 생활행동의 측면– 생활의 기능적 측면인 네 가지 재 생산 활동은 생활 행동의 시간적 연속으로 전개되는데, 이 생산활동의 측면은 생산적 행동, 사회적 행동, 문화적 행동, 가정적 행동, 가사적 행동, 생리적 행동의 여섯가지 행동으로 구성된다. 이 분류는 하루의 생활시간 배분구조를 파악하는데 이용될 수 있다.

ⓛ 생활행동을 규정하는 요인– 개인과 가족이 지닌 자원으로서 시간, 공간, 수단, 금전(경영, 가계), 역할 관계(생활 관계), 생활규범(생활 문화)의 6가지로 구성된다.

◯ 〈표 7-1〉 가정생활의 구조

| 생활행동측면 | 구조적 요인 | 시간 | 공간 | 수단 | 금전 | 역할 | 규범 |
|---|---|---|---|---|---|---|---|
| 생산적 행동<br>사회적 행동<br>문화적 행동<br>가정적 행동<br>가사적 행동<br>생리적 행동 | 노동, 근무, 직업<br>외출, 교제, 모임<br>교양,취미,매스컴행동<br>가정·가족의 통합, 융화<br>가사노동, 구매<br>수면,휴양,식사,몸단장 | 가정<br>생활의<br>시간<br>배분 | 가정<br>생활의<br>공간적<br>넓이,주거<br>생활 | 의·식·주 등<br>소비재의<br>소유·<br>배분 | 가계<br>구조와<br>생활<br>수준 | 가족<br>구성·<br>가정내<br>역할<br>분담 | 생활<br>태도·생활<br>규범 |

출처: 유영주(1994). 가정학원론. 신광출판사.p.74

이러한 생활구조의 요소에 의해 가정생활은 그 전체가 일성한 방향과 범위 내에서 체계적인 구조를 가지고 영위되고 있다고 할 수 있으며 각 가정은 자원관리를 잘 수행해 나갈 때 생활의 질이 개선될 수 있다.

## (2) 노동력 재생산의 구조

### ① 노동력 재생산 구조의 분석

㉠ '생활구조론'에 관심을 가진 사회학자들도 생활 구조를 분석함에 있어서 생활이라는 것이 한편으로는 노동력의 소비과정이고, 다른 한편으로는 노동력의 재생산과정이라는 것을 인정하고 있다.

㉡ 인간은 화폐를 매개로 해서 노동력의 소비=물(物)의 생산→물(物)의소비=생명의 재생산=노동력의 재생산이라는 생산과 소비의 과정에서 생존하고 있는 것이다.

㉢ 가정생활을 주된 대상으로 하는 가정학에서 생활의 순환과정 중 '물(物)의 소비=노동력의 재생산'에 초점을 두어 노동력 재생산의 구조를 분석하는 것은 옳은 일이다.

### ② 근로자 가계

㉠ 이는 생산수단을 소유하고 있지 않으므로 가족원의 노동력을 판매하고 그 대가인 임금을 주된 수입으로 한다.

㉡ 노동시장에서 결정된 임금은 근로자 가계의 수입이 되는데, 생활하는 데 필요한 생활 자료를 획득하기 위해 근로자는 스스로 생산한 생산물을 소비재 시장을 통해 기업으로부터 다시 구입하게 되고 그 결과 가계로부터 지출된 화폐는 다시금 기업으로 들어가게 된다.

### ③ 자영업주 가계

㉠ 자영업주 가계는 생산과 소비, 경영과 생활의 분리가 분명치 않은 가계이다. 자영업주 가계는 스스로 소유하고 있거나 또는 생산 재시장에서 구입한 생산수단에 상품노동력이 아닌 가족원의 노동을 투입해서 생산을 행하고 생산물은 상품으로서 상품시장에 판매힌다.

㉡ 농업노동은 노동력이 직접적으로 상품화되는 것이 아니고 노동이 대상화된 농축산물이 상품으로 판매되는 것이다.

## 2. 가정생활의 기능

기능(function)이라는 개념은 사회체계 내에서 가족이 수행하는 역할이라든가, 현상적으로 인식할 수 있는 활동을 의미한다. 일반적으로 가족의 기능으로 일컬어지고 있는 것은 대부분 장소를 필요로 하고 또한 인간의 생활이 전제가 되므로 가족의 기능을 그대로 가족 생활의 기능으로 이해하도록 해도 될 것이다.

### (1) 가족의 기능

가족 기능이란 가족이 수행하고 있는 역할이나 행동을 뜻한다. 한 사회의 안정과 발전은 가족이 기능을 얼마나 잘 수행하느냐에 의하여 좌우되며, 가족의 기능이 가족원 개개인의 욕구충족에 얼마나 효율적인가에 따라서 가족원의 향상과 발전이 좌우된다. 그러므로 가족은 사회와 가족원들을 위해 건설적이고 효율적인 기여를 할 수 있도록 여러 기능들을 수행할 수 있어야 한다.

① 가족 기능의 방향성과 차원의 관점

　㉠ 방향성의 관점: 집단을 둘러싼 바깥사회의 요망에 순응하는 측면과 집단의 구성원인 개개인의 기대에 관련된 측면에서 볼 수 있다. 즉, 가족의 기능을 방향성의 관점에서 볼 때 사회의 요구에 순응함과 개개인의 기대에 부응하는 점을 고려해야 하며, 이는 가족의 대외적 기능과 대내적 기능으로 분리될 수 있다.

- 가족은 가족을 둘러싼 전체 사회나 국가의 기대에 때로는 저항하면서도 순응해왔다.→가족의 대외적 기능(대사회적 기능)
- 집단 구성원을 통제하면서 그 요구를 충족시켜왔다. →대내적 기능(대개인적 기능)

　㉡ 차원의 관점: 어떠한 기능이 어떠한 의의를 가지고 있는가를 식별하는 것과 관련된다.

- 기능의 차원은 가족만이 독립적으로 수행하는 기능, 즉, 그것을 상실하면 가족의 존재 의의가 문제시되는 기능(본질적 기능)과 다른 조직과 집단에 의해 대체가능한 기능(부차적 기능)으로 식별된다.
- 핵가족의 본질적 기능은 무엇인가에 문제의 초점이 있다. 머독(Murdock)은 성(性), 경제(經制), 생식(生殖), 교육(敎育) 등을 핵가족의 보편적이고 기초적인 기능으로 보았다.

### (2) 가족 기능의 유형

가족 기능의 방향성과 차원을 조합하여 방향성은 대외적, 대내적으로 또한 차원은 고유기능, 기초적 기능, 파생기능의 세 범주로 나누어 볼 수 있다.

**〈표7-2〉가족기능의 유형**

| 차원 \ 방향성 | 대내적 기능<br>(가족원 개인에 대한 기능) | 대외적 기능<br>(사회 전체에 대한 기능) |
|---|---|---|
| 고유<br>기능 | 성·애정 | 성적 통제 |
| | 생식·양육 | 종족 보전(종의 재생산) |
| 기초적<br>기능 | 생산(영업·고용) | 노동력제공 |
| | 소비 | 생활보장 |
| 파생<br>기능 | 교육 | 문화전달 |
| | 보호, 휴식, 오락, 종교 | 심리적·신체적·문화적·정신적<br>사회의 안정화 |

출처: 예지각 편집부(1999). 가정학원론. p.92

① 고유기능(proper function)

● 가족 특유의 기능으로서 그 기능 때문에 가족이 존재한다.

● 가족구성원에 대한 대내적인 기능은 성·애정 기능, 생식·양육의 기능, 사회 전체에 대한 대외적인 기능으로는 성적 통제와 종족보전(자손의 재생산)을 함으로써 사회존속과 발전에 기여한다.

② 기초적 기능(basic function)

● 경제적 기능은 가족의 고유기능과 파생기능을 성립시키는 기초적 기능에 속한다. 항상적·고정적이지 않고 사회정세에 의해 양상이 크게 변화된다. 그러나 이 기능이 존재함으로써 가족의 다른 여러 기능의 전개가 가능하다.

● 경제적 기능은 대내적으로 생산·소비의 기능, 대외적으로 노동력의 제공, 생활보장의 기능을 수행한다.

③ 파생의 기능(derivative function)

● 고유기능과 기초적 기능으로부터 나오는 부차적 기능으로서, 생존의 수준을 벗어나 생활의 질을 높이기 위해 수행하는 기능이다.

● 대내적으로 교육·보호·휴식·오락·종교의 기능, 대외적으로는 문화 전달 기능·사회안정화 기능이 있다.

● 사회분화에 따라 다양한 집단이나 조직에 의해 대체가능하고 실제로 많은 부분에 대체되고 있다.

### (3) 가족기능의 변화

산업사회가 진전됨에 따라 가족의 내부구조도 많은 변화가 일어나고 있다. 가족의 구조는 커다란 변화를 보이지 않으나 가족이 수행하고 있는 실제 행동에는 과거와는 다른 면이 눈에 뜨이며 가족원들도 집단주의보다는 개인주의를 지향함에 따라 전통적 가정생활이 더 이상 연장되지 않고 있다. 그리하여 일부에서는 가족의 해체나 불안정성을 우려하기에 이르렀다.

가족이 사회나 개인에게 효율적으로 기여할 것인가의 문제를 다룬 대표학자로는 오그번(W.F.Ogburn)과 버제스(E.Burgess)가 있다.

① 가족 기능 상실론

  ㉠ 1930년 오그번(W.F.Ogburn)에 의해 주장하였다.

  ㉡ 오그번은 산업화와 도시화의 결과 전통적 가족 기능이 사회로 이양됨에 따라 가족의 기능이 축소 또는 상실되었다고 한다.

  ㉢ 가족의 기능 변화: 가족의 기능을 주 기능과 부기능으로 분류하고, 주기능인 성애(性愛), 생식, 보육 등의 기능은 문화적 수준과 관계없이 시대적·지역적으로 불변하지만, 부 기능은 정도의 차이는 있으나 점차 감퇴해 간다고 보았다.

② 가족 기능 특수화론

  ㉠ 버제스(E.Burgess)에 의해 제기되었다.

  ㉡ 가족 기능이 상실된 점은 전통적 가족 기능의 부분이며 어떤 측면은 보다 강조되었다고 하였다.

  ㉢ 현대사회에서는 친족과의 유대는 약화되고 가족원 간의 상호 애정, 친밀한 관계를 중요시하게 됨에 따라 애정적 기능은 더욱 결혼과 가정생활의 본질적인 요소가 되어 다른 사회기관이 대체할 수 없는 고유성을 지니게 되었다.

  ㉣ 대부분의 학자들은 버제스의 의견에 일치하고 있다. 즉, 전통적 가족이 수행해온 몇 가지 기능은 약화되었으나 가족원들 간의 애정관계를 유지시키고 정서적 안정을 도모하는 기능은 더욱 강조되고 있는 것으로 본다.

### (2) 가정(가정생활)기능의 분류

● 가정생활의 기능으로는 ①성적 안정의 기능 ②자녀출산 및 양육 교육하는 기능 ③생활을 구축하고 보호하는 기능 ④정신적·신체적인 피로 회복 기능 ⑤물질적 안정과 사회에의 공헌 기능 등으로 분류할 수 있다.

● 가정기능의 사회화를 촉진하는 요소로는 재화와 용역의 대량생산, 기혼여성의 취업 증가 등을 들 수 있다.

① 성적 안정의 기능

  ㉠ 개인에게는 성적 욕구를 충족시키는 기능을 한다(내적인 기능)
     성생활이 반드시 자녀 출산을 위한 것은 아니며 그 자체가 결혼 생활을 유지시키는 윤활제의 역할을 한다

  ㉡ 사회통제의 기능을 한다(외적인 기능). 일부일처를 정함으로써 오히려 성관계를 규제하고 사회질서를 유지하는 기능을 한다.

  ㉢ 사회의 성(性)의 혼란을 방지해서 안정화시킨다.

  ㉣ 자녀 출산·양육·교육의 기능과 연결된다.

② 자녀출산 및 양육 교육하는 기능

  ㉠ 부부의 애정적 충족 속에서 자녀가 태어난다. 이는 새로운 생명, 새로운 노동력, 새로운 인간의 재생산이며 가족에 있어서 중요한 인생의 전기가 된다. 이것은 가정생활이 가진 근원적인 기능이다.

  ㉡ 자녀를 양육하고 교육하는 기능은 인간 형성 내지 인간성의 양성이며 또 사회 측면에서 보면 사회의 발전에 공헌하는 근로자와 인재를 양성하는 기능이며 또한 차세대로의 문화 전승의 기능이기도 하다.

③ 생활을 구축하고 보호하는 기능

  ㉠ 생활을 구축하고 보장하는 기능을 갖는다

  ㉡ 생활을 구축하고 보호하는 기능을 수행하기 위해 가족원은 가정생활을 하면서 서로 돕고 고락(苦樂)을 함께 나누며 각종의 생활 영위에 힘쓰면서 스스로의 생활을 지켜 나간다.

④ 정신적·신체적인 피로 회복 기능

  ㉠ 휴식적·위안적 기능, 가족 단란의 기능이라고 할 수 있다

  ㉡ 현대사회의 인간소외, 경쟁의 격화, 고독화, 스트레스에 의한 정신불안 등에 대응하기 위해 점차 그 중요성이 증대된다.

  ㉢ 가정생활이 갖는 정신적 안정의 기능이 결여됐을 때 가족 상담(family counseling)을 하도록 한다.

  ㉣ 가족의 정신적 안정과 함께 가정에는 가족 상호 간의 결합이 강하고 가족 연대의식이 있어서 이에 의하여 가족의 행동이 어느 정도 구속된다. 이 구속 기능은 가족원의 일탈을 예방하는 구실을 한다.

  ㉤ 최근 가족원의 긴장이 높아지면서 요구도가 높아지고 있다.

⑤ 물질적 안정과 사회에의 공헌 기능

　　㉠ 가정생활은 국민경제의 단위경제이다. 가정생활은 경제단위로서 생활에 필요한 물자를 가족원 모두에게 공급해 줌으로써 물질적으로 안정케하는 기능을 수행한다.

　　㉡ 물자구입·소비 및 저축과 조세 등을 통해 사회에 공헌한다.
　　　가정은 노동력의 제공, 물자의 소비, 저축, 조세 등을 통해 국민 경제에 관련이 되고, 경제사회에 공헌하는 기능을 갖고 있는 것이다.

# 04 가정생활의 현상

오늘날 자본주의경제가 발전하면서 나타난 가정생활의 가장 큰 변화는 생산 활동에 가정생활로부터 분리되어 가정생활이 소비생활만을 수행하는 노동력 재생산의 장(場)으로 되었다는 사실이다.

## 1. 가족구조의 변화

우리나라 '가정(家庭)'의 구조 변화는 1960년대 이후에 일어나기 시작해서 여러 가지 양상으로 전개되고 있다. 현대 가족을 중심으로 한 변화로는 생활의 단위인 가구 수의 급증과 가구 인원수의 감소, 가정의 계층 변화, 맞벌이 부부 가정의 증가, 노인 가족의 증가 등을 들 수 있다.

● 우리나라 가정의 형태 변화와 현상

가구 수의 급증과 가구 인원수의 감소, 출생률의 저하와 핵가족화, 독신 가구의 증가, 노인가족의 출현 및 증가, 노동자 계층의 증대와 맞벌이 부부 가정의 출현 및 증가 등을 들 수 있다. 이 밖에도 지역 간의 인구 이동, 가족의 역할 구조, 가족의 생활 주기 등 여러 측면에 걸쳐 나타난다.

### (1) 가구 수의 증가와 가족원 수의 감소

최근 두드러진 가정의 구조 변화는 가구 수의 증가와 가족원 수의 감소로 집약된다. 가구 규모 축소의 원인으로는 자녀 수의 감소, 핵가족화, 단독 가구의 증가 등이 있다. 가족 형태의 구성비의 추이에서 가장 현저하게 나타나는 경향인 단독 가구의 급증은 가구 규모의 축소를 설명하는 요인이 된다.

● 단독 가구의 증가 추세의 원인

평균수명 연장에 의해 증가한 노년층 중 자녀와 동거하지 않고 독신가구를 형성하는 사람이 증가하고, 또한 결혼 적령기에 달한 미혼 남녀의 분가가 늘어난데서 기인한다.

## (2) 가정의 계층의 변화

근로자 계층 가정과 상공 자영업자 가정이 증대된다.

자영업이나 농어업이 아직도 상당한 비율을 차지하고 있긴 하나, 근로자 계층이 증가하고 있다. 이는 생산과 소비가 분리되고 가정생활이 소비중심이 된다는 것을 의미한다.

## (3) 맞벌이 부부가정의 증가

① 여성취업증가: 여성의 취업이 활발해졌다.

직업 분화와 전문화로 인한 새로운 노동력에 대한 수요가 요구되었다. 여성노동력이 새로이 등장하는 산업분야에 적합하게 되었다.

② 기혼여성의 취업: 기혼 여성들이 취업에 뛰어들었다.

오늘날에는 농촌여성의 취업이 약화되고, 도시여성의 취업이 크게 증가하였다. 절반 가까운 취업여성이 판매·서비스직에 종사한다. 증가가 예측되므로, 이에 대응한 새로운 가정생활양식의 창출이 요구된다.

## (4) 노인가족의 증가

㉠ 노인 인구의 증가: 평균수명의 신장과 출산율의 저하로 인해 노년 인구가 총인구에서 차지하는 비율이 증가하였다.

㉡ 노인 가족의 증가: 경제적 여건이 양호한 노인은 자녀와 살기보다는 독립된 가구를 유지하려는 경향이 늘고 있다. 이는 단독 가구의 증가나 부부만의 가구의 증가를 통해 그 경향의 일면을 볼 수 있다.

㉢ 노년기 가족의 문제: 노년기에 대한 국가적 차원에서의 생활보장책이 결여된 상황 하에서 노인만의 생계도 어려운 저소득층 가정에 있어서의 노인의 부양과 책임 증가는 개별 가계만으로는 대응할 수 없는 문제이다.

## (4) 가족구성 변화의 배경: 현대적 빈곤화

㉠ 우리나라의 '가정'의 양상에 일어난 변동은 여러 측면에 걸쳐 다양하다. 이러한 변동은 새로운 가족 이념이 국민의 의식 속에 깊숙이 침투하여 충분히 이해되어 의식적으로 형성된 것이라기보다는 외재적인 힘, 즉, 고도 경제성장에의 적응의 결과로 이루어진 것이라고 할 수 있다.

㉡ 여러 가지 가정생활의 문제는 '자본 축적의 결과로 야기되는 현대적 빈곤화'가 개별 가정생활로 표출된 현상으로 파악되고 있다.

### ⑸ 오늘날의 가정학의 과제

오늘날의 '가정'이 외적인 압력으로 만들어졌다고는 해도, 이는 평등한 인적관계를 기초로 한 새로운 가정으로 발전될 수 있으며 또한 개별 가정에서 해결될 수 없는 생활의 여러 문제에 직면하면서도 그것을 극복해서 새로운 가족관계와 생활양식을 창출하는 단위로 될 수 있다는 점에 주목할 필요가 있다. 그리고 이러한 가능성을 구체적인 생활의 전개 속에서 발전해 가는 것이 이제부터의 가정학의 과제라고 할 수 있다.


## 2. 식생활의 현상

식생활은 그 절대량이 일정한 충족을 보이므로 주생활과 같은 양적인 결핍감이 적고 의식주 중에서는 만족도가 높은 소비 분야이다. 그러나 그 배후에 식생활을 둘러싼 여러 문제는 아주 광범위하고 뿌리가 깊으므로 각 문제 영역별로 그 현상을 파악해 보는 것이 중요하다.

※ 식생활의 현상
- 의식주 생활 중에서 만족도가 가장 높다.
- 곡류에서 섭취하는 열량비가 감소하고 있다.
- 식품의 지급률이 감소하고 있다.
- 지방의 섭취량이 증가하고 있다.

### ⑴ 영양, 식품의 수준

#### ① 우리나라 국민의 식품 섭취 유형

우리나라 국민의 식품 섭취 유형과 영양소 섭취 수준은 점차로 선진국형으로 변모해 가고 있다. 그러나 몇 가지 영양소는 아직도 권장량에 비해 현저히 부족하다. 그러나 체위(體位)와 식품에 대한 요구의 차이, 식물성 단백질에 의한 동물성 단백질의 대체 등과 같은 식생활 패턴의 상위(相位)를 고려하면 양적으로 어느 정도 충족되었다고 볼 수 있다.

#### ② 영양 섭취 실태

대체적으로 열량과 탄수화물 섭취량은 감소하고 단백질과 지방 섭취량은 증가하는 경향을 보인다.

#### ③ 식품 소비 패턴

㉠ 곡류의 소비량이 감소되기는 하였으나 다른 나라에 비해 아직도 높은 편이다.

      ⓛ 육류·생선·우유 등 단백질 식품의 섭취량이 급증하였으나 다른 선진국에 비하여 낮은 수준이다.

      ⓒ 채소류·유지류 소비량이 상당히 적다.

  ④ 전반적으로 볼 때 영양이나 식품수준은 크게 문제가 되지 않지만, 계층별로는 심각하다. 특히 가격차가 큰 동물성 단백질이 소득계층 간의 격차 중 가장 큰 것으로 나타난다. 또한 소득계층에 따른 식품섭취수준의 격차는 도시보다 전반적으로 소득수준이 낮은 농촌의 영양문제에 직결된다고 하겠다.

## (2) 식품의 공급

### ① 식품 자급률의 저하

      ㉠ 식품공급의 문제를 보면 우리나라의 식품자급률은 낮아지는 경향이다. 특히 곡류의 자급률이 낮아지고 있으며 유지류의 육류 중 쇠고기의 자급률 역시 낮아지고 있다.

      ⓛ 곡류 중에서 쌀은 100% 자급하고 있으나 밀과 옥수수 등은 거의 수입에 의존하고 있다.

      ⓒ 우리나라 국민이 섭취하는 단백질의 중요한 근원인 콩류의 자급률 역시 저하되고 있다.

### ② 우리나라 농업의 보호: 우리나라는 농업을 보호하는 면이 강했다.

## (3) 식품의 생산, 질 및 유통

### ① 농업 생산에 있어서 기술 혁신과 합리화

기술 혁신에 따른 영농 방법의 합리화, 비료나 사료의 개발 등이 농업의 생산성에 영향을 주어 식품 공급량을 증가시키고 가격을 안정시키는 면을 무시할 수 없다. 그러나 다른 한편으로 식품의 질이나 안정성에 위험을 가져오는 측면 역시 간과할 수 없다.

노동집약적에서 자본집약적 방법으로 농사를 짓게 됨에 따라 결국 기계화나 과학기술의 결과로 나타나게 된 영농방법의 합리화로 비료나 사료의 사용을 하지 않을 수 없게 된다.

### ② 비료·사료의 개발

농업 생상성을 향상시켜 주나 식품의 질이나 안전성에 위험을 가져오는 측면이 있다. 비료·사료의 사용으로 인한 토양·해수·하천의 오염과 공업발달로 인한 오염 등으로 식품의 오염 가능성이 높아졌다.

③ 비닐하우스, 농약 등의 사용

식품의 질, 안전성에 영향을 준다. 예 대규모 양계업, 비닐 하우스 재배 야채

④ 식품유통의 모순: 오늘날 근로자 가구는 물론 농가에 있어서도 식품의 상당 부분을 구입하게 되면서 식품의 유통이 거대화되고 이에 따라 자본도 비대화되고 있다. 그 결과 식품 유통의 중요한 부분을 점하는 자본은 점차 과점화되어 가격 체계를 좌우하게 됨으로써 유통의 거대화와 유통과정의 모순으로 생산자인 농민의 이윤이 감소되고 소비자는 과도한 지출을 하게 된다.

- 식품 유통에서 나타나는 문제
  ㉠ 농가에서의 식품 구입에 따른 식품 유통 부문의 거대화
  ㉡ 자본의 비대화와 과점화
  ㉢ 자본의 확대로 인한 생산자인 농민의 이윤 감소
  ㉣ 소비자의 과도한 지출

## (4) 식품의 가공

① 식품가공의 정의: 농업, 수산업에서 얻어지는 일차산업의 산물을 소재로 소비자의 기호에 부합되고 위생적이며 간편하면서도 저장성이 높은 식품을 생산하는 것이다.

② 식품 가공이 갖는 의의: 식품의 변질을 방지하는 동시에 식품의 품질과 보존성을 제고시키며 식품의 이용도를 다양화시킨다.

③ 식품첨가물의 검사: 식품 첨가물은 기술 혁신에 따라 그 종류가 증가되는데 이에 대한 엄격한 검사가 수반되지 않는 한 식품의 위험성은 더욱 커지게 된다.

④ 식품가공 원료의 국산 농산물화: 원료의 해외 의존도가 심화되고 있어 우리의 농업 생산 기반이 크게 파괴될 우려가 있다. 따라서 우리 고유 식품의 산업화와 농어민의 소득증대를 의식한 테두리 내에서 식품 가공이 이루어지도록 국산 농산물을 원료로 사용하는 식품 가공업체에 대한 정책적인 지원이 요청되고 있다.

- 해외에 의존하게 된 이유

  ㉠ 대규모의 기계영농을 하는 나라의 농산물은 싸다.

  ㉡ 국내상품을 수출하는 대상국의 식료품을 대신 사지 않을 수 없는 소위 농산물의 생산성 비교와 상품 수출의 논리가 우선되었기 때문이다.

  ㉢ 농업의 발달과 충실은 나라의 전반적인 발전과 관련된 문제이며, 또 국토의 보전이라는 점에서도 중요한 의미를 갖는다. 따라서 경제합리성만으로 식품 공급의 방식을 결정하는 것은 더 근본적인 모순을 심화시킬 수 있다. 선진공업국의 식품자급률이 우리나라보다 높다는 사실은 식품수급과 관련해 국가 정책적 차원에서 깊이 생각해 보아야 할 것이다.

## (5) 지역성의 의미

① 식물문화(食物文化)의 형성: 예전부터 지역별 특정 작물로 전해 내려오던 농산물을 제때에 무리없이 육성하는 것이야말로 진정한 의미의 합리성이며 동시에 작물의 질을 높일 수 있는 최상의 방법이라고 할 수 있다. 이렇게 해서 수확된 작물이 모여서 지역의 향토식(鄕土食)이나 보존식(保存食)과 같은 식물문화가 형성된 것이다.

② 김치에 대한 연구: 최근에 일부학자들이 고유 식품인 김치에 대해 관심을 갖고 김치 박물관을 세워 지역별 김치의 특성에 대한 연구를 하기 시작하였다. 이는 우리의 식품 문화를 발전시키는 고무적인 계기가 된다.

## (6) 식생활 기술

① 식생활 기술의 현재: 오늘날 대량생산, 대량 판매가 식품 가공 분야로 그 영역을 넓혀 유통 범위가 확대됨에 따라 안전상에 위험이 생기게 되었다. 중요한 것은 식생활의 실상을 통찰해 가는 깊은 인식력을 배경으로 하는 것으로, 경제성장으로 어느 정도 국민 생활 수준이 향상된 지금이라야말로 이러한 의미의 참된 식생활 기술을 추구해야 할 시점인 것이다.

② 식생활 기술의 올바른 인식

㉠ 우리 전통음식에 대한 이해와 이를 토대로 한 식생활 문화의 계승 및 발전이야말로 진정한 의미의 생활 혁신이며, 또한 올바른 생활양식을 정착시키는 것이다.

㉡ 우리의 식생활문화에 대한 깊은 인식을 배경으로 해서 식생활 기술을 전승·개발하는 것이 우선적으로 요구된다.

## (7) 식생활의 변화

① 식생활의 혁신이 가져다 준 문제점: 식생활의 국제화·가공식품화·외식화 등은 긍정적인 측면과 함께 영양의 불균형, 위생 및 조리과정의 안전성의 문제, 국적불명의 음식의 만연, 식생활 가치의 왜곡 등의 모순을 내포하고 있으며 결과적으로 식생활 기술을 퇴보시킨다. 식생활 혁신이 반드시 균형있는 생활영위 달성에 기여한 것은 아니다.

② 최근 우리나라 국민 식생활의 변화:
그동안 고도의 경제성장과 산업화에 따른 여러 가지 사회적, 경제적 요인이 국민의 식생활에 대한 가치관을 변화시켜 식생활의 국제화, 가공식품화, 식생활의 레저화 등 식생활 양상에 있어서 혁신적인 변화를 야기시켰다. 이러한 혁신은 생활수준의 향상, 여성의 사회 참여, 사회의 레저 지향화와 궤를 같이 하며 동시에 생활의 간소화를 지향하고자 하는 경향성을 반영한다.

## 3. 주생활의 현상

의·식·주의 수준 가운데 주생활은 가장 심각하며, 특히 대도시의 주택난과 주생활 환경의 악화는 극심하다.

### (1) 주생활 수준

#### ① 주택

㉠ 주택 부족률: 연차별 추이를 보면 주택 부족의 정도가 심해지고 있는데, 이는 가구 수의 증가를 주택 공급이 따르지 못하기 때문이다.

㉡ 주택난의 원인: 주택난의 심각성은 가구 수의 증가를 주택 공급이 따르지 못하고, 산업화에 따른 도시로의 이농 현상이 주원인이다.

㉢ 주택의 양적, 질적 문제: 양적 차원뿐만 아니라 질적 차원에서도 문제가 있다.

㉣ 우리나라의 경우 단독주택은 감소하고 공동주택은 증가하는 추세이다. 공동주택 중 아파트의 구성비가 약 60% 정도로 증가하고 있다. 또한 수도권(서울, 인천, 경기)의 주택은 전체 주택의 약 45.6%를 차지하고 있다.

#### ② 주거환경

주변 시설, 학교, 주변의 안전, 통학, 통근 등 주택구비 조건이 중요하다. 이러한 사회환경뿐만 아니라 자연환경도 중요한데 우리나라의 주거환경은 열악하다.

### (2) 주생활수준의 영향(하야가와)

#### ① 과밀거주가 주는 영향

- 자녀 수의 제한과 유산, 사산
- 이웃 아이들의 울음소리나 싸우는 소리 등에 의한 지장
- 자녀들의 사고사
- 결핵이나 성인병 등과 같은 건강의 저해
- 부부 생활의 파경
- 노인 모시는 것에 대한 기피

#### ② 원거리 통근과 잦은 이사가 주는 영향

- 장시간 통근이 생활시간을 침해
- 취업주부의 건강과 출산에 주는 영향
- 전근이 자녀나 노인, 주부에 주는 소외감

③ 거주 환경 악화의 영향

- 환경의 안정성과 재해 시의 안전성

- 대기 오염과 소음

- 도로공사 등의 환경문제가 자녀의 비만과 미숙아의 발생, 사고의 위험, 신체장애자의 생활 소외에 주는 영향

## (3) 주생활수준 악화의 원인

주생활 수준이 악화된 원인은 주택 수요의 증가, 주택 공급의 불충분, 지가주의의 보편화(주택 소유에 대한 국민의 왕성한 요구)에 있다.

① 주택 수요의 증가

주택 수요의 증가는 가구 수 증가 외에도 주택 소유에 대한 국민의 왕성한 요구도 기인한다. 지금까지도 우리나라 개별 가계에서는 내집 마련이라는 목표를 내걸고 주생활에 치중하고 있다.

② 자기 집을 소유하고자 하는 '지가주의(持家主義)'의 보편화는 국토 면적이 극히 제한된 상황 하에서 주택과 토지가격의 등귀(騰貴)를 촉진시킨다.

③ 주택 공급의 불충분

정부는 1가구 1주택의 원칙을 주택 정책의 궁극적인 목표로 하고 있으나 실제 주택 공급은 급증하는 수요에 훨씬 못 미치는 상황이다.

## (4) 주택 문제에 있어서 앞으로 나아가야 할 방향

① 주택 및 주거 공간에 대한 인식을 새로이 해야 한다.

② 정부는 주택 가격 안정, 또는 주거 비용 절감을 통한 수요 본위의 정책을 마련해야 할 것이다.

③ 소형 주택의 보급과 같은 최저생활수준 이하 계층의 주택문제 해결에 주안을 두어야 한다.

④ 임차인 보호 정책이 강구되어야 하며 공공임대주택이 활성화되어야 한다.

- 공공임대주택: 영구임대주택, 국민임대주택, 행복주택, 장기전세주택, 분양 전환공공임대주택, 기존 주택, 매입임대주택, 기존 주택전세 임대주택 등이 있다.

⑤ 자원의 한정성과 인간의 욕망을 조화시켜야 한다.

⑥ 주택제도 금융의 확립이 필요하다.

## 4. 의생활의 현상

의·식·주 중에서 의생활은 가장 문제가 적은 분야이지만, 시장에 많이 의존하기 때문에 모순이 야기될 수도 있다.

### (1) 의생활의 변모

① 해방 후 우리의 의생활은 한복으로부터 양복으로라는 의생활 양식의 대전환을 계기로 해서 모든 부분이 변화하기 시작하였다.

② 실을 만든다든가 천을 짜는 것과 가정 내에서 소재를 생산하던 부분은 공예 이 외에는 거의 의미를 상실하였고 옷의 제작이나 편물은 고도성장의 과정에서 기성복의 구입으로 대체되었다.

### (2) 합성섬유의 영향

① 합성섬유(화학섬유)의 이용

　㉠ 식물섬유로 만들어지는 재생섬유와 석유제품으로 만들어지는 합성섬유는 자원이 부족한 전후의 우리나라에 마치 복음과도 같았다.

　㉡ 합성섬유는 급속도로 천연섬유의 분야로 진출해서 모든 의류제품에 이용되게 되었다.

② 합성섬유의 장점

　㉠ 값이 싸다.

　㉡ 견고도에 있어서 천연섬유의 결점을 보완할 만큼 강하다.

　㉢ 보존에 대한 품질의 안정성, 즉 해충과 습기에 대한 안정성이 우수하다.

③ 합성섬유의 단점

　㉠ 천연섬유처럼 재이용하기가 곤란하다.

　㉡ 통기성과 흡습성과 같은 기본적 조건이 결여되어 있다.

④ 천연섬유와 합성섬유의 혼방

　㉠ 의류제품의 견고도를 증가시키기 위해 천연섬유와 합성섬유의 혼방이 자주 사용되는데 혼방한 것은 그 중에서 천연섬유만을 뽑아내어 재생하는 것이 불가능하게 되므로 사용 안하는 것은 자연히 폐기하게 된다.

　㉡ 합성섬유는 대전성이 있기 때문에 대기 오염의 정도가 심한 우리나라의 대도시에서는 그 오염 정도가 심하다.

※ 의생활의 변화 경향

● 합성섬유가 발달하면서 가정에서의 의류제작활동은 감소했으나 화학섬유로 인한 의류 공해가 문제시되고 있다.

● 합성섬유의 출현과 의류품의 기성품화로 의복 제작과 관련된 가사 노동은 감소하였으나 이에 부수하여 위생상의 문제, 불필요한 소비의 조장, 공해문제, 낮은 인건비의 유지 등 여러 가지 문제를 야기시키고 있다.

## (3) 기성복화의 영향

① 가내에서 의복을 생산하던 종래의 생활에서 벗어나 현대사회에서는 대부분 기성복을 구입하게 되면서 소비자는 의류시장에 의존하는 존재가 되어 버렸다.

② 소비자는 저렴하고 견고하고 디자인이 좋으며 입기 편한 의복을 선호하게 되는데 그중에서 무엇보다 싼 것을 가장 많이 추구하게 되며 공급자 측은 섬유 소재를 저렴화하는 것 외에 기성 제품의 봉제 비용을 인하하는데 관심을 갖게 된다.

③ 봉재의 합리화는 패턴의 연구, 봉제 공정의 분업화, 재봉기계의 다기능화 등에 의해서 어느 정도 가능하지만 무엇보다도 인건비의 절하가 가장 중요한 요소가 된다.

**01** 다음은 가족의 기능면을 설명한 것이다. 틀린 것은?

① 생식의 욕구를 충족시킨다.
② 부부와 그들의 자녀로 구성되는 혈연집단이다.
③ 생계를 함께 한다.
④ 문화를 전승한다.

 ②

해설 부부와 그들의 자녀로 구성되는 혈연집단은 가족의 구성면을 설명한 것이다.

**02** 가족의 사회 집단으로서의 특성을 설명한 것이다. 아닌 것은 ?

① 가족은 일차적 집단(primary group)이다.
② 가족은 공동 사회 집단(gemeinschaft)이다.
③ 가족은 개방적 집단(closed group)이다.
④ 가족은 형식적 집단(formal group)이나 내면적으로는 타인의 통제를 받지 않는 비형식적인 집단(사적 집단)이다.

 ③

해설 가족은 폐쇄적 집단(closed group)이다. 폐쇄적 집단이란 성원이 되기 위한 자격 획득이나 포기가 용이하지 않은 집단을 의미한다. 즉 가족의 일원이 되기 위해서는 근친자이어야 하고, 또 이것을 거부하고자 해도 혈연으로 맺어진 이상 가족관계를 포기할 수 없으므로 폐쇄적 집단이다.

**03** 생활을 인간관계, 생활시간, 생활공간, 생활수단, 경제생활 환경, 생활의식 등의 여러 측면에서 종합적·통일적으로 인식하고 구조화된 시스템으로 파악하고자 하는 이론은?

**정답** 생활구조론

**해설** 생활구조론은 생활을 인간관계, 생활시간, 생활공간, 생활수단, 경제생활 환경, 생활의식 등의 여러 측면에서 종합적·통일적으로 인식하고 구조화된 시스템으로 파악하고자 하는 이론이다.

**04** 가족 기능 상실론을 주장한 학자는?

**정답** 오그번(W.F.Ogburn)

**해설** 가족기능 상실론은 1930년 오그번(W.F.Ogburn)에 의해 제기되었다. 가족의 기능을 주 기능과 부기능으로 분류하고, 주기능인 성애(性愛), 생식, 보육 등의 기능은 문화적 수준과 관계없이 시대적·지역적으로 불변하지만, 부 기능은 정도의 차이는 있으나 점차 감퇴해 간다고 보았다.

**05** 가족진화설을 주장하며 「고대 사회」에서 가족 발달 단계설을 제시한 학자는?

**정답** 모건(L.H.Morgan)

**해설** 모건(L.H.Morgan)은 그의 저서인 「고대 사회」에서 가족 발달 단계설을 주장하였다. 가족진화설은 모건에 의해 주장되었으며, 난혼 가족으로부터 시작하여 여러 단계를 거쳐 핵가족이 형성한다.

**06** 침식과 육아의 목적은?

**정답** 노동력의 재생산

**해설** 육아와 침식의 목적은 노동력 재생산이다.
① 침식은 일상생활을 하면서 휴식을 하고, 영양을 섭취하고, 오락을 즐기는 것을 말한다. 그 목적은 노동력의 재생산에 있다.
② 사회 존속을 위해 노동력의 지속적인 공급이 필요한데 육아를 통해 새로운 노동력의 재생산이 이루어진다.

**07** 핵가족 성립에 대한 가족진화설을 설명한 것이다. 아닌 것은?

① 가족진화설은 현재의 핵가족을 역사적으로 형성된 것으로 보는 학설이다.
② 난혼상태→ 반혈족혼 가족 → 혈족혼 가족→ 대우혼 가족→ 일부일처제 가족의 단계로 발전해왔다.
③ 스위스의 법학자인 바흐오펜으로부터 모건과 엥겔스에 걸쳐 주장되어 왔다.
④ 오늘날에도 사회주의 국가와 일본의 많은 학자들이 이를 지지하고 있다.

**정답** ②
**해설** 모건은 그의 저서인 「고대 사회」에서 가족 발달 단계설을 주장하였다. 가족의 역사는 난혼상태(亂婚狀態)→혈족혼 가족(소집단 가족) →반혈족혼 가족(프나루아혼 가족) → 대우혼 가족(일시적 일부일처제) → 일부일처제 가족(가부장제→근대가족)의 단계로 발전해왔다고 한다.

**08** 다음 중 가족의 고유기능에 해당하는 것은?

① 생산
② 성·애정
③ 교육
④ 종교

**정답** ②
**해설** 고유기능은 가족 특유의 기능으로 그 기능 때문에 가족이 존재한다. 성·애정, 생식, 양육 등이 해당된다.

**09** 자본주의 사회에서 나타는 가장 현저하게 나타나는 가정생활의 변화 가 아닌 것은?

① 가정생활의 산업화 또는 사회화
② 가정생활의 궁핍화
③ 생산이 개별가족으로 이양
④ 가정이 소비 단위로 전락

**정답** ③
**해설** 가정생활의 변화 중 가장 현저한 것으로는 가정생활의 산업화 또는 사회화, 가정생활의 궁핍화, 가정의 소비 단위로의 전락 등을 들 수 있다. 생산이 사회로 이양됨에 따라 생산수단이 시장구매를 통해 이루어지므로 임금이 부족할 경우 상대적 궁핍화가 심화된다

**10** 최근 가족원의 긴장이 높아지면서 요구도가 높아지고 있는 기능은?

① 피로 회복의 기능

② 자녀 양육의 기능

③ 성적 안정의 기능

④ 생활 보호의 기능

 ①

**해설** 최근 가족원의 긴장이 높아지면서 요구도가 높아지고 있는 것은 정신적·신체적인 피로 회복 기능이다.

# 08

# 건강가정론

# 01 건강가정의 개념 및 이론

## 1. 건강가정의 개념

### (1) 건강

① 건강이란 단지 질병이 없고 허약한 상태가 아닌 신체적, 정신적, 사회적으로 온전히 양호한 상태를 말한다.

② 세계보건기구(WHO:The World Healthy Organization)는 건강을 5가지의 신체적, 정신적, 정서적, 사회적, 영적 건강을 성취한 상태로 정의하면서 웰빙과 동일한 개념으로 사용하고 있다.

③ 건강은 전인적, 총체적 건강의 의미를 가지며 개인의 건강은 건강한 가정, 건강한 사회의 지표로서 중요할 뿐만 아니라 개인의 삶의 질 향상과 가족의 안녕 및 가정의 대 사회적인 기능수행을 위해서도 필수적이다.

### (2) 건강가정

① 가정이란 가족 구성원이 생계 또는 주거를 같이하는 공동체로서의 구성원의 일상적인 부양·양육·보호·교육 등이 이루어지는 생활 단위를 말한다.

② 건강가정이란 가족의 기능(고유기능, 기초기능, 부차적 기능)을 잘 수행하는 가정이다.

③ 건강가정은 가족 구성원의 욕구가 충족되고 인간다운 삶이 보장되는 가정을 말한다.

④ 건강한 가족이란 가족원 상호 간의 규칙적이고 다양한 상호작용을 통하여 가족의 공동체적·정서적·도덕적 관계향상을 도모하는 가족이다.

⑤ 건강한 가족이란 개인적 차원에서 가족원 개개인의 성장과 발달을 도모하고, 가족 체계가 잘 유지되면서 가족 가치관을 지속적으로 발전시키고 있는 가족이다.

⑥ 올슨(Olson)과 드프레인(DeFrain): 모든 가정은 잠재적 성장 영역을 가지고 있다는 의미에서 건강성을 가지고 있으며, 가정의 건강성은 가정의 구조나 형태를 말하는 것이 아니라 그것의 기능을 말하는 것이다.

⑦ 이혼가족, 무자녀가족, 재혼가족 등 외형적으로 전통적인 가족이 아니더라도 가족 관계가 원만하고 어려운 문제를 함께 극복해가며 가족기능이 긍정적이면 건강가족 이라고 할 수 있다.

## 2. 건강가정에 대한 이론

### (1) 가족체계이론(family system theory)

① 가족체계이론의 정의

㉠ 일반적으로 가족에 대해 체계론적 관점을 적용한 이론이다.

㉡ 가족이 복잡한 내·외적 환경 속에서 어떻게 적용하고 성장해 가는지를 중요하게 다룬다.

㉢ 가족을 하나의 체계로 바라보며 가족 안에서 가족원들이 어떻게 관계를 맺으며 외부 체계와는 어떻게 교류하는지를 밝히고자 한다.

㉣ 가족 체계 내부 혹은 가족과 외부 체계 사이에서 발생하는 스트레스를 이해할 뿐 아니라 이에 대처하는 가족의 적응방식을 다룬다.

② 가족체계이론의 주요 개념

㉠ 가족의 항상성 및 변화 가능성: 항상성은 체계의 안정을 유지하려는 기능이지만 항상성의 정도가 지나쳐 가족원들이 성장하고 변화하려는 속성을 방해한다면 체계의 긍정적인 기능은 감소하고 역기능이 증가하게 된다.

㉡ 기능적인 가족 체계와 역기능적인 가족 체계: 기능적인 가족 체계는 가족원들에게 지속적인 성장과 발달의 기회를 제공하나 가족은 때로 가족원의 잠재 능력을 저해할 수 있는데 이를 역기능적인 가족체계라 한다.

㉢ 가족 하위체계: 가족의 하위체계에는 부부 하위체계, 부모 하위체계, 형제자매 하위체계, 부모-자녀 하위체계 등이 있으며, 이들 하위체계는 체계 간 경계가 명확하고, 서로 개방적인 의사소통의 교류가 많을수록 건강한 가족이다.

● 부부하위체계: 가족의 중심체계로서 사랑과 친밀성을 전제로 상호 지지와 협동이 있어야 하고, 동시에 서로 독립적으로 행동할 수 있는 능력이 있어야 한다.

● 부모하위체계: 자녀에 초점을 두고 전체 가족을 이끌어 가는 책임과 리더십을 갖는다.

● 형제자매 하위체계: 대부분 같은 세대로 이루어지므로 동년배 정신과 우정을 발달시킨다.

- 부모–자녀 하위체계: 세대가 다른 가족원들로 구성되므로 부모는 자녀에게 엄격함과 허용의 수준을 적절히 조화시켜야 한다.

ⓔ 가족 규칙: 모든 가족은 일정한 규칙(rule)을 갖고 있으며, 일련의 명시적이고 암시적인 규칙을 만들어 간다. 이러한 가족 규칙은 가족원의 행동에 영향을 미친다.

ⓜ 스트레스에 대한 대처와 유능성: 가족 안에서 불가피하게 다양한 스트레스(stress)가 발생하나 유능성이 높은 가족원은 다양한 스트레스에 직면하여 건강한 자아개념 및 효능감을 최대한 발휘할 뿐만아니라 문제에 적극 대처하는 경향이 있다.

ⓗ 가족의 경계: 가족이 건강하게 기능하기 위해서는 체계의 경계가 명확해야 한다.

ⓢ 환경체계: 환경체계란 개인을 둘러싸고 있는 네 가지 수준의 체계와 그 체계들 사이의 위계를 말하며, 미시체계, 중간체계, 외체계, 거시체계로 나누어진다.

- 미시체계: 일상적으로 겪게 되는 상황이면서 동시에 개인이 직접 접촉하는 물리적 환경이다. 예 가족과 놀이터, 학교, 동아리, 또래 친구 등

- 중간체계: 상호작용하고 있는 여러 개의 미시체계를 말한다. 예 가정과 학교의 관계, 학교와 직장의 관계 등

- 외 체계: 개인이 직접 참여하고 있지는 않지만 그 개인의 발달에 일정한 영향을 주는 환경체계이다.

- 거시체계: 일반적으로 문화, 정치, 사회, 종교, 경제정책과 같이 광범위한 사회적 맥락을 포함한다.

〈그림 8-1〉 Bronfenbrenner의 환경체계

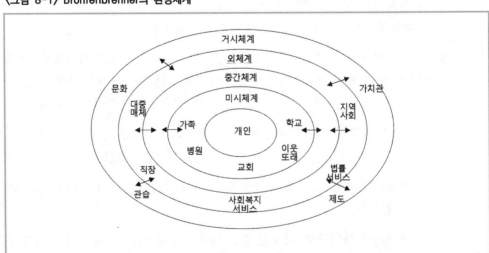

출처: 정완립외(2022). 건강가정론. 양서원

③ 건강가정에의 활용

    ㉠ 가족 및 가족 문제를 바라보는 개념적 틀로서의 유용성: 가족 문제를 직접 해결하는 특정 방법이나 기술보다는 가족과 가족 문제를 폭넓게 이해하고 사정하는 개념적 틀로서의 유용성이 강조된다.

    ㉡ 가족 문제 사정과 개입의 방법론적 유용성: 가족 체계이론을 활용하는 실천가들은 가족 문제를 가족원 개인이나 환경, 즉, 양자 간의 상호작용에서 발생한 것으로 이해하므로 개입의 목적은 가족원들로 하여금 생활과업을 효과적으로 수행하고 스트레스를 완화시켜 잘 적응하도록 돕는 데 있다.

## (2) 상징적 상호작용이론(symbolic interaction)

① 상징적 상호작용이론(symbolic interaction)의 정의

    ㉠ 다양한 상호작용이론 가운데 가장 핵심이 되는 이론이다.

    ㉡ 개인 간의 상호작용 과정과 그러한 상호작용이 개인과 사회에 미치는 결과에 대해 관심이 있다.

    ㉢ 가족 안에서 이루어지는 언어적·비 언어적 행동과 그러한 상호작용이 가족원의 성장과 발달에 어떤 영향을 미치는지를 체계적으로 연구하는 유용한 이론적 틀이다.

② 상징적 상호작용 이론의 기본 전제

    ㉠ 개인들은 자아개념을 갖고 태어나는 것이 아니라 사회적 상호작용을 통해 발달시킨다.

    ㉡ 개인이 사물을 다루면서 사용하는 해석적 과정을 통해 조직되고 수정된다.

    ㉢ 의미는 사람들이 상호작용하는 과정에서 형성되는 것으로 인간 행동의 이해는 그 행위의 동기 및 의미를 통해 파악된다.

    ㉣ 비 환원주의적 인간관으로서 인간은 그들이 부여하는 사물의 의미에 근거하여 행동한다.

    ㉤ 개인들은 일상에서의 사회적 상호작용을 통해 사회구조의 미세한 부분들을 이루어 간다.

    ㉥ 개인과 소집단은 문화적이고 사회적인 과정의 영향을 받는다.

    ㉦ 일단 발달된 자아 개념은 행동에 중요한 동기를 부여한다.

③ 주요 개념

　㉠ 자아개념(self concept)

- 자아(self) : 어떤 개인이 자기 것이라고 말할 수 있는 모든 것을 뜻 한다.

- 미드(Mead)에 의하면 자아가 있다는 것은 개인은 그 자체가 사회의 하나의 축소판이며, 정신적인 생활이 가능하다는 것을 말한다.

- 자아형성의 단계
  1단계 : 준비단계(preparatpry stage)
  　　　　아이들은 아무런 의미를 모르고 무조건 모방을 한다.
  2단계 : 놀이단계(play stage) 실질적인 역할 담당이 일어난다.
  3단계 : 게임단계(game stage) 아이의 자아가 제대로 형성된다.

　㉡ 지위와 역할

　　역할이론에서 보면 인간은 공통의 상징, 모범적인 행동양식, 그리고 규정된 지위를 타자를 통해 단계적으로 배우게 된다. 역할이론에서 강조하는 개념은 지위와 역할이다.

- 지위(status): 어떤 구조 내에서 개인이 차지하는 위치를 말하는데, 한 개인은 연령, 성, 종교, 국적 등에 따른 다양한 지위를 가진다.

- 역할(role): 주어진 사회적 범주 내에서의 집단이나 개인에게 기대되는 행동이다. 기대된 행위에 대한 지식 뿐 아니라 문화적으로 적절한 가치관과 과정도 포함한다.

③ 건강가정에의 활용

　㉠ 가족 내에서 이루어지는 상징적 상호작용이 무엇인지를 이해하는 데 도움을 줄 수 있다.

　㉡ 가족 안에서 이루어지는 사회화의 기능을 체계적으로 이해하도록 해 준다.

## (3) 가족발달이론(The Family Development)

시간에 따른 가족의 변화과정을 설명하고 기술하는데 있어서 선구적인 역할을 했던 가족발달이론은 건강가정을 이해하는 데에 적합한 이론 중 하나이다.

① 가족의 발달을 설명하는 이론

　㉠ 생애주기적 관점: 가족이란 보다 거시적인 차원에서 가족이 처한 시간과 공간의 차원, 그리고 사회적, 역사적인 맥락의 차원에서 존재한다는 것을 강조한다.

　㉡ 가족발달이론

- 한 인간의 발달과 마찬가지로 같은 시대의 대부분의 가족들은 일정한 단계를 거치면서 발달해 간다는 점을 전제로 한다.
- 가족의 생애과정 단계가 이동할 때 경험하는 체계적이고 유형화된 변동과정에 초점을 둔다.
- 내부적으로는 가족원의 요구, 외부적으로는 사회의 요구에 의해서 정해진 일련의 단계로 가족의 변화과정을 설명한다.

② 주요 개념

㉠ 핵가족의 가족생활 주기

두 사람이 결혼하여 가정을 이루고 자녀를 낳아 키워 독립시킨 후 남은 삶에 적응해 가는 과정으로서, 부부와 자녀 중심의 단계별 특징과 과업을 보여준다. Duvall(1977)은 2세대 핵가족을 중심으로 결혼전기, 신혼기, 자녀 아동기, 자녀 학동기, 자녀 청소년기, 자녀 독립기, 중년기, 노년기 등 8단계의 가족생활주기를 제시하였다.

㉡ 대가족의 가족생활주기

결혼 전 원가족으로부터의 분화를 시작으로 자신 및 배우자의 확대가족과 좋은 관계를 형성하고 유지하는 등 보다 넓은 범위의 가족 관계와 과업을 고려하고 있으며 가족주의 가치관이 강한 우리의 가족을 이해하는데 유용한 도움을 받을 수 있다. 카터와 맥골드릭(Carter & McGoldrick) 대가족의 가족생활주기는 결혼전기, 신혼기, 자녀 아동기, 자녀 청소년기, 자녀 독립기, 노년기 등 6단계로 발달한다.

㉢ 이혼 및 재혼가족의 가족생활주기

이혼과 재혼 가정의 경우에는 전통적인 일반가족과는 달리 나름의 독특한 발달단계를 경험할 뿐 아니라 그에 따른 내·외적 과업이 존재한다. 카터와 맥골드릭(Carter & McGoldrick, 1988)은 이혼과 재혼가족의 생활주기를 제시하였다.

- 이혼 가족의 경우: 이혼에 대한 결정−가족체계의 해체를 계획−별거−이혼−이혼 후 한부모의 단계를 경험.
- 재혼가정의 경우: 새로운 관계의 시작−새로운 결혼생활과 가족에 대한 개념화와 계획−재혼과 가족의 재구성이라는 단계를 경험.
- 재혼가족은 이전의 가족관계에서 이미 갈등과 위기를 겪은 경우가 많기 때문에 새로운 가족을 형성할 때는 유사한 문제가 다시 발생하지 않도록 신중할 필요가 있다.
- 관계 상실로 인한 상처를 다루는 것과 두 개의 가족체계 내에서 겪는 두려움,

충성심에 대한 갈등, 소속감 등의 문제도 중요하게 다루어야 한다.

 ② 우리나라의 가족생활주기(유영주, 1984)

  ● 형성기: 결혼부터 첫 자녀의 출산까지

  ● 자녀 출산 및 양육기: 첫 자녀의 출산부터 첫 자녀의 초등학교 입학 전까지

  ● 자녀 교육기: 첫 자녀의 초등, 중, 고등학교 교육 시기

  ● 자녀 성인기: 첫 자녀가 대학에 다니거나 취업, 군 복무, 가사를 협조하는 시기

  ● 자녀 결혼기: 첫 자녀의 결혼부터 막내 자녀의 결혼까지

  ● 노년기: 막내 자녀의 결혼 후부터 양쪽 배우자의 사망까지

③ 건강 가정에의 활용

 ㉠ 가족발달이론은 시간 경과에 따라 가족이 어떻게 발달해 가는지를 잘 보여준다.

 ㉡ 가족 발달 이론은 현장에서 가족을 도와주는 실천가들에게 가족 문제를 파악하고 해결하는데 유용한 지침을 제공한다.

## (4) 여권주의 이론

① 여권주의(feminism) 이론의 개요

 ㉠ 가족이 단일한 이해와 목적을 가진 하나의 행위체가 아니라 가족을 가족원 간에 갈등과 이해관계의 대립이 존재하는 사회적인 장으로 이해한다.

 ㉡ 가족은 성별 분업에 의한 역할 분리에 따라 남성을 위한 가족 서비스를 보장한다.

 ㉢ 보다 거시적인 차원에서 가족과 가족의 문제를 바라본다.

② 여권주의 이론의 기본 전제

 ㉠ 기존의 가족연구에 대해 재분석을 시도한다.

 ㉡ 가족을 개인적이거나 사적인 관계라고 보는 시각에서 벗어나 사회역사적, 정치적인 측면에서 주목한다.

 ㉢ 여성과 가족을 동일시하는 것에 이의를 제기하고 여성의 경험에 기초하여 가족 내 여성의 문제를 쟁점화한다.

③ 여권주의 이론에서 바라보는 가족에 대한 시각

여권주의 이론에서 바라보는 가족에 대한 시각은 가정을 안식처로 보는 입장 (파슨스를 대표로 하는 구조기능론자), 가정을 불평등과 투쟁이 존재하는 장소로 보는 입

장 (여권론자), 여권론적 시각과 무보수 가사노동의 가치평가 등으로 구분할 수 있다.

㉠ 가족은 '가부장적 사회질서를 재생산하는 단위'이다.

㉡ 현재의 가족 체계는 남편과 아내가 차별적인 상황에 놓여 있으며, 이러한 차별적인 상황에서 벗어나기 위해서는 여성과 남성이 평등해지는 방향에서 잘못된 가족질서와 구조를 바꾸어야 한다.

④ 여권주의 이론의 단점

가족 문제를 해결하는 방안에 있어 각 하위 이론마다 이념적 편차가 커서 그 실효성이 떨어진다. 전체 여성을 아우를 수 있는 보편적 가족 개념을 제시하는 데 한계가 있다.

⑤ 여권주의 이론이 우리나라 가족 연구에 주는 시사점

㉠ 우리나라 가족연구에 있어 다양성의 관점에서 가족의 변화를 이해하고 연구하도록 촉진한다.

㉡ 우리 사회에서 제기되고 있는 '가족 위기' 혹은 '가족해체' 현상에 대해서 진보적인 입장을 취한다.

㉢ 최근 우리 사회가 당면하고 있는 가족 변화와 다양한 가족 형태에 대해 어느 수준까지 다양성과 개방성의 측면에서 수용해야 하는지, 분명한 정책적 대안을 제시하지 못하고 있다.

㉣ 여권주의 이론은 가족체계이론이나 구조기능주의에 기초하여 현재 가족의 문제를 위기나 해체로 간주하면서 전통 가족 혹은 기능적인 가족질서를 회복하려는 기존 입장과는 분명 차이가 있다.

⑥ 건강가족에의 활용

㉠ 여권주의 이론은 가족에 대한 미시적이고 보수적인 시각에서 벗어나 보다 거시적이고 진보적인 입장에서 가족의 본질과 가족 변화를 이해하려는 개념적 틀이다.

㉡ 여권주의 이론은 우리 사회에서 기존의 성차별적이고 여성 억압적인 사회구조에서 벗어나 남녀 모두 평등하게 살아가는 사회를 구현하고, 협력적이고 민주적인 가족관계를 만들어 나가는데 나름의 긍정적인 기여를 하고 있다.

## (5) 교환이론

① 교환이론은 사회적 행동을 두 사람 간에 교환 자원을 주고받는 반복적인 행위가 이루어지는 것이다.

② 교환이론의 적용: 가족학 영역에서 교환이론은 주로 배우자 선택, 의사결정 과정, 결혼의 질과 안정성, 임신 결정, 성 역할, 이혼, 여성의 직업 만족도 연구 등에 적용된다.

③ 교환이론의 기본전제

　　㉠ 인간은 합리적 행위자로서 행동하기 전에 그들이 소유한 제한된 정보의 범위 내에서 보상과 비용을 계산하고 대안을 고려한다.

　　㉡ 타인과의 상호작용에서 인간은 이익의 극대화－비용의 최소화를 추구한다.

　　㉢ 인간은 보상을 추구하고 처벌은 회피한다.

　　㉣ 보상의 가치는 개인의 기대가 클수록 크고, 그 이후에 이러한 보상의 가치는 낮아진다.

　　㉤ 인간이 보상과 비용을 평가하는 기준은 사람마다 그리고 시간의 흐름에 따라 변화한다.

④ 문제 발생 및 해결에 대한 시각

　　㉠ 문제에 대한 해결 방안: 교환 관계에 균형을 추구하는 것이다. 즉, 동등한 가치의 다른 자원으로 보상, 다른 보상 원천의 개발, 새로운 자격이나 지위의 획득, 강제력의 사용, 취약한 교환 당사자들의 연합활동, 소유한 교환 자원의 질을 높이는 것 등이 있다.

　　㉡ 건강가정과 관련한 현장에서는 교환이론에서 강조하는 호혜성의 개념을 적극 활용할 필요가 있다.

⑤ 교환이론의 구분

　　교환이론은 집단주의적 교환이론과 개인주의적 교환이론으로 구분할 수 있다.

　　㉠ 집단주의적 교환이론: 레비스트로스(C.Levi-Strauss)를 중심으로 한 문화인류학 영역으로 사회규범이 사회적 관계에서 관찰되는 행동들을 조절한다.

　　㉡ 개인주의적 교환이론: 호만스(G.Homans)를 중심으로 하며, 모든 행동은 욕구 차원에서 설명되며 사회적 규범을 바탕으로 개인의 욕구충족은 최대가 될 수 있다.

# 02 「건강가정기본법」 및 건강가정 정책

제8장 건강가정론

## 1. 「건강가정기본법」

① 「건강가정기본법」의 제정과 배경

    ㉠ 2004년 2월 9일에 제정되어 2005년 1월 1일자로 시행되고 있다.

    ㉡ 최근 우리 사회의 저출산과 개인주의화, 다양한 가족의 출현 등으로 약화된 가족
의 기능을 지원하고 강화시켜 건강한 가족생활을 영위할 수 있도록 하는 가족 정
책의 필요성에 따라 대두되었다.

② 「건강가정기본법」의 목적과 기본이념

    ㉠ 목적: 건강한 가정생활의 영위와 가족의 유지 및 발전을 위한 국민의 권리·의무
와 국가 및 지방자치단체 등의 책임을 명백히 하고, 가정문제의 적절한 해결방안
을 강구하며 가족 구성원의 복지 증진에 이바지할 수 있는 지원정책을 강화함으
로써 건강가정 구현에 기여하는 것이다.

    ㉡ 기본이념: 가정은 개인의 기본적인 욕구를 충족시키고 사회 통합을 위하여 기능
할 수 있도록 유지·발전되어야 한다.

③ 「건강가정기본법」의 위치

「건강가정기본법」은 가족을 위한 서비스를 제공하지만 현행 법체계에서는 「사회복
지사업법」 내에 규정되어 있지 않으므로 기타 사회복지와 관련되는 법으로 볼 수 있
다. 예 「모자보건법」, 「가정폭력방지 및 피해자보호 등에 관한 법률」, 「남녀 고용평
등과 일·가정 양립지원에 관한 법률」 등

④ 「건강가정기본법」의 체계

「건강가정기본법」은 본칙과 부칙으로 구성되어 있다.

    ㉠ 제1장 총칙: 법령 전체에 관한 원칙적인 내용

    ㉡ 제2장 건강가정정책: 위원회와 기본계획의 수립에 관한 내용

    ㉢ 제3장 건강가정지원사업: 구체적인 사업

    ㉣ 제4장 건강가정전담조직 등: 전문인력에 관한 내용

　　　　ⓜ 제5장 보칙: 보조금에 대한 내용

　　　　ⓗ 부칙: 부수적인 내용

　　⑤ 「건강가정기본법」의 건강가정 규정: 건강가정이란 가족 구성원의 욕구가 충족되고 인간다운 삶이 보장되는 가정을 말한다.

　　⑥ 주요인력

　　　　㉠ 「건강가정기본법」에서는 건강가정지원센터에서 건강가정사업을 수행할 주요인력으로 건강가정사를 둘 것을 규정하고 있다.

　　　　㉡ 건강가정사의 자격: 제35조 제3항에 의하면 건강가정사는 대학 또는 이와 동등 이상의 학교를 졸업하거나 이에 따른 학력 취득 과정이나 그 밖에 여성가족부 장관이 인정하는 방법으로 사회복지학, 가정학, 여성학 등 여성가족부령으로 정하는 관련 교과목을 이수하고 졸업한 자이어야 한다.

　　⑦ 「건강가정기본법」의 가족 실태 조사: 국가와 지방자치단체는 개인과 가족의 생활 실태를 파악하고 건강가정 구현 및 가정문제 예방 등을 위한 서비스의 욕구와 수요를 파악하기 위해 5년마다 가족 실태 조사를 실시하고 그 결과를 발표하게 되어 있다.

　　⑧ 「건강가정기본법」의 한계

　　　　㉠ 생활공동체의 개념에 근거한 가족의 다양성을 포함하지 못하고 있다.

　　　　㉡ 양성평등적 관점에 근거한 가족 정책의 비전이 미약하다.

　　　　㉢ 가족에 대한 통합적 복지정책의 비전이 미약하다.

　　　　㉣ 동법의 제정과정에서 전담 인력 문제에 집중하다보니 시민사회의 다양한 의견수립에 미흡했다.

　　⑨ 「건강가정기본법」의 특성

　　　　㉠ 「건강가정기본법」의 시행은 가족과 가정생활에 대한 새로운 전환이며, 통합적 가정 정책으로 가족의 삶의 질을 증진시키는 계기로 되었다.

　　　　㉡ 「건강가정기본법」은 추상적인 가족복지정책이 구체적으로 구현된 것이다.

　　　　㉢ 「건강가정기본법」은 다른 여타법의 대상인 노인이나 아동 등에 대해서처럼 가족을 위한 서비스를 제공한다.

　　　　㉣ 「건강가정기본법」은 현행 법체계에서는 「사회복지사업법」 내에 규정되어 있지 않다.

　　⑩ 「건강가정기본법」의 관점

　　　　가정의 건강성 증진을 통하여 건강한 사회를 구현하는 것이 궁극적으로 개인의 행복과도 불가분의 관계를 맺는다는 개인-가정-사회의 상호작용적인 관점을 가진다.

## 2. 건강가정 정책

① 가족정책의 정의

　㉠ 캐머먼과 칸(Kameman & Kahn)

　　가족 정책은 국가가 가족을 대상으로, 가족을 위하여 행하는 모든 활동으로, 일반적·통일적·총합적 관점에서 가족생활의 유지·강화를 도모하는 여러 시책이다.

　㉡ 모엔과 쇼어(Moen & Schorr)

　　가족 정책은 가족을 위하여 광범위하게 합의된 일련의 목표로서, 이러한 목표는 국가와 사회기관이 계획적으로 형성한 프로그램과 정책을 통하여 실현된다.

　㉢ 짐머만(Zimmerman)

　　가족 정책은 사회 내의 가족이 경험하는 여러 문제에 대처하기 위해 가족 복지라는 합의된 목적을 달성하고자 하는 일련의 상호 연관된 정책 선택이다.

　㉣ 가족 정책은 가족의 복지 증진을 위한 행동노선과 계획이라 할 수 있으며, 가족복지를 위한 활동을 하는데 필요한 원칙과 방향을 정하거나 계획하는 것이다.

　㉤ 가정(가족) 정책은 가족 구성원의 안정과 복지를 강화하고, 가족생활과 관련된 삶의 질을 높이고자 가족에게 직·간접적인 영향을 미치는 정책으로, 정책 단위는 가족과 아울러 가족 구성원으로서의 개인도 포함한다.

　㉥ 가족복지서비스의 모형: 카두신(A.Kadushin)

　　● 지원적 서비스: 가족 관계가 손상, 긴장 상태에 있을 때 이것을 감소시키기 위하여, 그들의 능력을 지원, 강화시켜 주는 서비스를 말한다. 예 가족 상담 사업, 한부모, 미혼부모를 위한 사업, 건강가정지원센터

　　● 보완적 서비스: 가정 내의 자녀양육 및 노인을 부양하기에 어려움이 있는 경우, 이를 보조해 주는 서비스를 말한다. 예 주간노인보호센터, 장애와 비행가족 복지사업, 소득보완사업, 보육사업, 학대와 방임 가족의 보호사업

　　● 대리적 서비스: 가족의 유지가 어려워 해체되거나 보호가 필요하여 일시적 또는 영구적으로 대리 보호해 주는 서비스를 말함 예 가정폭력보호시설, 가정위탁사업, 미혼모 쉼터, 입양사업, 보호사업 등

② 가족 정책의 이념과 기본 방향 및 핵심과제

　㉠ 가족 정책의 이념: 우리나라의 가족 복지 정책은 「헌법」전문에 자유 민주주의의 이념을 지향하고 있음을 밝혔으나 지금까지 자유방임주의 관점에 더욱 가까워 보인다.

ⓛ 가족 정책 기본 방향

● 가족 기능 강화: 가족으로부터 이탈된 요보호 아동 등에게 건강한 가정 마련 서비스 지원 제공, 가족에 대한 보편적·예방적 지원 서비스 확대, 다문화 가족의 사회통합을 위한 사회적응서비스 제공, 가족돌봄을 위한 다양한 서비스 확대, 경제 위기로 약화되기 쉬운 가족 기능의 역량 강화 주력

● 가족 친화력 사회 환경 조성: 가족에 대한 보편적·예방적 지원 서비스 확대, 가족 친화 지역 환경 조성 촉진, 기업의 가족 친화 경영 활성화 유도, 지역사회중심의 통합적 가족 지원 네트워크 강화

● 관련 서비스 연계 및 효율화로 가족 정책 체감도 향상: 다양한 민·관 서비스 전달 체계의 효율화, 대상별·기능별 관련 서비스와 연계 강화

ⓒ 가족 정책의 핵심과제

● 가족 기능 강화: 아이돌보미 서비스를 통한 가족 양육 지원, 가족에 대한 상담, 교육문화사업 확대

● 다양한 가족의 자립 역량 강화: 다문화가족의 생애주기별 서비스 지원, 한부모·조손 가족의 자녀양육지원, 보호가 필요한 아동 등에게 건강한 가정 마련 지원

● 일과 가정의 양립지원: 가족 친화적 직장 분위기 조성, 가족 친화적 지역사회 조성

● 가족 정책 인프라 확충: 가족 서비스 전달체계 효율화, 지역사회, 관련 기관 가족 돌봄 자원의 연대 구축

③ 가족 정책의 가치

㉠ 전반적인 정책 대응의 방향: 건강 가정의 강화를 지향할 수도 있고, 돌봄의 사회화를 지향할 수도 있다.

㉡ 사회적 문제를 해결하기 위해 정책이 필요하고, 정책의 효과를 구현하기 위한 정책 수단은 다양하게 적용될 수 있다.

④ 우리사회의 가족문제

이혼율의 증가, 출산율의 저하, 제1세대 가구의 증가, 재혼율의 증가, 다양한 가족 형태의 증가 현상 등이 새로운 양상으로 전개되고 있다.

⑤ 가족 정책 비전과 핵심과제

㉠ 비전: 가족 모두가 평등하고 행복한 사회

ⓛ 정책목표: 가족과 사회에서의 남녀 간, 세대 간 조화 실현, 가족 및 가족 구성원의 삶의 질 증진

ⓒ 핵심과제: 가족 기능 강화, 다양한 가족의 자립 역량 강화, 일과 가정의 양립지원, 가족 정책 인프라 확충

⑥ 건강가정 정책 중 건강가정기본계획의 수립: 여성가족부 장관은 관계 중앙행정기관의 장과 협의하여 건강가정기본계획을 5년마다 수립하여야 한다.

⑦ 건강가정 정책 중 건강가정기본계획에 포함될 사항

ⓐ 가족 기능 강화 및 가정의 잠재력 개발을 통한 가정의 자립 증진 대책

ⓛ 사회통합과 문화 계승을 위한 가족 공동체 문화조성

ⓒ 다양한 가정의 욕구 충족을 통한 건강 가정 구현

ⓔ 민주적인 가족 관계와 양성평등적인 역할분담

ⓜ 가정 친화적인 사회환경의 조성

ⓗ 가족의 양육·부양 등의 부담완화와 가족해체 예방을 통한 사회비용 절감

ⓢ 위기 가족에 대한 긴급 지원책

ⓞ 가족의 건강증진을 위한 건강사회구현

ⓩ 가족지원 정책의 추진과 관련한 재정 조달 방안

ⓒ 1인 가구의 복지증진을 위한 대책

⑧ 건강가정정책의 문제

ⓐ 가정학계와 사회복지학계는 「건강가정기본법」에 관해 입장 차이를 나타내고 있다.

ⓛ 지역의 가족 정책은 경제, 사회복지 시책 등에 비해 상대적으로 우선순위가 낮고 자치단체장의 관심도가 적으며 여성가족부의 정책 지침을 지역에서 실현할 행정체계가 견고하지 못하다.

ⓒ 가정생활 교육에 해당하는 관리적 프로그램은 빈약한 불균형 상태이다.

ⓔ 지역 내 분포되어 가족 복지 서비스를 제공하는 기관들 간의 관계가 개별적이고, 비공식적 접촉 관계 속에서 형성되므로 네트워크 구조 면에서 볼 때 비효율성이 잠재될 수 있다.

ⓜ 협의체의 구성에서부터 지역복지 자원 간의 이해관계가 표출되기 시작하여 운영의 어려움이 있을 수 있다.

# 03 건강가정사업

## 1. 건강 가정사업의 개념과 목적

① 건강가정사업의 개념

㉠ 건강가정사업은 가족 복지를 실천하는 한 방법으로 개별적이고 심리적이며 미시적인 접근 방법이다. 즉, 가족의 개인 및 구성원들이 원만한 인간관계를 맺을 수 있도록 도와주는 서비스이다.

㉡ 건강가정사업은 건강한 가족을 형성·유지하는 데 도움이 되는 사업들을 총칭하는 것으로 건강가정 사업은 건강가정을 저해하는 문제의 발생을 예방하고 해결하기 위한 여러 가지 조치와 가족의 부양·양육·보호·교육 등의 가정 기능을 강화하기 위한 사업 (건강가정기본법 제21~33조)을 말한다.

② 건강 가정사업의 목적

㉠ 가정기능의 강화: 건강가정사업은 가족 전체에 주목하면서 가정의 보호와 강화를 도모하는데 목적이 있다. 가정의 역량 강화와 자원개발, 즉 가정 스스로 그 기능을 잘 수행할 수 있도록 하는 가정의 자원화이다.

㉡ 가정문제의 예방: 가족 문제의 예방과 치료를 위한 상담 서비스 뿐만 아니라 가족의 기능 조정과 역할 개발을 위한 관련 서비스 및 기술교육, 가정생활의 역할 대행 및 역할 지원, 가치관 정립을 위한 가정교육 및 사회교육, 가족생활의 보장과 보호를 위한 제도적 지원 등이 필요하다.

㉢ 지역사회 중심의 서비스 제공: 지역사회가 중심이 되어 지역 특성을 고려한 체제 구축과 기반 조성을 통한 복지 실현을 해야 한다.

③ 건강지원사업의 목적

● 가족기능의 강화와 가족문제의 예방

● 가족문제의 감소와 위기치료

● 가족의 잠재력과 자립능력 개발

● 가족공동체 문화 조성

● 다양한 형태 가족의 욕구충족

● 지역사회와의 연계

④ 가정에 지원해야 할 사항
  ● 가족 구성원의 정신적, 신체적 건강 지원
  ● 소득보장 등 경제생활의 안정
  ● 안정된 주거생활
  ● 태아 검진 및 출산, 양육의 지원
  ● 직장과 가정의 양립
  ● 음란물, 유흥가, 폭력 등 위해 환경으로부터의 보호
  ● 가정 폭력으로부터의 보호
  ● 가정 친화적 사회분위기 조성
  ● 그 밖의 건강한 가정의 기능을 강화, 지원할 수 있는 관련 사항

## 2. 건강 가정 사업의 내용

① 건강가정사업은 「건강가정기본법」의 제3장에 제시되고 있는데, 제21조 가정에 대한 지원에서부터 제33조 자원봉사활동 지원에 이르기까지 총 13조항으로 구성되어 있다.
  ㉠ 가정에 대한 지원
  ㉡ 자녀양육 지원강화
  ㉢ 가족 단위 복지 증진
  ㉣ 가족의 건강 증진
  ㉤ 가족 부양의 지원
  ㉥ 민주적이고 양성 평등한 가족관계증진
  ㉦ 가족 단위의 시민적 역할 증진
  ㉧ 가정생활 문화의 발전
  ㉨ 가정의례
  ㉩ 가정 봉사원
  ㉪ 이혼 예방 및 이혼가정지원
  ㉫ 건강가정교육
  ㉬ 자원봉사활동의 지원

② 건강가정 사업의 특성

● 한 단위로서의 가정과 그 가정의 건강성 증진의 관점에 입각한 가정 단위이다.

● 서비스는 보편적이며 예방적이어야 한다.

● 대상은 다양한 가정형태를 포괄한다.

● 영유아, 아동, 청소년, 중·장년 등 생애 주기에 따르는 종합적인 건강증진 대책을 마련한다.

## 3. 건강 가정사업 실천접근 방향

● 예방적 차원: 보편적, 즉, 모든 국민을 대상으로 하는 서비스를 실시하게 되는 것이다. 예 가족지원 서비스

● 사후적 차원: 문제가 발생한 뒤 그 문제를 해결하기 위한 치료적인 개입으로서 요보호자를 대상으로 한다. 예 가족 중심 서비스 및 가족치료

### (1) 가족지원서비스

① 가족지원서비스는 가족에 문제가 발생한 뒤 서비스를 제공하는 전통적인 방법을 탈피하여 가족의 안녕을 증진하고 문제가 발생하기 전 예방 차원에서의 개입을 의미한다.

② 가족 지원 서비스의 이념은 모든 가족이 강점을 가지고 있음을 강조하고 있다.

③ 가족지원 서비스는 가족의 전통적인 역할인 보호 제공의 역할을 강화시키기 위한 노력에서 출발한 것이다.

④ 건강가정사는 가족의 욕구에 따라 적절한 연계를 할 수 있도록 시도해야 하며, 가족 구성원과는 평등한 파트너십 관계를 갖도록 하여야 한다. 또한 궁극적인 의사결정의 권한은 가족에게 있다는 것을 잊어서는 안된다.

⑤ 가족지원 서비스의 특성

㉠ 지역사회의 공식적·비공식적 지원: 지역사회에 존재하는 공식적·비공식적 자원을 찾아 새로운 서비스 전달 체계와 통합하는 노력이 필요하다.

㉡ 강점 관점과 임파워먼트: 강점을 중심으로 하는 서비스에서는 임파워먼트, 회복력, 강점과 같은 용어들을 선호한다.

㉢ 생애주기에 걸친 서비스: 가족지원서비스는 전 생애 주기에 걸친 서비스, 가족 체계에 대하여 강조하고 있다.

② 협동적 파트너십: 가족지원서비스는 협동적 파트너십을 통하여 통합되고 조정된 지역사회 중심의 서비스를 제공하는 것을 지향한다.

⑩ 서비스의 통합: 한 가지의 서비스에 치중하는 것이 아니라 통합적인 서비스가 이루어져야 한다.

## (2) 가족 중심 서비스

### ① 가족 중심 서비스의 개념

- 가족 중심 서비스의 기본 가치: 가족은 아동발달에 있어 기본적인 역할을 담당한다. 가족은 체계의 부분이다. 클라이언트는 동료이다. 강점이 강조되어야 한다. 가족이 가장 중요한 환경이다. 가족의 욕구에 기초한 서비스를 제공한다.

- 가족 중심 서비스는 문제가 있는 가족을 위한 사례관리, 상담·치료, 교육, 기술 구축, 옹호, 구체적 서비스 제공 등과 같은 서비스를 포괄한다.

### ② 가족중심 서비스의 유형

- 가족 중심 서비스: 가족 기반 서비스라고 불리기도 하며, 주로 아동복지기관에서 많이 활용하고 있다. 현재 가족 중심 서비스는 소년범죄, 발달 장애, 입양, 위탁보호 재결합 프로그램 등 새로운 영역에서 시행되고 있다.

- 집중적 가족 중심 서비스: 아동의 가정 외 보호가 시급히 이루어져야 하거나 가정 외 보호로부터 아동의 귀가가 고려되는 시점에 있는 위기 가족을 위해 마련된 서비스이다.

### ③ 가족 중심 서비스의 특성

- 서비스는 1개월에서 4개월 정도 시간 제한적으로 제공된다.

- 부모는 1차적 보호 제공자, 양육자, 교육자로서 가족에 대한 책임을 진다.

- 가정은 일차적 서비스의 장소이며, 가족, 확대가족, 이웃, 지역사회를 포함한 자연적 원조 자원이 최대한 활용된다.

- 응급사례는 24시간 이용 가능하다.

- 한 명 혹은 그 이상의 보조원이 서비스의 주 책임자를 보조한다.

- 포괄적인 원조가 이루어진다.

- 가족과 지지적이며 임파워먼트적 관계를 수립하고 유지한다.

### (3) 가족치료

① 가족치료의 정의: 가족을 하나의 체계로 보고, 그 체계 속에서 발생하는 상호 교류 상황에 개입함으로써 개인의 증상이나 행동에 새로운 변화가 일어나도록 개입하는 치료적 접근법이다.

② 가족치료의 개념: 개인의 문제를 그 개인의 내적인 문제로만 인식하는 것이 아니라 개인을 둘러싼 전체로서의 가족 체계를 이해함으로써 개인과 가족 전체 사이에 존재하는 고정된 상호작용의 패턴을 변화시키려는 노력이다.

③ 가족치료의 특성

　　㉠ 가족 치료는 가족들의 세대 간 역동성을 통하여 개인의 행동을 이해하려는 관점을 가지고 있다.

　　㉡ 가족치료는 가족의 위기에 적절하게 대처하고 극복할 수 있도록 문제해결 능력을 강화시켜주는 데에 주력한다.

　　㉢ 가족들이 믿고 있는 가족 내 신화로부터 자유로워질 수 있도록 돕는다.

　　㉣ 가족이 가지고 있는 고정적인 패턴 양식의 변화에 초점을 맞춘다.

　　㉤ 가족 구성원 가운데 증상을 가지고 있는 개인치료와는 다른 관점으로 이해한다.

　　㉥ 가족 구성원들의 상호 관계성을 중요시한다.


## 4. 건강 가정 사업의 실제

① 건강가정지원센터의 건강 가정사업이 체계적으로 운영된 것은 2006년부터이다.

② 각 지역센터에서 시행되는 공통 필수 사업: 가족친화문화 조성사업, 가족돌봄지원 서비스, 다양한 가족 통합 서비스, 가족 교육 사업, 가족상담사업, 지역사회연계사업으로 중앙 건강가정지원센터의 지침에 따라 시행해야 하며, 지침에 근거하지 않는 경우 공통 필수사업이 아닌 선택 사업으로 분류된다.

# 04 건강가정사의 정의와 역할

## 1. 건강가정사의 정의

### (1) 건강가정사의 자격(건강가정기본법)

① 대학 또는 이와 동등 이상의 학교를 졸업할 것

② 여성가족부 장관이 인정하는 방법으로 사회복지학, 가정학, 여성학 등 여성가족부령으로 정하는 관련 과목을 이수하는 것

### (2) 건강가정사

① 건강가정사는 건강가정사업을 수행하는 데 필요한 관련 분야의 학식과 경험을 가진 전문가이다.

② 가정의 실질적인 상태를 파악하는 조사자이기도 하며, 지역사회의 여러기관과 연계하는 조정자이다.

③ 전반적인 가정 문제에 대하여 전문 지식을 갖추고 있는 전문가인 건강 가정을 위한 실천가이다.

④ 건강가정 이념의 실천자인 동시에 건강가정사업의 전달자이다.

⑤ 건강가정지원센터를 운영하는 주체이다.

## 2. 건강가정사의 역할

건강가정사의 역할은 건강가정지원센터의 운영자, 건강가정사업의 수행자, 건강가정 이념의 실천가 등으로 구분할 수 있다. 건강가정사는 전국 시도 및 시군구 가족센터에서 다음과 같은 업무를 담당한다.(건강가정기본법 시행령 제4조)

① 건강가정사는 건강가정사업의 수행자로서 사업의 목적과 의미를 이해하고, 목적 달성을 위한 효율적인 방안을 모색하며, 사업을 실행할 수 있는 역량과 지식을 갖추어야 한다.

② 건강가정사는 「건강가정기본법」에서 제시하는 기본이념과 철학을 명확히 이해해야 한다.

③ 건강가정사는 긴강가정지원센디를 조직적이고 체계적으로 운영하는 경영자가 되어야 한다.

④ 건강가정사는 국민과 국가 및 지방자치단체의 유기적인 연계를 인식하고 가족 구성원의 복지를 증진시킬 수 있는 지원책을 실현하는데 전문가적 자질을 발휘해야한다.

⑤ 건강가정사는 민주적이고 양성평등적인 이념을 바탕으로 가정생활에 실제적으로 도움을 주는 교육가의 역할이 필요하다.

## 3. 건강가정사의 직무

건강가정사의 주요 직무는 가정문제의 예방을 위한 노력(프로그램 개발, 교육, 운동, 정보제공, 방문, 실태파악 등)과 가정문제의 해결(상담, 방문, 실태파악, 지역기관과의 연계 등)이며 이 두가지 직무는 다양한 방법으로 수행되며 상호보완적이다.

① 가정생활 문화운동의 전개: 가족문화사업전달자

② 건강 가정 실현을 위한 교육(민주적이고 양성평등한 가족 관계 교육을 포함): 가족생활교육자

③ 건강가정의 유지를 위한 프로그램의 개발: 프로그램개발자

④ 가정문제의 예방·상담 및 개선:상담자

⑤ 아동보호전문기관 등 지역사회 자원과의 연계: 지역사회 네트워크 연계자

⑥ 가정에 대한 방문 및 실태 파악: 가족실태조사자

⑦ 가정 관련 정보 및 자료 제공: 정보제공자

⑧ 그 밖에 건강가정 사업과 관련하여 여성가족부 장관이 정하는 활동: 센터운영자

**건강가정론: 예상 문제**

**01** 다음은 건강가정에 대한 설명이다. 틀린 것은?

① 가족관계가 원만하고 가족 기능이 긍정적이더라도  이혼 가족, 무자녀 가족, 재혼 가족 등 외형적으로 전통적인 가족이 아닌 경우 건강 가족이라고 할 수 없다.

② 가정이란 가족 구성원이 생계 또는 주거를 같이하는 공동체로서의 구성원의 일상적인 부양·양육·보호·교육 등이 이루어지는 생활 단위를 말한다.

③ 건강한 가족이란 가족원 상호 간의 규칙적이고 다양한 상호작용을 통하여 가족의 공동체적·정서적 ·도덕적 관계향상을 도모하는 가족이다.

④ 건강가정은 가족 구성원의 욕구가 충족되고 인간다운 삶이 보장되는 가정을 말한다.

**정답** ①

**해설** 이혼 가족, 무자녀 가족, 재혼 가족 등 외형적으로 전통적인 가족이 아니더라도 가족관계가 원만하고 어려운 문제를 함께 극복해가며 가족기능이 긍정적이면 건강 가족이라고 할 수 있다.

**02** 다음은 가족체계이론에 대한 설명이다. 틀린 것은?

① 일반적으로 가족에 대해 체계론적 관점을 적용한 이론이다.

② 가족 체계 내부 혹은 가족과 외부 체계 사이에서 발생하는 스트레스를 이해할 뿐 아니라 이에 대처하는 가족의 적응방식을 다룬다.

③ 가족을 하나의 체계로 바라보며 가족 안에서 가족원들이 어떻게 관계를 맺으며 내부 체계와는 어떻게 교류하는지를 밝히고자 한다.

④ 가족이 복잡한 내·외적 환경 속에서 어떻게 적용하고 성장해 가는지를 중요하게 다룬다.

**정답** ③

**해설** 가족을 하나의 체계로 바라보며 가족 안에서 가족원들이 어떻게 관계를 맺으며 외부 체계와는 어떻게 교류하는지를 밝히고자 한다.

**03** 체계의 안정을 유지하려는 기능을 무엇이라 하는가?

**정답** 항상성

**해설** 항상성은 체계의 안정을 유지하려는 기능이다.

**04** 가족에 문제가 발생한 뒤 서비스를 제공하는 전통적인 방법을 탈피하여 가족의 안녕을 증진하고 문제가 발생하기 전 예방 차원에서의 개입을 의미하는 서비스는.?

정답 **가족지원서비스**

해설 가족지원서비스는 가족에 문제가 발생한 뒤 서비스를 제공하는 전통적인 방법을 탈피하여 가족의 안녕을 증진하고 문제가 발생하기 전 예방 차원에서의 개입을 의미한다.

**05** 다음 〈보기〉에 해당하는 것은?

> 〈보기〉
> 개인을 둘러싸고 있는 네 가지 수준의 체계와 그 체계들 사이의 위계를 말하며, 미시체계, 중간체계, 외체계, 거시체계로 나누어진다.

정답 **환경체계**

해설 환경체계란 개인을 둘러싸고 있는 네 가지 수준의 체계와 그 체계들 사이의 위계를 말하며, 미시체계, 중간체계, 외체계, 거시체계로 나누어진다.

**06** 다양한 상호작용이론 가운데 가장 핵심이 되는 이론은?

정답 **상징적 상호작용이론(symbolic interaction)**

해설 상징적 상호작용이론(symbolic interaction)은 다양한 상호작용이론 가운데 가장 핵심이 되는 이론이다.

**07** 기대된 행위에 대한 지식 뿐 아니라 문화적으로 적절한 가치관과 과정도 포함하는 것은?

① 지위(status)
② 역할(role)
③ 자아(self)
④ 상호작용(Interaction)

정답 **②**

해설 역할(role)은 주어진 사회적 범주 내에서의 집단이나 개인에게 기대되는 행동이다. 기대된 행위에 대한 지식 뿐 아니라 문화적으로 적절한 가치관과 과정도 포함한다.

**08** 다음 중 집단주의적 교환이론과 관련이 있는 학자는?

① 호만스(G.Homans)
② 레비스트로스(C.Levi-Strauss)
③ 미드(Mead)
④ 짐머만(Zimmerman)

정답 ②

해설 집단주의적 교환이론은 레비스트로스(C.Levi-Strauss)를 중심으로 한 문화인류학 영역으로 사회규범이 사회적 관계에서 관찰되는 행동들을 조절하는 것으로 본다.

**09** 가족 정책은 국가가 가족을 대상으로 가족을 위하여 행하는 모든 활동이라고 정의한 학자는?

① 모엔과 쇼어(Moen & Schorr)
② 짐머만(Zimmerman)
③ 캐머먼과 칸(Kameman & Kahn)
④ 카두신(A.Kadushin)

정답 ③

해설 캐머먼과 칸(Kameman & Kahn)은 가족 정책은 국가가 가족을 대상으로, 가족을 위하여 행하는 모든 활동으로, 일반적·통일적·총합적 관점에서 가족생활의 유지·강화를 도모하는 여러 시책이다.

**10** 새로운 양상으로 전개되고 있는 우리 사회의 가족문제가 아닌 것은?

① 출산율의 저하
② 이혼율의 감소
③ 제1세대 가구의 증가
④ 다양한 가족 형태의 증가

정답 ②

해설 우리 사회의 가족문제로 이혼율의 증가, 출산율의 저하, 제1세대 가구의 증가, 재혼율의 증가, 다양한 가족 형태의 증가 현상 등이 새로운 양상으로 전개되고 있다.

# 09

# 가정학의 역사

## 1. 세계가정학회(국제가정학회)

① 세계가정학회(International Federation for Home Economics, IFHE)는 1908
년에 설립 100여년의 역사를 지니고 있다.

　　㉠ 본부를 프랑스 파리에 두고 있으며, 세계회의는 4년마다 개최하고 있는 국제 비
　　　정부기구(INGO)이다.

　　㉡ IFHE는 세계 각국의 200여 가정학회 및 가정학 관련 단체가 단체 회원으로 가
　　　입되어 있는 세계적으로 가장 정통성이 있고 영향력이 큰 가정학 연합 단체이다.

② 세계가정학회는 세계를 5개 지역으로 나누어 운영

아시아 지역(Region of Asia), 아메리카 지역(Region of the Americas), 유럽 지
역(Region of Europe), 태평양 지역(Region of Pacific), 아프리카 지역(Region
of Africa)으로 분류하여 각 지역 별로 IFHE 부회장과 상임이사를 각 1명씩 두고 4
년간 집무한다.

③ 세계가정학회의 총회 및 학술대회(IFHE World, Congress)

1908년 스위스에서 제1회 대회가 개최된 이래 2000년에는 아프리카 가나(Ghana)
에서 개최되었고, 2004년에는 일본 교토(Kyoto), 2008년에는 스위스 루체른
(Lucerne), 2012년에는 호주 멜버른(Melberne), 2016년에는 우리나라 대전에서
개최되었다.

④ IFHE의 대사회적 활동

IFHE는 대사회적 활동으로 유엔기구의 자문역할을 하고 있다.

IFHE는 성질상 순수과학인 여러 학문의 일반학회와는 달라 대사회적 활동의 필요
성이 절실히 요구된다. 특히 유엔과 유럽의 이사회와 협의 지위를 갖는 국제 비정부
기구(INGO)로서 국제연합본부(UN)기관인 UNICEF(유엔아동기금), UNESCO(교
육 · 과학 · 문화 · 커뮤니케이션 분야 국제협력기구), WHO(세계보건기구), FAO
(식량농업기구)등의 자문역할을 하고 있다.

⑤ IFHE의 목적

세계 가족과 가정의 생명 유지 및 복지증진을 목적으로 하고, 특색은 학회본부를 중심으로 하는 내부조직 편성과 역할을 강화하였다.

㉠ 전문가들에게 글로벌 네트워킹 기회를 제공

㉡ 개인과 가족의 일상생활에서 가정학에 대한 인식 증진

㉢ 가정학에서의 평생 교육 촉진

㉣ 전 세계의 개인, 가족, 가정의 삶의 질 향상을 선도할 수 있는 연구 및 실천에 대한 소통의 장 마련

⑥ 세계가정학회의 역할

㉠ 글로벌 네트워킹 기회 마련

㉡ 국제 정보 및 출판물 발간(예, 가정학 소식지)

㉢ 학술 대회 및 워크샵 개최

● 4년마다 World Congress 개최

● 2년마다 Council Meeting 개최

● 매 년마다 Annual Meeting(Executive and Committees) 개최

● 국제 및 국가, 지역적 차원에서 다양한 행사 개최

● 국제 수준의 홈 경제 이익의 표명

● 전세계적 연구보고를 위한 플랫폼(platform)

⑦ 우리나라에서는 대한가정학회가 단체회원으로 가입(1958년)되어 있다.


## 2. 아시아가정학회

① 아시아가정학회(Asian Regional Association for Home Economics, ARAHE)1983년 9월에 일본에서 창립

임원의 임기는 4년이고 본부는 회장이 있는 나라에 두기로 회칙을 정했다. 또한 창립 원년의 활동은 네트워크를 만드는 일에 전념했으며 우리나라가 중추적인 역할을 담당하고 있다.

② 아시아가정학회(ARAHE)는 아시아지역 20여개국의 가정학회와 가정학 관련 단체로 구성, 우리나라는 대한가정학회와 연세대학교가 단체회원으로 등록되어 있으며 100여명이 평생회원으로 등록되어 있다.

③ 아시아가정학회(ARAHE)의 목적

개인, 가족, 사회생활에 관한 연구·교육을 통해 아시아 지구에서의 가정학 발전을 추진하며, 더불어 회원 상호 간의 친목 향상과 결속을 꾀할 것을 목적으로 하고 있다.

④ ARAHE 총회 및 학술대회

매 2년마다 개최되고 있으며, 제19회는 2017년 일본에서 개최되었다.

⑤ 아시아가정학회(ARAHE)의 직면문제

가정학의 사상적 빈곤문제 이전에 아시아지역의 빈곤문제해결이 현재의 당면문제라고 할 수 있다.

## 3. 세계 각국의 가정학의 역사 및 동향

### (1) 아시아지역 각국의 가정학의 역사 및 동향

① 일본의 가정학

㉠ 여성의 교육 및 가정학이 확실하게 싹트기 시작한 것은 일본의 근대화 및 경제적 기반이 구축되었다고 보여지는 명치유신(1868~1912)이다.

㉡ 명치유신 이후 여성 교육을 중심으로 가정학이 발달하였다.

㉢ 1870년 미스키더(Miss kidder)가 요코하마에 일본 최초의 여학교를 설립하였다.

㉣ 일본 가정학 교육의 획기적인 계기는 1901년 일본여자대학교가 설립되고 여기에 가정학부가 설치되면서부터라고 볼 수 있다.

㉤ 1909년 제국여자전문학교(현 상모여자대학)등이 설립되었으며 이후 전국 각지에 여자전문학교가 설립되어 가정학 교육이 본격적으로 시작되었다.

㉥ 1913~1945년에는 의·식·주·육아·가정경제 각 분야의 가정학 관계 저서가 출간되었고 가정학 연구가 본 궤도에 올랐다.

㉦ 일본의 가정학회는 1949년 10월 임의 단체로 발족되었다.

② 필리핀의 가정학

㉠ 가정학 명칭의 변화순서: 1969년 'Household Arts'→1900년경 'House keeping' → 1911년 'Domestic Science'→ 1920년 'Home Economics'란 명칭을 사용

㉡ 특징: 가정 내의 문제뿐만 아니라 교육 내용을 사회적 요구에 맞게 개선하고 사

회봉사를 하는 등 생활개선이나 사회적 문제 해결에 직접 기여하고 있다.

## (2) 아메리카 대륙의 가정학의 역사 및 동향

### ① 브라질 가정학

㉠ 농어촌의 생활개선(Pural Extension)활동이 1948년 개시되어 지도자 양성이 급선무가 되어 1952년에 고등교육 수준으로 'School of Home Science'가 개설되었으며 1952~1977년 사이에 지도자 양성코스가 11개 기관에 설치되었다.

㉡ 브라질의 가정학회 ABED, BAHE가 1969년에 창설되었다.

㉢ 가정학의 사회적 공헌은 타국과 같이 교육과 연구를 기반으로 지방·도시개발 추진, 소비자교육, 식품산업, 기업촉진, 서비스 등이 주요한 대상이 되었다.

### ② 캐나다의 가정학

㉠ 캐나다의 가정학회(CHEA: Canadian Home Economics Association)는 1960년대에 가정학을 "의·식·주와 인간관계에 관한 자연과학, 사회과학, 인문과학의 상호관계에 의해 성립하는 학문영역이고, 가족, 지역, 세계에 걸쳐 그 효과적 적용을 도모한다."라고 정의하였다.

㉡ 주목할 것은 제13회 IFHE회의가 오타와에서 개최되었을 때 선진국과 발전도상국이 같이 어울려 상호 협력해서 활동을 촉진하는 제창이 있었다.

㉢ 캐나다 가정학회는 『Canadian Home Economics Journal』 이라는 학회지를 간행하고 있다.

### ③ 미국의 가정학

㉠ 존듀이(John Dewey)의 실용주의 철학의 영향으로 1751년 최초의 여자고등 교육기관인 플랭클린 아카데미(Franklin Academy)가 설립되었다.

㉡ 캐서린 비처(Catharine Beecher)

- 여성교육에서 조화있는 사고력, 통찰력, 인식력, 창조력이 길러져야 한다.

- 여성교육은 이론적 학습에 그치지 말고 여러과학을 가정적 관점에서 학습하여, 이것을 기본으로 가정학을 과학적, 실천적으로 학습하는 것이 필요하다고 주장하였다.

- 초기 미국 가정학 교육에 크게 공헌하였다.

㉢ 미국의 가정학 운동은 톰프슨( Benjamin Thompson)으로부터 시작(1780년경)되었다.

㉣ 미국에서는 1820년대 이후 현대 가정관리학의 일부 내용을 학교교육에서 다루

기 시작하였다.

  ㉤ 랜드그랜트 칼리지(Land-Grant College)설립

    ◉ 지역사회의 공헌과 실천교육을 주요 목적으로 하여 설립되었다.

    ◉ 모릴 랜드그랜트 법(Morrill Land-Grant Act, 1862)이 모체가 된다. ◉ 모릴 랜드그랜트 법은 산업계층에 일반 교양 교육과 직업 교육을 실시하여 문제 해결 능력을 습득하도록 하는 것이 목적이다.

    ◉ 국유지 무상 교부 대학으로서 가정학이 발달하였으며, 뚜렷한 직업교육을 목표로 하기 때문에 여성 진학이 촉진되었다.

    ◉ 설립목표: 대학과정의 교육, 지역사회에의 봉사, 실험 연구소의 연구조사

  ㉥ 리처즈(E.H. Richards)의 추진에 의해 1899년 개최한 제1회 레이크 플래시드 회의(Lake Placid Conference)에서 '홈 이코노믹스(Home Economics)' 라는 가정학 명칭이 탄생되었다. 1899년~1908년에 이르는 10회의 레이크 플래시드 회의에서 가정관리학이 가정학의 극히 중요한 분야로서 인정되었다.

  ㉦ 미국의 가정학은 유동적·실리적으로 사회의 진보에 적응하는 원리를 초점으로 하는 현대과학론을 분기점으로 하므로 가정학의 목적·대상·방법도 유동적이다.

  ◎ 1960년대의 가정학 동향

    ◉ 가사 노동의 경제적·사회적 평가를 둘러싼 문제

    ◉ 미국 내 기업에 종사하는 가정학 출신자의 문제

  ㉧ 1980년대의 가정학 동향

    ◉ 가정학의 일반 교과목 이수자 격감, 전문 교과목 이수자 증대

    ◉ 대학 내외의 전문가로서 학위 취득자 증대

    ◉ 각 전문학과 영역중에서의 지식의 복합, 확대화 현상

    ◉ 비전통형 및 신인류형의 학생 수의 증가 추세

    ◉ 가정학의 강화를 위해 각 대학의 교수와 톱 관리직 사람이 기업·행정과의 연계성에 대한 인식 증대

  ㉨ 1909년 미국 가정학회 결성

    ◉ 학회 명칭: American Home Economics Association, AHEA)

    ◉ 1대 회장: 리처즈(E.H.Richards)

    ◉ 학회목적: 가정과 가정에 준하는 시설 또는 지역의 생활개선

ⓒ 홈 이코노믹스(Home Economics)운동은 리처즈(E.H. Richards)가 주장했으며, 초기에 미국가정학회(AHEA)를 이끌었던 가정 운동이다.

ⓔ 미국 가정학의 발달과정
랜드그랜트 칼리지(Land-Grant College)의 모체가 되는 모릴 랜드그랜트 법(Morrill Land-Grant Act)이 1862년 제정되며 설립되었고, 1895년까지 랜드그랜트 칼리지에 10개의 가정학부가 설치되었다. 그 후 1899년 제1회 레이크 플래시드 회의(Lake Placid Conference)가 개최되어 1899~1908년 사이에 10회에 걸쳐 LPC 회의가 열렸고 1909년 2월 1일에 AHEA가 결성되었다.

## (3) 아프리카 대륙 가정학의 역사 및 동향

ⓐ 전 아프리카 가정학회(Home Economics Association for Africa: HEAA)가 1983년에 설립되었다.

ⓑ 1987년 4월에 전 아프리카 가정학회가 가나(Ghana)의 아크라 시에서 개최되었다.

ⓒ 아프리카 대륙의 가정학은 가나(Ghana)와 나이지리아(Nigeria)가 주도적인 역할을 하고 있다.

## (4) 유럽 가정학의 역사 및 동향

ⓐ 대사회적 활동이 크다.

ⓑ 영국은 매년 "International H.E. Research Conference"를 개최하고 있다.

ⓒ 북구이사회(Nordic Council): 북유럽 4개국의 정부 기관으로 구성되어 있으며, 가정학의 연구 교육을 강화하기 위해서 종래의 영양학과 피복섬유학과 소비자교육을 구체화하는 움직임이 보인다.

ⓓ 북유럽 4개국은 스칸디나비아 연합의 가정 종합 대학을 조직하여 종합 관리해 오고 있다.

## (5) 태평양 지역 가정학의 역사 및 동향

ⓐ 오스트레일리아, 뉴질랜드, 남태평양의 섬들을 포함해서 가정교육 활동에 힘을 기울이고 있다.

ⓑ 오스트레일리아: 대부분이 미국에서 박사 학위를 받은 학자들로 구성되었으며, 계간지를 발간하였다.

ⓒ 뉴질랜드: 1911년 "School of Home Science"를 개설하였다.

# 02 우리나라 가정학의 역사 및 최신동향

제9장 가정학의 역사

## 1. 우리나라 가정학 교육의 사적 배경

### (1) 여성교훈서의 소개

여성교육은 가정중심의 부덕과 가사 기술의 습득에 치중하였다.

㉠ 『내훈(內訓)』: 조선중기 1475년(성종 8년) 소혜왕후의 저술로 궁중 비빈 및 일반 부녀자들을 위한 책으로 여성교육, 자녀교육, 가정교육을 다루고, 여성 행실의 실제와 규범을 가르친다. 우리나라 여성교육을 위한 전통적인 문헌으로 최초의 교양서적이다.

㉡ 『여사서(女四書)』: 부녀자들을 위한 서책으로, 영조때 중국의 『여계』, 『여논어』, 『내훈』, 『여범』의 사서를 이덕수가 번역하여 합책한 책이다.

㉢ 『규중요람(閨中要覽)』: 『소학』, 『시경』, 『논어』, 『춘추』 및 중국의 고사를 인용하여 이퇴계가 저술한 사대부가 부녀자를 위한 교훈서이다.

㉣ 『계녀서(戒女書)』: 우암 송시열의 저술로, 권유에게 출가하는 맏딸을 위해 적어준 교훈서이다.

㉤ 『사소절(士小節)』: 이덕무의 저술로, 선비·부녀자·아동교육 등 일상생활에 있어서의 예절과 수신에 관한 교훈을 당시의 풍속에 맞추어 설명하고 있다. 『청장관전서』에 수록되어 있다.

㉥ 『규범(閨範)』: 해평 윤씨 부인이 윤씨 문중의 가훈을 적은 내훈서이다. 『소학』, 『논어』, 『맹자』, 『시전』, 『중용』에서 성현의 말씀을 인용하고 우리나라 명현의 일화를 기록한 것이다.

㉦ 『내훈여계서(內訓女戒書)』: 안동 김씨의 저술로 부녀자의 교훈서이다. 부의, 효행, 남편 섬기는 도리 등 여러 방면에 걸쳐 기록되었다.

㉧ 『산림경제(山林經濟)』: 홍만선의 저술로, 16세기의 식품 저장법과 조리 방법이 과학적으로 기록, 정리되어 있으며, 전원의 일상생활에서 부딪치는 사항을 설명한 가정보감이다.

㉨ 『규합총서(閨閤叢書)』: 빙허각 이씨의 저술로 우리말로 된 것이 특색이다. 주식·봉

임·산업·의복을 가정 실용의 견지로 저술한 부녀자 생활지침서이다. 약주, 장 담그는 법, 염색법, 비단 도침법 등을 내용으로 하고 있다.

ⓩ 『부인필지(婦人必知)』: 저자 미상으로, 오늘날 백과사전과 같은 다양한 내용을 담고 있는 일반 부녀자 대상의 글이다.

## (2) 문헌상에 나타난 가정교육의 특징

### ① 조선시대 여성교육의 특성

현모양처의 인간상과 덕성교육, 기술교육을 내용으로 하고 있다. 덕성교육에는 수신과 예절을 익히는 일, 인간관계를 화목하게 하는 일, 국가에 보은하는 일로 구분하며, 기술교육에는 봉제사 하는 일, 자녀를 교육하는 일, 가사를 익히는 일, 재물과 금전을 관리하는 일, 주택을 선택하고 관리하는 일 등이다.

### ② 문헌을 통해 본 여성교육의 내용

여성교육은 부덕교육의 내용과 생활교육(가사 기술의 습득)의 내용으로 되어 있으며 부덕교육으로 사행(부덕, 부신, 부용, 부공)에 힘쓰고, 덕성을 함양함을 강조했고, 생활교육으로 봉제사의 예법을 중시하고 검소함과 자녀교육의 교훈을 주 내용으로 하고 있다.

ⓐ 부덕교육의 내용

소혜왕후의 『내훈(內訓)』에서 가장 두드러지게 강조하는 것이 부덕이다. 여성의 기본적인 4행(부학)을 갖추는 것이 이상적인 여성의 모습이라고 한다.

| | |
|---|---|
| 부덕 | 재주보다 절개있고 고요한 것 |
| 부언 | 말 잘함보다 나쁜 말을 안하는 것 |
| 부용 | 예쁨보다 깨끗한 것 |
| 부공 | 재주보다 길쌈에 전심하고 봉빈을 잘하면 됨 |

● 부덕의 핵심은 곧 청한정정수절정제(淸閑貞靜守節整齊)이다.

● 부덕, 부언, 부용은 인품의 함양을 강조한 것이고, 부공은 여성의 임무라고 말할 수 있다. 결국 조선시대 여성교육에서 가장 중점을 둔 것은 부덕임을 알 수 있다.

ⓑ 생활교육의 내용

● 봉제사 예법: 유교사상의 핵을 이루는 봉제사 예법이 강조되고 있다.

● 가사기술: 침사, 방적, 잠직 등은 여성이 습득해야 할 생활기술이다.

● 육아와 자녀교육: 어머니는 자녀의 육아와 교육에 절대적인 영향을 주기 때

문에 여사행(女 四行)과 함께 현(賢), 엄(嚴), 의(義), 자(慈)를 겸비해야 한다고 하였다.

● 태교는 매우 과학적 근거를 가지고 있다고 평가된다.

③ 여성교훈서에 나타난 교육 내용의 특색

㉠ 여자에게 정숙·정열 및 올바른 정조관을 가지도록 가르쳤다.

㉡ 효친하는 며느리, 경순 인조(공경하는 마음으로 순종하고, 묵묵히 참고 따르는 것)의 아내, 그리고 시가의 친척과 화목하는 도리를 가르쳤다.

㉢ 봉제사와 접빈의 예절을 가르쳤다.

㉣ 가사 기술과 근검절약의 생활을 훈계하였다.

㉤ 육아법과 자녀 교육에 대한 몸가짐 태도를 가르쳤다.

### (3) 우리나라 근대 이전의 가정 교육(여성교육)

㉠ 가정을 중심으로 이루어지고 비형식적인 교육이었다.

㉡ 남존여비 사상의 강조로 여성의 지위는 존중되지 않았다.

㉢ 구전과 전수 및 교훈 실습으로 가사 기술을 습득하는 교육, 즉 생활교육을 받았다.

㉣ 여성교육은 가정 중심의 여성 생활에 관한 모든 것을 가르치는 현장교육이었다.

㉤ 조선중기 이후 여성을 위한 문헌이 나타나기 시작하였다.

㉥ 우리나라 가정학 교육의 초기 모습

● 동양의 생활 문화를 토대로 하였다.

● 학문적 이론과 함께 생활 개선에 중점을 두었다.

● 살림살이를 좀 더 능률적이고 과학적으로 하기 위한 것이었다.

● 주로 서구의 선교사들에 의해 시작되었다.

## 2. 우리나라 가정학 교육의 변천

### (1) 여성교육의 시작

① 이화학당(1887년)을 시작하며 선교사들은 학문적인 이론을 가르치는 동시에 생활 개선에 중점을 두었다.

㉠ 우리나라의 경우 1886년 이화학당이 문을 열기 전까지는 여성교육이 비형식적

교육으로서 가정 중심의 생활교육이었다. 봉건 사회의 유교적인 문화 풍토에서 여자의 생활은 외부세계와 차단되었고, 여자는 가사를 돌보면서 남편과 시부모에게 순종하고 화목을 도모하는 것을 중요한 역할로 삼았다.

ⓛ 우리나라 여성교육은 구전과 가사의 실기로만 전수되어 오다가 1886년 5월 31일 미국 감리교 선교사인 스크랜튼(M.Scranton)부인이 자택에서 한 사람의 학생으로 시작하여 1887년 우리나라 최초의 여성 교육 기관인 '이화학당'으로 학교교육이 시작되었다.

② 1900년대부터 기독교학교로 사립학교가 선교사들에 의해 많이 창설되었고, 조선총독부도 식민지교육정책의 일환으로 각도에 공립학교를 설립하였다.

㉠ 조선총독부에서 공립여자 보통학교를 설립하여 여자교육이 체계화되었으나 가정학 과목은 실기 교육의 일부인 재봉, 수예(자수, 편물), 요리 등을 위주로 가르치며 가사 과목을 두어 여자교육에는 필수과목으로 가르쳐 왔다.

㉡ 1904년 중등과, 1910년에는 대학과를 신설, 1912년에는 조선총독부령에 의해 보통과, 중등과, 고등과, 대학과를 인가받았고, 1914년에는 조기교육의 필요성을 느껴 이화유치원을 개원하는 등 여성교육이 학문적으로 조직화되었다.

㉢ 1918년에 이화여자 고등보통학교로 분립하여 3년제로 하였고, 1922년부터 4년제이었던 보통학교를 6년제로 변경하였다. 1920년대 후반에는 이화여자 전문학교가 설립되면서 가사과가 창설되었다.

㉣ 1920년대 후기부터 일본어로 된 가사 교과서를 가지고 공사립 여자 고등보통학교에 가사 이론을 가르치게 되었다.

㉤ 1922년부터 일본에서 가사과를 수학하고 온 유학생들이 각 학교에서 가사과목을 가르치게 되었다.

③ 1946년 이화여자대학에서 가정관리학과를 설치하여 가정관리학이 하나의 학문으로서, 전공 분야로서 최초로 독립하였다.

④ 1964년 연세대학교에 가정대학이 신설되면서 우리나라 가정학의 가정과 혹은 가정교육과가 각 대학에 설치되고 학문적 분야로서 그 지위를 확보하게 되었다.

## (2) 교육기관 및 교육내용

① 1929년 이화여전의 설립인가, 가사과 창설

② 1939년 경성여전의 가사과 신설

③ 1946년 이화여대 설립인가

④ 1964년 연세대 가정대 신설

⑤ 60년대를 기점으로 각 대학교에 가정과를 둠으로써 가정과는 그 지위를 확보하기 시작했다.

⑥ 초기의 교육 내용– 재봉, 수예, 요리법 등 자연과학 중심의 교육

⑦ 가사과 신설 후– 일반교양, 전문화된 교육

## (3) 가정학 지도자 양성

① 일본에서의 지도자 양성

    ㉠ 동경여자고등사범학교, 나라여자고등사범학교, 일본여자대학에서 주로 유학하였다.

    ㉡ 일본에서 수학한 가정학 출신자들은 교육자, 행정가로 가정학 발달에 공헌이 컸다.

    ㉢ 그러나 일본식 교육이 강요되었기 때문에 해방 후에도 일본의 영향을 탈피하지 못했다.

② 미국과 캐나다에서의 지도자 양성

    ㉠ 미국 유학의 배경–오리건 주립대학의 가정대학 학장이었던 아바 밀리엄(Ava Miliam)의 국제가정장학금 제도의 설치로 동양의 가정학 전공자들이 유학을 하게 되었다.

    ㉡ 김합라–이화학당을 졸업하고 최초로 미국에 가서 석사학위를 받았다. 1928년 귀국한 김합라는 1929년 한국에 처음으로 가사과를 신설했다.

    ㉢ 김메볼– 캐나다 토론토대학교에서 가정학을 전공했다.

## (4) 가정학 교육 발달과정

① 조선시대: 초창기에는 선교사를 중심으로 생활개선에 중점을 두어 가정학 교육을 실시하였다.

② 일제강점기: 재봉, 수예, 요리 등의 기능적 측면을 중시하였다.

③ 해방이후: 주로 미국 가정학의 영향을 많이 받았다.

④ 현대: 가정학이 전문직으로 보급되고 있다.

# 3. 대한가정학회(KHEA)의 역사

대한가정학회는 1947년에 창립되어 일제강점기하, 한국전쟁 등 역사의 탁류 속에서도 고유의 얼과 생활방식으로 꾸준히 이어져 왔던 물질문화, 정신문화를 활성화하는데 전

념하였다. 대한가정학회는 가정학의 모(母)학회로 우리나라 학회 설립 초창기에 설립되어 가정학의 학문적 초석을 다져온 학술단체이다. 사회의 다양화와 전문화에 따라 가정학도 그 영역이 의, 식, 주 뿐만 아니라 소비자, 가족 지원, 가족, 아동, 가정교육 등 많은 세부 전공 학문으로 분화해왔다.

① 창립기(1947~1954)

　ㄱ 창립: 1947년
　　우리의 전통문화에 대한 정체를 일깨워 우리생활 방식으로 정착시키는데 주력하였다. 물질문화·정신문화의 활성화에 전념하였다.

　ㄴ 일제에 의해 왜곡된 생활문화를 바로 잡으려는 일환에서 전시회·견학·교사들의 재교육이 학회의 주요사업 내용이었다.

　ㄷ 6·25동란으로 학회활동이 중단되었으나 1952년에 다시 재개하였다.

　ㄹ 이 당시 한국교육계의 선도적 여성의 대부분이 가정학자였으며, 이들의 학문에 대한 열정과 민족에는 가정학회의 활동에 큰 영향을 주었다.

② 재건기(1954~1959)

　ㄱ 시대적 배경－전쟁이 끝나고 경제적으로 어려운 시기였다.

　ㄴ 사업내용: 과학적·경제적 가정생활 선도에 기여하고자 생활의 합리화를 위한 교육연구 계몽을 추진하였다.

　ㄷ 대한 가정학회의 기반확립: 미국 가정학회에 참석, 학회지 창간

　　● 국제교류－미국의 가정학회에 참석하였다.

　　● 가정학의 학술의 교류의 시작－1959년 대한 가정학회지를 창간하였다.

③ 1960년대

　ㄱ 1960년대에는 정부의 강력한 경제개발 추진과 함께 가정학 내에서 생활의 과학화가 본격적으로 구현된 시기로 보인다.

　ㄴ 각 대학에 가정대학이 신설되면서 가정학의 근대화가 시작되었다.
　　각 대학에 가정대학·가정학과가 신설되고, 가정학이 하나의 학문 분야로 뿌리를 내리기 시작하였다.

　ㄷ 사업내용: 학회지를 계속 발행하였으며 월례회, 전시회, 바자회를 개최하였다.

　ㄹ 학회의 도약기: 사단법인 대한 가정학회로 설립, 세계가정학회 가입

　　● 1960년대 학회는 계몽사업과 연구 사업에 중점을 두었다.

　　● 1963년 6월 사단법인체로 인가를 받았다.

● 1968년 국제가정학회에 단체회원으로 가입하였다.

④ 1970년대

　⊙ 대한 가정학회가 명실공히 연구단체로서의 면모가 확고해 진 시기이며, 연구활
　　동에 비중을 높여 학문단체로서의 성격을 강화하였다.

　ⓒ 학술단체로서의 성격강화－계몽사업보다는 연구활동에 주력하였다.

　ⓒ 주요활동: 학술대회 개최, 세미나 개최, 장학사업 및 국제 학술교류, 학회지를
　　연 4회로 증간

　　　● 전시회, 월례회 폐지－ 총학술대회(연2회)로 발전하였다.

　　　● 학술간행사업의 강화－1973년 학회지를 계간기로 증간하였다.

　　　● 『가정학 참고문헌목록』, 『가정학 최신정보』 등 단행본을 간행하였다.

　　　● 세미나, 심포지엄 개최－한·일 가정학회 상호 학술교류대회

⑤ 1980년대

　⊙ 1980년대 들어서는 현대사회에서 가정학이 기여할 수 있는 분야를 보다 세분화
　　하여 다루기 시작하였다.

　ⓒ 국제학회와의 교류에 있어서도 1977년에는 한·일 가정학회 창립을 주도하고 아
　　시아가정학회가 창립된 1983년 이래로 더욱 활발한 활동을 지속하였다.

⑥ 1990년대 이후

　⊙ 다양한 컴퓨터 통계 패키지의 보급으로 연구방법이 정교화됨으로써 가정학회 영
　　역이 더욱 세분화되고 전문화되었으며, 질적 연구도 증가하여 가정생활 문제에
　　대한 다양한 접근이 이루어져 개인과 가족 생활의 심도있는 분석이 가능해졌다.

　ⓒ 창립된 이후 현재까지 매년 2회씩 학술대회를 개최하여 1999년 10월 현재 제52
　　차 학술 대회에 이르렀고, 초창기 학회 월보의 발간은 1959년 『대한가정학회지』
　　의 발간 이후 계속해서 꾸준히 간행되고 있다.

　ⓒ 학술지의 제호는 창간 당시에는 '대한가정학회지'였으나, 2013년부터는 학술지
　　의 국제화를 위하여 'FER(Family and Environment Research)'로 변경하여
　　발행하고 있다. 또한 춘계와 추계 연 2회의 학술 대회를 개최하고 있다

**01 다음은 세계가정학회(IFHE)에 대한 설명이다. 틀린 것은?**

① 본부를 프랑스 파리에 두고 있다.
② 국제 비정부기구(INGO)이다.
③ 세계회의는 4년마다 개최한다.
④ 세계를 3개 지역으로 나누어 운영하고 있다.

**정답** ④

**해설** 세계가정학회는 세계를 5개 지역으로 나누어 운영하고 있다.
아시아 지역(Region of Asia), 아메리카 지역(Region of the Americas), 유럽 지역(Region of Europe), 태평양 지역(Region of Pacific), 아프리카 지역(Region of Africa)으로 분류하여 각 지역 별로 IFHE 부회장과 상임이 사를 각 1명씩 두고 4년간 집무한다.

**02 IFHE는 대사회적 활동으로 유엔기구의 자문역할을 하고 있다. 아닌 것은?**

① UNICEF
② UNESCO
③ ARAHE
④ FAO

**정답** ③

**해설** IFHE는 국제 비정부기구(INGO)로서 국제연합본부(UN)기관인 UNICEF(유엔아동기금), UNESCO(교육·과 학·문화·커뮤니케이션 분야 국제협력기구), WHO(세계보건기구), FAO(식량농업기구)등의 자문역할을 하고 있다.

**03 미국에서 지역사회에의 공헌과 실천 교육을 주요 목적으로 설립된 기관은?**

**정답** 랜드그랜트 칼리지(Land—Grant College)

**해설** 랜드그랜트 칼리지(Land—Grant College)는 지역사회의 공헌과 실천교육을 주요 목적으로 하여 설립되었다.

**04** 아프리카 대륙의 가정학 발전에 주도적인 역할을 하는 두 나라는?

정답 가나(Ghana)와 나이지리아(Nigeria)

해설 아프리카 대륙의 가정학은 가나(Ghana)와 나이지리아(Nigeria)가 주도적인 역할을 하고 있다.


**05** 존듀이(John Dewey)의 실용주의 철학의 영향으로 1751년 미국에서 설립된 최초의 여자고등 교육 기관은?

정답 플랭클린 아카데미(Franklin Academy)

해설 미국에서는 존듀이(John Dewey)의 실용주의 철학의 영향으로 1751년 최초의 여자고등 교육기관인 플랭클린 아카데미(Franklin Academy)가 설립되었다.


**06** 조선중기 1475년(성종 8년) 소혜왕후가 저술한 우리나라 여성교육을 위한 최초의 교양서적은?

정답 내훈(内訓)

해설 「내훈(内訓)」은 조선중기 1475년(성종 8년) 소혜왕후의 저술한 궁중 비빈 및 일반 부녀자들을 위한 책으로 여성교육, 자녀교육, 가정교육을 다루고, 여성 행실의 실제와 규범을 가르친다. 우리나라 여성교육을 위한 전통적인 문헌으로 최초의 교양서적이다.


**07** 가정학을 과학적·실천적으로 학습하는 것이 필요하다고 주장한 미국의 학자는?

① 리처즈(E.H. Richards)
② 톰프슨( Benjamin Thompson)
③ 캐서린 비처(Catharine Beecher)
④ 존듀이(John Dewey)

정답 ③

해설 캐서린 비처(Catharine Beecher)는 여성교육은 이론적 학습에 그치지 말고 여러 과학을 가정적 관점에서 학습하여, 이것을 기본으로 가정학을 과학적, 실천적으로 학습하는 것이 필요하다고 주장하였다. 초기 미국 가정학 교육에 크게 공헌하였다.

**08** 각국의 가정학 역사 및 동향에 대한 설명이다. 옳지 않은 것은?

① 북유럽 4개국은 스칸디나비아 연합의 가정 종합 대학을 조직하여 종합 관리해 오고 있다.
② 미국의 가정학 운동은 리처즈(E.H. Richards)로부터 시작(1780년경)되었다.
③ 브라질의 가정학회 ABED, BAHE는 1969년에 창설되었다.
④ 1870년 미스키더(Miss kidder)가 요코하마에 일본 최초의 여학교를 설립하였다.

정답 ②

해설 미국의 가정학 운동은 톰프슨( Benjamin Thompson)으로부터 시작(1780년경)되었다.

**09** 우리나라 가정학의 발달과정에 대한 설명이다. 옳지 않은 것은?

① 조선시대 초창기에는 선교사를 중심으로 생활개선에 중점을 두어 가정학 교육을 실시하였다.
② 해방 이후에도 주로 일본 가정학의 영향을 많이 받았다.
③ 일제강점기에는 재봉, 수예, 요리 등의 기능적 측면을 중시하였다.
④ 현대는 가정학이 전문직으로 보급되고 있다.

정답 ②

해설 해방 이후에는 주로 미국 가정학의 영향을 많이 받았다.

**10** 우리나라 최초의 가정학 여성교육 기관에 해당하는 것은?

① 서울대학교
② 숙명여전
③ 이화학당
④ 성균관

정답 ③

해설 우리나라 여성교육은 구전과 가사의 실기로만 전수되어 오다가 1886년 5월 31일 미국 감리교 선교사인 스크랜튼(M.Scranton)부인이 자택에서 한 사람의 학생으로 시작하여 1887년 우리나라 최초의 여성 교육 기관인 '이화학당'으로 학교교육이 시작되었다.

# 10

# 가정학 전공자의 진로 및 가정학의 과제

미국에서는 가정학의 발달 초기부터 오늘날까지 가정학자들이 그들의 학문 분야를 하나의 전문직으로 여겨왔으며, 교육과 연구뿐 아니라 사회에 봉사하고 기여하는 실천적 영역을 강조해 왔다.

## 1. 전문직의 특성

① 사회에 유익한 서비스를 제공할 것을 지향한다. 다시 말하면 사회적 목적을 갖는다.

② 전문직 서비스는 실천적 판단을 포함한 지적활동을 수반하므로 이론적 지식을 충분히 습득할 것을 필요로 한다. 전문직에 종사하는 모든 사람들은 특정한 구체적 상황에서 서비스를 제공하게 된다.

③ 전문직 내의 조직은 그 구성원들로 하여금 도덕적으로 정당하다는 것을 확신할 수 있도록 해야 한다. 전문직의 교육은 전문직 내에서 엄하게 감독되고 통제된다.

④ 전문직의 목표와 지식 및 실무의 범위를 제한하는 것이 필요하다. 습득하고 사용해야 할 지식의 양이 막대할 뿐만 아니라 각 분야에서 지식이 급속히 팽창하고 있으므로 전문직의 목표와 지식 및 실무 범위를 제한하는 것이 필요하다.

## 2. 전문직에 관한 연구에서 살펴본 문제점

① 전문가는 지식의 사회적 수호자로서의 자신의 역할을 항상 인식하고 있음에도 불구하고 그들은 거의 그 역할에 부합하는 기능을 하지 않고 있다.

② 오늘날 전문직은 대가에 따라 서비스를 공급하거나 보류하는 하나의 기업이다.

③ 전문직을 위한 학교는 더 이상 학습자(men of learning)를 배출하지 않는다. 오늘날 대학원이나 전문직 학교의 졸업생은 기술 직업인이 되고 있다.

④ 현재 기술이 전문직을 지배하고 있으며, 전문직은 그들의 서비스에 대한 이념적 통제를 상실하고 있다.

⑤ 인간을 돕는 전문직의 사회적 목표는 외면한 채, 기술적 도구로서 작용하기 시작하고 있다.

⑥ 단순한 기술자 또는 단순한 관리자로서 미래의 전문가는 현재의 전문가가 누리는 존경을 받지 못할 것이다. 만약 전문가가 고객을 교체할 수 있게 된다면, 고객도 역시 전문가를 교체할 수 있게 될 것이다.

## 3. 전문직의 특성이 가정학에 주는 시사

전문직의 특성을 갖추기 위해서 가정학은 다음과 같은 조건을 충족할 수 있는지를 항상 고려해야 한다.

① 가정학은 특정 영역의 사회적 문제에 대한 적절한 서비스를 제공하기 위해 범위를 충분히 제한하여 잘 규정된 사회적 목적을 가져야 한다.

② 직업 분화를 위한 하위분야 또는 전문영역과 습득된 지식 분야에서의 다양한 강조점들은 규정된 사명이나 목표에 기여해야 한다.

③ 가정학은 '가치중립적'인 이론학문이 아니라 특정 가치를 가진 사회 목적·목표를 달성하기 위해 여러 학문이 만나는 접합점이다.

④ 가정학에서는 기술의 경우와 같이 자의적으로 정해진 목적이나 무 비판적으로 수용된 목표를 달성하기 위하여 그 수단을 찾고 적용하는 것이 정당화 될 수 없다.

⑤ 가정학은 이론과 실천 양자 모두에 관계하므로 그 지식은 이론과 실천을 상호 관련시켜야 하며, 실천적 문제에 따라 어떤 지식이 그 전문직 수행에 적합한가를 결정해야 한다.

⑥ 가정학에 적합한 지식은 여러 학문으로부터 실용적 용도에 맞도록 독자적으로 선택, 조직, 변형된다.

## 4. 가정학 전공자의 취업현황과 활동

### (1) 가정학 전공자의 취업현황

① 우리나라의 가정학 전공자의 취업현황

우리나라 가정학 전공자들은 ㉠교육·훈련 ㉡국가행정 ㉢연구소 ㉣언론·보도·커뮤니케이션 ㉤금융 ㉥단체급식 ㉦사회복지 및 사회단체 ㉧경영 ㉨자문위원·지도위원·상담자 등의 분야에서 사회공헌을 하고 있다.

② 일본 가정학 전공자의 취업현황

일본의 가정학 전공자들이 갖고 있는 직업은 다음과 같다. 교원, 보모, 생활개량보급원, 영양사, 조리사, 재봉사, 복식 디자이너, 수예가, 의료관리사, 실내 디자이너, 건축사무소원, 소비생활 상담사, 시험소원, 전시설명자, 판매자, 사회복지사업가, 시설관리자, 결혼상담소원 등 다양한 직종에 종사하고 있다.

③ 미국 가정학 전공자의 취업현황

미국의 가정학 전공자들은 가정관리, 의복·실내 디자인, 식이요법, 시설관리, 영양학자, 가정학교육, 가정학 보급활동, 가족관계전문가, HEIB, 국제적 프로그램, 연구 등의 분야에서 종사하고 있다.

## (2) 가정학 전공자의 활동

나라마다 사회구조 및 산업화 단계에 있어 차이가 있으므로 가정학 전공자의 취업현황도 다른 점이 있다. 가정학 전공자의 활동을 대별하면 교육, 연구, 사회적 서비스 제공, 영업 등 네 가지 종류로 분류할 수 있다. 특히 산업화가 발딜된 나라일수록 사회적 서비스 제공 및 영업이 강조된다.

# 02 가정학 전공자의 직종

제10장 가정학 전공자의 진로 및 가정학의 과제

## 1. 가정관리(Homemaking)

### (1) 일의 성질

① 가정관리는 개인 및 가족이 최적 생활을 할 수 있도록 하는 데 의미가 있으며, 이를 위해서는 필수적이고, 상호관련성 있는 지식과 기술이 필요하다.

② 가정관리를 하는데 필수적인 기술

　㉠ 생활 주기에 따른 개인 및 가족의 성장 촉진과 만족스러운 가족관계 형성

　㉡ 가족원에게 알맞은 식생활관리

　㉢ 가족을 위한 주거환경 조성(가구선택, 보존, 시설 설비 등)

　㉣ 가족원을 위한 의복 제공과 관리

　㉤ 자녀양육

　㉥ 재정 및 자원관리

③ 가정관리직이 전문직인 근거: 퀴클리(E.E. Quigley)

　㉠ 평생직업이다.

　㉡ 지적 활동 및 책임감을 포함한다.

　㉢ 전문화된 지식, 기술 및 태도의 조직체를 필요로 한다.

　㉣ 개인의 이익을 초월한 서비스를 고양한다.

　㉤ 계속적인 성장을 필요로 한다.

④ 가정학 전공자가 가정관리의 과학적 원리를 이해하는 행위의 의미

가정관리직을 수행하는 가정학 전공자는 가정관리에 필요한 과학적 원리를 이해하고 적용하는데, 이는 계획 및 수행에 있어서의 효율성을 의미한다. 가정관리를 위한 교육 및 훈련에서는 가치판단 능력 및 건전한 의사결정 능력을 할 수 있는 능력을 개발해야 한다.

## (2) 가정관리자의 자격

가정생활에 관한 여러 가지 문제점들이 제기되고 있는 사실에서 가정관리를 위하여 특별한 교육이 필요함을 알 수 있다. 전문적인 가정관리자는 가정관리, 가족관계, 아동발달, 식품, 영양, 의류, 직물, 주거, 실내 장식, 가정 기기, 예술, 심리학, 사회학, 정치한, 경제학, 소비자, 경제학에서 광범한 훈련을 받아야 한다.

## (3) 가정관리자의 장점

① 자신이 속한 가정의 가정관리자는 전문직과 임금을 받는 전문직을 동시에 준비하는 것이 비교적 쉬우며, 시간제 직업과도 잘 연결된다.

② 개인적으로 만족스럽고 행복한 생활을 달성하고, 성공적인 가족생활에서 사회적, 경제적, 미적, 과학적 가치를 성취하기 위하여 창의적인 방법으로 자신의 지식을 활용할 수 있다.

③ 임금노동보다 더 큰 보상을 받을 수도 있다.

## (4) 가정관리자의 단점

① 그저 '주부'라는 개인적·사회적 태도가 가정관리직에 대한 매력을 잃게 할 수 있다.

② 가정생활은 자극이 적을 수도 있고, 집에 있는 여성은 자신의 외모나 문화적 관심사를 소홀히 할 수도 있다.

③ 피로, 긴 노동시간, 정서적 긴장을 초래할 수 있다.


# 2. 의류와 직물분야

## (1) 의상디자인(apparal design)

### ① 일의 성격

㉠ 의상 디자이너는 최근의 스타일을 관찰하고 새로운 아이디어를 개발하며, 그 아이디어를 패션 제작, 드레이핑(draping), 재봉으로 구체화시키는 일을 한다.

㉡ 활동영역: 디자이너(designer)와 패션 일러스트레이터 (fashion illustrator) 로서의 영역으로 나눌 수 있다.

### ② 의상 디자이너의 자격

㉠ 의상디자인 분야에서는 창의적인 상상력과 능력이 필요하다.
여기에는 미래를 조망하는 선견 능력 뿐만 아니라 예술적인 능력과 실제적인 기

술까지 포함한다. 또한 스케치, 패턴 제작, 그레이딩(grading), 의류제작에 관한 지식과 기술을 가져야 한다. 스타일 감각과 융통성도 중요하다.

ⓛ 디자이너는 옷감(fabrics)과 직물(textiles)에 관한 지식(예 명칭, 특성, 가격, 제작될 의복의 형태에 적절한 섬유의 색상 등)을 가져야 하며, 의복구성과 체형(體型)에 관한 지식이 필요하다.

ⓒ 머천다이징(merchandising)의 감각을 개발하고, 사람들의 욕구와 관심을 예측해야 하며, 팔 수 있는 스타일을 디자인할 수 있어야 한다.

③ 의상디자인 분야의 장점

ㄱ 흥미롭고 자극적이며, 도전적인 분야이다.
디자이너는 아름다운 옷감을 사용하여 독창적으로 일할 기회를 가진다.

ⓛ 옷차림과 패션의 경향에 관한 정보를 접할 수 있다.

ⓒ 독창적이고, 유능하며, 열심히 일하면 진급이 빠르다.

ⓔ 성별에 따른 차별이 없어 양성평등의 수준이 높다.

ⓜ 더 큰 패션 중심지로 여행할 기회도 가질 수 있다.

ⓗ 의류 분야에서는 보수가 높은 직종의 하나이다.

④ 의상디자인 분야의 단점

ㄱ 취업 경쟁이 심한 분야이므로 계속적인 생산의 압박을 받게 된다.

ⓛ 디자이너는 디자인실 보조나 스케치하는 사람, 패턴 제작자와 같은 말단직에서 시작하는 것이 일반적이고, 판매 분야에서부터 시작하기까지 한다.

ⓒ 초임과 복리후생이 낮으며 단조로움과 긴장이 되풀이 된다.

ⓔ 근무시간이 길고 불규칙하며 정신적 스트레스가 심한 편이다.

ⓜ 능력이나 훈련이 부족하면 이 분야에서 실패하기 쉽다.

## (2) 의류와 직물 머천다이징(merchandising)

① 일의 성질

ㄱ 머천다이징(merchandising)이란 상품의 구입 및 판매와 관련되는 모든 활동을 의미한다.

ⓛ 의류와 직물의 판매는 소매상, 백화점, 특판점(speciality shop), 우편 판매점 등을 통하여 이루어진다.

ⓒ 머천나이저(merchandiser)는 상품화계획 또는 상품기획을 전문적으로 하는 사람으로 MD라고도 한다. 일반적으로 의류업체의 머천다이저는 정보분석, 상품기획, 생산, 판매촉진 업무를 담당한다.

② 머천다이저의 자격

ⓐ 이 분야에서 일하는 사람들은 소비자의 요구를 예측하는 능력이 있어야 하며, 할당받은 것을 계획, 조직, 수행할 수 있어야 한다.

ⓑ 압박하에서도 일할 수 있는 능력이 필요하고, 상식과 좋은 판단력으로 신속하게 결정할 수 있어야 한다.

ⓒ 책임감, 사업적 감각, 미적 감상력, 건강 등도 필요하다.

ⓓ 여러 종류의 사람들과 함께 일하는 것을 즐길 수 있어야 한다.

ⓔ 이 분야에서 일하고 있는 많은 사람들이 이와 관련하여 특별한 전공교육을 받지는 않았지만, 가정학 전공자로서 의류와 직물을 전공하면 더욱 좋다.

③ 머천다이저의 장점

ⓐ 개인의 아이디어와 판단력을 이용할 기회가 많다.
상당한 활동영역을 제공해주며, 그 능력이 인정된다.

ⓑ 많은 사람들과 함께 일할 수 있고, 최근의 패션 경향에 민감하며, 남과 다른 것을 볼 수 있고 다룰 수 있다.

ⓒ 자극이 강하고 도전적이며, 수입이 비교적 많다.

④ 머천다이저의 단점

ⓐ 경쟁이 심하고, 업무시간이 길며, 불규칙적이다.

ⓑ 대부분의 경우 이 직종은 판매원과 같은 말단의 일부터 시작해야 한다.


## 3. 식품과 영양 분야

### (1) 영양사

① 일의 성질

ⓐ 영양학이란 인간의 영양학적 보호를 위한 과학적 기술을 다루는 전문분야이다.

ⓑ 영양사는 개인 및 단체를 영양학적으로 돌보는 데 책임을 지도록 교육받은 전문가이며, 건강증진 및 질병치료를 목적으로 영양 기법 및 응용에 관하여 연구 개발하고 전문적인 영양 서비스를 제공한다.

ⓒ 영양사들은 병원, 학교, 기업, 군대, 건강관련 기관 등에 주로 고용된다.

② 영양사의 자격

우리나라에서 영양사가 되기 위해서는 다음 각호에 해당하는 자로서 영양사 국가시험에 합격한 후 보건복지부 장관의 면허를 받아야 한다.

㉠ 「국민영양관리법」에 따른 대학, 산업대학, 전문대학 또는 방송통신대학에서 식품학 또는 영양학을 전공한자로서 교과목 및 학점 이수 등에 관하여 보건복지부령으로 정하는 요건을 갖춘 사람

㉡ 외국에서 영양사 면허(보건복지부 장관이 정하여 고시하는 인정기준에 해당하는 면허)를 받은 사람

㉢ 외국의 영양사 양성학교(보건복지부 장관이 정하여 고시하는 인정기준에 해당하는 학교)를 졸업한 사람

③ 영양사의 장점

㉠ 타인의 건강을 회복시키는 데 조력하고 건강유지를 위해 노력한다는 점이 직업적인 만족을 높인다.

㉡ 시간제로도 취업할 수 있다.

㉢ 병원이나 단체급식이 필요한 기관에서 영양사를 필요로 하는 경우가 점차 늘어나고 있다.

㉣ 전문지식을 바탕으로 업무에서의 자율성과 권한이 일정 수준 부여되며, 사회봉사 및 소명 의식의 수준이 높은 편이다.

㉤ 양성평등과 고령자 친화성이 높은 편으로 고용 평등이 비교적 잘 지켜지는 편이다.

④ 영양사의 단점

㉠ 대부분의 영양사들은 평일에만 근무하고 그 시간도 규칙적인 것이 보통이지만, 병원영양사는 가끔 주말에도 근무하며, 식당, 호텔 등 상업적 업소에서 일하는 영양사는 근무가 다소 불규칙적이다.

㉡ 정규직 비율이 낮은 편이고 승진 가능성과 직장 이동 가능성이 낮아 발전 가능성 영역에서 낮은 점수를 보인다.

㉢ 물리적 환경이 좋지 않고 정신적 스트레스가 있는 편이다.

(2) 시설관리(Institution management)

① 일의 성질

㉠ 시설관리란 식당, 호텔, 모텔, 항공사, 학교, 양로원, 장애자 시설, 보육시설, 기업체 등에서 식품과 관련된 서비스를 제공하는 분야이다.

ⓛ 시설관리자는 고용, 훈련, 지시하며, 고객의 선호를 연구하고 새로운 요리법을 개발하는 한편, 음식의 질을 유지하기 위해 노력해야 한다.

ⓒ 학교급식은 시설관리의 가장 큰 분야 중의 하나이다.

② 시설관리자의 자격

ⓐ 시설관리나 식품 영양학을 전공해야 한다.

ⓛ 시설관리 분야에서 일하고자 하는 사람에게는 양질의 음식에 관한 과학적, 기술적인 관심과 지식, 사람들과 함께 일하고 사람들에게 봉사하는 것에 대한 관심과 거기에 필요한 개인적 자질 및 식품 산업에 대한 관심과 지식 등이 필요하다.

③ 시설관리자의 장점

ⓐ 타인에게 음식을 제공하여 신체적 복지를 향상시켜줌으로써 만족감을 느낄 수 있다.

ⓛ 가사노동이 점차 산업화되면서 외식이 증가하고 시설관리에 대한 사회적 수요도 증가함에 따라 이 직종의 전망이 밝다.

ⓒ 시설관리자는 경영상 자유스럽다.

④ 시설관리자의 단점

ⓐ 성공을 위해서는 항상 긴장해야 하며 시설관리를 잘 해야 한다.

ⓛ 상업적인 시설에서는 이익을 위하여 압력을 받는다.

ⓒ 대인관계에 항상 관심을 기울여야 하며, 생산 계획에 맞추기 위하여 상당한 압력을 받으므로 시간 관리를 잘해야 한다.

## (3) 영양학자(nutritionist)

① 일의 성질

ⓐ 식품과 건강과의 관계를 연구하고 이를 타인에게 해설해 주는 사람이다.

ⓛ 영양학자는 사회복지 기관이나 공공 보건 기구, 대학, 식품 회사나 가정 기기 회사, 신문사와 잡지사, 광고 기관 등에 취업한다.

② 영양학자의 자격

ⓐ 최소한 식품영양학을 전공한 학사이어야 하며, 과학과 사회봉사에 큰 관심을 가져야 한다.

ⓛ 간단 명료하며 효과적으로 말하고 쓸 수 있는 능력이 요구된다.

ⓒ 많은 사람들을 대상으로 하는 일이므로 대인관계에 유익한 자질이 필요하다.

③ 영양학자의 장점

직업을 통하여 인간의 복지 증진에 기여한다는 점에서 만족을 얻을 수 있다.

④ 영양학자의 단점

영양학자는 자신의 성취여부를 측정하기가 어렵고, 이점이 의욕을 상실하게 할 수가 있다.


## 4. 실내 장식(Interior Design)

### (1) 일의 성질

① 실내 장식가란 훈련과 경험에 의하여 실내와 가구의 디자인 및 제작을 계획·감독하고 그 수행에 필수적인 여러 가지 기술과 기능을 갖춘 사람을 말한다.

② 실내 장식업의 두 분야

㉠ 상업적 실내장식: 기능에 관심을 둔다(공적인 장소)

사무실, 호텔, 장식, 공장, 병원, 선박, 은행, 쇼핑센터, 학교 건물 등 공적인 장소를 위한 것이다.

㉡ 주택 실내장식: 고객의 개인적 기호 및 습관뿐만 아니라 기능적인 요구와 용도를 고려한다. 아파트이거나 단독주택이거나 관계없이 가정과 관련된 것이다.

### (2) 실내장식가의 자격

① 미국의 경우 가정학 또는 실내장식 관련 분야의 과정을 이수해야 한다. 우리나라에서는 1992년 이후 의장기사 1급 자격시험이 시행되고 있는데, 대학졸업자이면 전공에 관계없이 응시할 수 있다.

② 창의적인 능력, 예술적인 재능과 미적 감식력이 매우 중요하다.

③ 실내장식에 관련된 지식이 있어야 하고, 디자인한 것을 실제 만들 수 있는 기술도 필요하다.

④ 고객의 취향을 충족시켜 줄 수 있어야 하고 타인을 이해할 수 있어야 하며, 개인으로 영업을 할 경우 경영자로서의 자질이 필요하다.

### (3) 실내 장식가의 장점

① 다양한 재료를 사용하며, 다양한 사람들과 일할 기회를 가질 수 있다.

② 창의적 능력과 심미안이 중요하다.

③ 능력 있는 사람은 높은 보수를 받을 수 있다.

**(4) 실내장식가의 단점**

① 초봉이 낮고 경쟁이 심하다.

② 하위직으로부터 출발하는 경우가 많다.

③ 작업 시간이 불규칙하고 길다.

④ 육체적으로 피로하기도 하며, 세부적인 것에도 주의를 기울여야 하는 일이 많다.

⑤ 고객을 대하는 일이 힘들 수도 있다.

## 5. 아동발달과 가족관계분야

**(1) 아동발달전문가**

① 일의 성질

  ㉠ 아동발달을 전공한 사람은 공·사립 유치원, 유아원, 보건 관계 기구나 장애자를
    위한 프로그램, 병원, 고아원, 아동복지관, 아동이나 청소년을 위한 사회기관에
    서 일할 수 있다.

  ㉡ 공부를 더 많이 한사람을 위한 높은 직위에는 아동 센터의 감독이나 아동 양육 전
    문가, 연구직 등이 있다.

② 아동발달전문가의 자격

  ㉠ 아동의 이해에 필요한 관련 과목을 이수해야 하며, 교사 자격증을 취득해야 한다.

  ㉡ 보다 높은 수준의 아동발달 전공자가 되기 위해서는 석사나 박사 학위가 필요하다.

③ 아동발달전문가의 장점

  ㉠ 전반적으로 작업환경이 밝고 매력적이다. 근무시간도 길지 않다.

  ㉡ 아동의 사회적·정서적·신체적·지적 발달을 지켜보면서 보상을 경험할 수 있다.

  ㉢ 아동발달종사자들이 부모됨 및 전반적인 삶을 준비할 수 있도록 해준다.

④ 아동발달전문가의 단점

  아동이 아프거나 신체적인 요구가 있을 때 돌보아 주는 일을 해야 하므로 힘들 수 있다.

## (2) 가족관계전문가(가족상담중심)

### ① 일의 성질

㉠ 우리나라에서는 아직 이 분야가 많이 발달되어 있지 못한 현황이다.

㉡ 대표적인 업무는 가족 상담이다. 상담자는 내담자가 자신을 이해하고 자신의 욕구를 파악하여 그 욕구를 충족시키고 가족이나 집단생활에 효과적으로 적응할 수 있도록 도와준다.

### ② 가족관계 전문가의 자격

㉠ 상담에 필요한 기초능력을 갖추고 가족관계를 전공한 사람이다.

㉡ 자신의 개인생활에 잘 적응하는 사람이어야 한다.

㉢ 인간에 대한 성실한 관심과 이해심·동정심이 필요하고, 개방적이고 친밀한 성격과 상황을 객관적으로 볼 수 있는 능력이 필요하다.

### ③ 가족관계전문가의 장점

타인을 돕는 데서 만족을 얻을 수 있으며, 보수도 비교적 많다.

### ④ 가족관계전문가의 단점

타인의 문제에 깊이 개입됨으로써 정신적 부담을 가질 수 있으나 이는 객관적인 위치를 고수함으로써 피할 수 있다.

## 6. 가정학 교육(Home Economics Teaching)

## (1) 일의 성질

### ① 중·고등학교 교사

교육을 통하여 피교육자가 가정생활을 성공적으로 할 수 있도록 돕는다.

㉠ 학생들에게 가정학의 여러 전문분야에 걸친 지식을 가르치며, 현재 및 미래의 가정생활을 잘할 수 있도록 돕는다.

㉡ 실업고등학교에서는 가정학과 관련된 직업을 가질 수 있도록 기술을 가르친다.

### ② 성인교육을 위한 교사

㉠ 지역사회의 주부를 대상으로 그들이 보다 이해심 있는 부모가 될 수 있도록 돕는다.

㉡ 그들에게 새롭고 효율적인 가정관리방법을 가르친다.

③ 대학교수

㉠ 학생들이 기본지식을 습득하고 직업에 대비할 수 있도록 도와준다.

㉡ 연구를 통하여 가정학 발전에 공헌하고 교과서 및 논문 집필 등 저술 활동을 하며, 전문적 학술 모임에 참여한다.

## (2) 가정학교사의 자격

중·고등학교의 교사가 되기 위해서는 사범대학 가정교육과를 졸업하거나 가정과·가정관리학과에서 교직과목을 이수하여 중등학교 교사자격증을 취득해야 한다.

## (3) 가정학 교사의 장점

① 방학을 유용하게 이용할 수 있으며 또한 교육활동을 가사와 쉽게 연결시킬 수 있다.

② 보수도 좋은 편이며, 안정성이 있는 직업이다.

## (4) 가정학 교사의 단점

① 가르치는 일 이외의 잡무가 많다.

② 새로운 지식과 방법을 흡수하기 위하여 끊임없이 노력하고 준비를 해야 한다.

# 7. 가정학 연구(Research)

## (1) 일의 성질

① 기존이론을 검증하든 새로운 사실을 발견하든, 새로운 지식을 제공하고자 노력하는 것이다.

② 가정학 연구자의 일반적인 목적은 가정 및 가족생활의 향상을 위해서 사용될 수 있는 새로운 지식을 제공하는 것이다.

③ 개인과 가족원의 복지, 인간관계의 향상, 가정생활의 향상, 또는 가족원의 욕구충족을 위하여 가정학자의 연구가 수행된다고 할 수 있다.

## (2) 가정학 연구자의 자격

① 연구직에 취업하기 위해서는 기본적으로 석사학위가 필요하며 박사학위가 있으면 더욱 좋다.

② 연구를 직업으로 가지려면 예리한 지적 호기심, 우수한 재능 뿐 아니라 가정학의 가치에 대한 신념과 전공분야에 깊은 관심이 있어야 한다.

③ 가정학 전반에 걸친 폭넓은 지식과 전공 분야에 관한 깊은 지식 또한 전공 기초에 관한 지식이 필요하다.

④ 수학, 통계학, 컴퓨터 프로그래밍, 연구방법 등 연구 활동에 필요한 기초 지식이 필요하다.

### (3) 가정학 연구 활동의 장점

① 직업적 만족도가 높다.

② 가족생활을 향상시킬 수 있는 새로운 사실·방법·재료를 발견함으로써 만족감을 얻을 수 있다.

③ 보수도 비교적 높은 편이며, 대학원 과정을 가르치는 교수는 교육과 연구를 연결시킬 수 있다.

### (4) 가정학 연구활동의 단점

① 단조롭고 스트레스를 많이 받는다.

② 연구 활동과 같은 일을 반복하고 정밀한 작업이기 때문에 단조로울 수 있다.

③ 연구과제에 따라 장시간을 요할 수도 있으며, 연구결과가 만족스럽지 못하여 좌절하거나 실망하는 수도 있다.

④ 기록·분석·보고서 작성과 같은 연구 활동에는 정밀성이 필요하며, 이로 인하여 스트레스를 받는 수도 있다.

## 8. 사회복지와 공중보건

### (1) 일의 성질

① 문제가족을 돕고 가족이나 지역사회기관에 복지 및 보건에 관련된 서비스를 제공한다.

② 사회복지와 공중보건 분야에서 일하는 가정학 전공자는 장애자 주부나 문제 가족을 돕고, 임상이나 지역사회에서 영양학적 지식을 제공한다.

③ 노인을 돌보고, 새로 이사 온 시민들에게 지도를 해주며, 가족이나 지역사회기관에게 복지 및 보건과 관련된 여러 가지 서비스를 제공한다.

④ 공중 보건 분야에서 가정학 전공자들이 하는 일

  ㉠ 사람들에게 좋은 영양은 어떠한 것이며, 그것이 왜 중요한 것인가를 알도록 도와준다.

ⓛ 이 분야의 종사자 훈련을 위하여 동료와 협동한다.

ⓒ 진료소에서 영양상의 문제점을 도와주면서 가르친다.

ⓔ 교육자료·시청각 자료를 제작·평가한다.

ⓜ 라디오·텔레비전의 프로그램을 제공한다.

ⓗ 클럽이나 지역사회 모임에서 연설한다.

ⓢ 관련 시설 및 기관에 서비스를 제공한다.

ⓞ 지역사회 보건을 위하여 다른 단체들과 협동한다.

⑤ 사회복지기관에서 가정학 전문가들이 하는 일

㉠ 복지기관의 경영자에게 가족이 필요로 하는 식품·의류·기타 생활품에 대한 정보를 제공한다.

㉡ 관리·가족 재무 계획·작업 간소화 방법 및 구매법에 관하여 가족이나 동료와 협의한다.

㉢ 장애자 가족이나 부채가 있는 가족 또는 이중 역할을 해야 하는 취업 주부 등과 같이 특별한 문제를 가진 가족을 위하여 특별 프로그램을 제안한다.

㉣ 가정생활의 향상을 위하여 다른 가정학 전공자와 협력한다.

㉤ 지역사회의 복지 프로그램을 계획·수행하기 위하여 다른 단체들과 협력한다.

## (2) 사회복지와 공중보건 전문가들의 자격

① 가정경제, 식품·영양, 가정관리, 아동양육·아동발달, 주거·기기, 직물·의류, 가족 관계의 교과목을 이수하는 것이 중요하다.

② 사회학, 저널리즘, 인류학, 대중 연설, 원고 작성법 등의 교과목을 이수하는 것이 바람직하다.

## (3) 사회복지와 공중보건 전문가들의 장점

① 사회복지, 공중보건 분야는 타인에게 봉사하고, 모든 사람들의 건강·복지·안전에 기여하기 때문에 매우 도전적이고 만족스러운 기회를 제공할 수 있다.

② 주도권을 갖고 상상력·창조력을 사용할 기회가 있고 전문적인 발전의 기회가 있다.

## (4) 사회복지와 공중보건 전문가들의 단점

① 이 분야는 훈련 기간이 길고 보수가 적을 수 있다.

② 정신적·육체적 피로로 인하여 일의 능률에 손실을 가져올 수 있다.

## 9. 가정학보급활동

### (1) 일의 성질

① 미국에서는 1914년 스미스-레브법(the Smith-Lever Act)이래 가정학 전공자가 extension home economist, home economist, home economics agent라는 명칭으로 국유지무상교부대학(land-grant university: 주립대학)·농무성·군청(county)에 고용되어 활동하고 있다.

② 우리나라 농촌진흥청의 생활지도사 및 생활지도관이 하는 일도 대표적인 보급활동이다.

③ 미국의 EHE (Extension Home Economist)의 역할

    ㉠ 가족의 욕구 및 요구에 근거한 프로그램 개발

    ㉡ 아동양육, 가족생활, 의·식·주에 관한 연구에 기초한 정보제공

    ㉢ 가족과 관계있는 관련기관원과 협동

    ㉣ 라디오 및 텔레비전의 프로그램 제공

    ㉤ 신문기사 작성

    ㉥ 문의 편지나 전화에 응답

    ㉦ 청소년 개발 프로그램 계획 및 수행

    ㉧ 다른 기관에서 온 전문가의 훈련

    ㉨ 장애자 가족을 위해 일하는 전문가의 훈련 및 감독

④ EHE는 국유지무상교부대학의 직원이며, 농무성의 관직을 갖고, 사무실은 군청에 있다.

### (2) 자격

① EHE는 가정학 및 관련학과의 학사과정을 이수해야 하며, 전문적인 extension서비스 과정을 거치면 더욱 좋다.

② 미국의 경우 전공영역별 전문가나 지역감독 또는 senior extension adviser가 되려면 석사학위를 가져야 한다.

③ 우리나라에서는 공무원 시험을 거쳐 생활지도사 및 생활지도관으로 취업할 수 있다. 생활지도사는 의식주 생활과 가정관리, 생활문화지도에 종사하고 있는 공무원이다.

### (3) 장점

① 경험에 따라 발전할 가능성 및 창의성을 발휘할 기회가 많다.

② 임금도 다른 가정학 전문직에 비하여 높다.

③ 가정생활과 잘 연결될 수 있고 계속 훈련을 받음으로써 시대에 뒤지지 않는다.

### (4) 단점

노동시간이 길며 불규칙하다.


## 10. HEIB(Home Economists in Business)

### (1) 미국의 HEIB

① HEIB의 설립배경

　㉠ 1차대전 이후 기업체에서는 제품의 판매에 여성의 의견을 적극 반영하려고 했다.
　　이는 제품구입자가 대부분 여성이고, 보다 좋은 서비스를 제공하기 위해 가정학
　　전공자를 요구하게 된다.

　㉡ 각 기업체내의 가정학전공자들은 공통의 고민·문제를 미국가정학회를 통해 해결
　　하고자 하였다.

　㉢ 미국가정학회는 9개 전문영역과 7개 직업분과로 구성되어 있는데 HEIB는 1923
　　년에 정회원 62명으로 하나의 분과로 독립하였다.

　㉣ 미국에서 HEIB가 일찍 발전한 것은 가정학이 지역사회봉사를 주요기능으로 본
　　다는 가정학의 철학과 관계가 있다.

② HEIB의 정의

　㉠ HEIB라는 명칭은 Home Economists in Business의 머리글자이다.

　㉡ HEIB는 기업에 적을 두고 소비자와의 교량적 역할을 수행하는 가정학 전공자를
　　말한다.

　㉢ 남녀를 불문하고 가정학사 학위를 소유하고, 각자의 지식과 경험을 바탕으로 민
　　간기업이나 공익사업체, 사회시설 등에서 활동하며 가정학회에 속한다.

③ HEIB의 기능

　㉠ 소비자에게 상품에 관한 정보를 제공하고, 소비자교육을 실시하며, 소비자 불만
　　이나 문의에 답한다.

ⓒ 지역사회에 대하여 각자가 받은 교육과 특수훈련을 통하여 광범한 활동에 지도·조언한다.

ⓒ 소비자의 욕구와 선호를 파악하여 기업에 피드백시켜 유익한 제품의 개발과 개량에 조력한다.

ⓒ 가정생활을 보다 향상시키기 위하여 다른 직업 부문의 가정학 전공자와 협조하는 것을 아끼지 않는다.

④ HEIB의 직종

⊙ 가정 서비스업-공익사업체에 취업하고 있는 가정학 전공자의 직종으로 회원이 전체의 1/3이다.

ⓒ 커뮤니케이션업-편집·방송관계 등 정보매체의 직종

ⓒ 주거·설비(equipment & housing)

ⓒ 가족서비스(family service)

ⓒ 식품·영양(food & nutrition)

ⓑ 가계생산(household products)

ⓢ 의류·직물(textile & clothing)

## (2) 일본의 HEIB

### ① 히부(HEIB)의 성립배경

⊙ 일본 히부(HEIB) 발전의 사회적 배경은 미국과 많이 다르다.

ⓒ 일본 히부협의회는 회원자격을 미국과 달리 광범위하게 허용하고 있음며 생활개량보급원과 같은 관공서의 가정학사도 히부이며, 전문기술원, 소비생활상담자나 지도자 등의 여성도 포함한다.

### ② 히부(HEIB)의 정의 및 기능

⊙ 일본의 히부는 소비자 분야를 주로 담당하고 있다.

ⓒ 미국과는 달리 회원자격을 학력·전공과 무관하게 하였고 일하는 부문도 소비자 문제에 한정하지 않는다.

ⓒ 실력이 어중간하다는 비판을 받고 있으며 연구부문에 취직한 가정학 전공자는 많으나 소비자 창구에 취업한 실력있는 히부는 많지 않다.

# 1. 가정학 전공자의 사회진출에서의 문제점

## (1) 문제의 제기

가정학 전공자의 사회 진출이라는 문제는 가정학의 발달과정이나 여성의 고등교육 또는 대학의 기능 변천과 같은 몇가지 중요한 문제들과 맥락을 같이 하는 것으로써 사회의 요구를 수용하고, 동시에 가정학의 미래를 위해서 검토해야 할 중요한 문제이다. 문제점을 명확히 포착하기 위해 가정학 전공자의 사회진출에 영향을 미치는 몇 가지 상황을 고찰하면 다음과 같다.

### ① 가정학의 발달과정

1899년 11명의 학자들이 레이크 플래시드(Lake Placid)에 모여 생활의 질을 높이기 위해서 기초과학의 지식을 응용할 새로운 응용과학분야에 대하여 처음으로 이야기하였고, 특히 인간과 환경과의 상호작용에 중점을 둔 가정학을 발달시켰다.

### ② 대학 기능의 변천

서구에 대학이라는 교육제도가 생기고 그 이후 수세기 동안 대학은 그 사회의 지도자를 길러내는 역할을 맡았다. 구체적인 지식이나 기능보다는 폭넓게 사고하고 현명하게 판단하기 위한 인격적인 자질을 교육시켰으며, 교육의 기회란 지도자가 될 한정된 계층의 남성에 한하여 주어졌다. 그러나 현대 민주주의 이념에 입각해서 고등교육의 기회가 보다 많은 사람에게 주어지게 되었다. 교육의 내용도 폭발하는 지식으로 인하여 분화되지 않을 수 없게 되자 대학은 전문교육을 시도하게 되었다.

### ③ 여성의 고등교육

18세기 이전에는 서양에서도 여성교육이 불가능하다고 이야기하였지만 19세기에 들어서서 겨우 여성의 중등교육이 뿌리를 내리게 되었고, 중등교육에 있어서 가정과목이 중요한 교과목으로 등장하게 되었다.

## (2) 가정학 전공자의 외적 문제

### ① 가정학에 대한 인식 부족

가정학 전공자의 사회진출에 가장 큰 문제점은 무엇보다도 가정학에 대한 인식 부족을 들 수 있다.

② 대학입시제도

가정학의 학문적 특징은 문과와 이과를 근본적으로 분리시키는 현재의 대학입시제도 아래서는 그 기능을 충분히 발휘할 수 없다.

③ 여성에 대한 사회의 불평등

졸업생의 절대 다수가 여학생이라는 점을 고려하여 본다면 여성에 대한 사회의 불평등은 가정학 전공자의 사회진출을 저해하는 중요한 요인임에 틀림없다.

### (3) 가정학 전공자의 내적 문제(가정학 자체의 책임)

사회는 가정학 전공자를 필요로 하는데도 불구하고 가정학이 이에 대처하는 적극적인 전문교육의 교육과정 미비, 적극적인 직업개발의 부족, 여성의 직업의식 부족 등으로 인하여 사회 진출에 어려움을 겪고 있다.

① 전문교육으로서의 교육과정 미비

㉠ 가정학 전공자가 사회에 진출하기 위한 첫 번째 조건이 전문교육이다. 그러나 가정학 교육과정과 교육 내용이 이러한 교육목표에 부합되는지 객관적으로 살펴볼 필요가 있다.

㉡ 가정학교육의 대학에서의 교육내용은 '솜씨'가 아니라 '전이도'가 높은 원리의 교육이어야 한다.

㉢ 졸업생이 사회에 나가서 감당해야 하는 일의 성격은 결코 대학의 강의 중에 가르친 그대로가 아니다. '원리'의 교육만이 사회에서 필요로 하는 전문인을 길러내는 길이 되겠다.

② 적극적인 직업개발의 부족

사회 안에 있는 전문 직종의 수는 기하급수적으로 늘고 있다. 그러나 가정학 전공자를 위한 직종은 가정학 전공자가 개척하지 않는 이상 늘어나지 않는다.

③ 여성의 직업의식 부족

여학생들은 직장을 결혼 전에 잠시 머무는 곳 정도로 생각하고, 어려운 시련에 부딪히면 보다 편안하게 가정에 안주할 수 있는 가능성을 생각하고 어려움을 극복하지 못하는 경향이 있다. 그러나 현재는 이러한 직업의식에 변화가 나타나고 있다.

④ 결론

㉠ 전문교육을 강화하고, 새로운 직장을 적극적으로 개발해야 하고, 직업의식을 강화해야 한다.

ⓛ 가정학 밖의 문제도 있으나 일차적으로 책임은 가정학 안에 있다는 것을 부인할 수 없다.

ⓒ 보다 적극적이고 자신 있게 사회로 뛰어들 필요가 있다. 즉, 가정학 내부의 문제를 해결하면서 외부의 문제를 해결하도록 노력해야 한다.

## 2. 가정학 전문인 양성을 위한 방안

가정학 전공자를 전문인으로 양성하기 위해서는 교육제도 재정비, 학생들의 인지적 기술개발과 지도력 양성, 산학협동에 의한 직업개발, 국공립정책의 수립·협력에 강조점을 두며 새로운 연구를 개발, 가정학 전공자의 직업의식 고양을 해야 한다.

### (1) 교육제도의 재정비

가정학 전공자를 양성하는 기관의 재정비가 필요하며, 학도들의 적극적인 사명의식의 고취는 물론, 현직에 있는 사회인의 재입학이 허용되는 교육제도가 바람직하다.

### (2) 학생들의 인지적 기술 개발과 지도력 양성

① 가정학 전문인의 양성에서 중요한 점은 학생들의 창의성을 양성하는 것이다. 비판적이고 창조적인 인지적 기술을 학부과정에서 얻도록 하는 것이다.

② 모든 학생들은 언어나 문자를 통하여 자신의 의견을 설명하고 방어하는 능력을 개발하여야 하며, 현재의 문제점을 파악하고 복합적인 문제를 해결할 수 있어야만 한다.

### (3) 산학협동(産學協同)에 의한 직업 개발의 필요

① 가정학 전공영역에서의 직업개발은 특별한 시간대에 특정 위치에 배치하는 것이 아니라 미래의 전문직 개발을 통하여 이루어 질 수 있다.

② 가정학에 있어서 직업교육의 목표는 기존의 직업을 성취하는 것 뿐만 아니라 현재의 작업에서 방향을 변화시켜 줄 수 있는 기술도 개발하는 것이어야 한다.

### (4) 국공 정책 수립·협조 강화

① 가정학 전문가는 정부 및 국공 기관과 상호관련을 갖고 대중정책과 자원분배의 책임을 맡은 입법부 및 행정안전부의 사람들과 상호작용을 해야만 한다.

② 대학과 정부기관과의 협력관계는 교수진 개발을 촉진하고, 가정학 교과개발과 프로그램의 생동감을 유지하여 교육목표 달성을 위한 혁신적 정책 강화를 도모할 수 있다.

## ⑸ 학문적 통합에서 본 새로운 연구 개발

날로 늘어가는 가정문제, 또 이에 따른 사회복지의 문제 등 인간과 생활환경에 대응하여 가정학이 취하여야 할 연구의 내용과 영역도 점차로 변화하고 있으며 그 넓이도 증가되고 있다.

## ⑹ 가정학 전공자의 직업의식 고양

① 가정학 전공자들의 직업을 구할 시 주의사항

　㉠ 구직자라면 기꺼이 집을 떠나 직장이 있는 곳으로 갈 수 있어야 한다.

　㉡ 좋은 직장이나 자리를 확보하기 위하여 필요하다면 대학원 교육도 받을 각오를 해야 한다.

　㉢ 구직자는 스스로 문을 두드려야 한다. 잘 알려져 있지 않은 가정학 전공자들의 능력, 교육 배경, 훈련과 경험 등을 고용주에게 과감하게 홍보하여 새로운 직업 기회를 갖도록 노력하여야 한다.

② 기업이 가정학 전공자를 필요로하는 이유: 스트레인(R.W. Strain)

　㉠ 이윤을 얻기 위해

　㉡ 판매량을 증가시키기위해

　㉢ 경쟁에 대응하기 위해

　㉣ 소비자 문제를 처리하기 위해

　㉤ 낮은 비용으로 보다 큰 효과를 얻기 위해

③ 기업이 가정학 전공자를 고용하지 않는 이유

　㉠ 가정학 전공자가 할 수 있는 일에 대한  지식의 결핍

　㉡ 가정학 전공자가 가지고 있는 자질을 확실히 모름

　㉢ 가정학 전공자가 기업에서 이윤을 올리는 데 공헌할 수 있는지 여부에 신념이 없음

④ 가정학 전공자가 스스로 가치를 올리는 일

　㉠ 자신이 일하고 있는 직장에 대한 지식을 충분히 갖고 관리 분야에서의 새로운 방법과 지식을 갖도록 노력한다.

　㉡ 기업에 종사하는 가정학 전공자는 특히 윗사람이나 고용주에게 자신의 능력을 홍보할 필요가 있다.

ⓒ 가정학 전공자가 얼마나 기업에 기여했나를 알 수 있도록 경영자에게 매달 보고서를 간결하게 작성하여 바쁜 경영자가 한눈에 빨리 읽을 수 있도록 하는 것이 좋다.

ⓔ 건설적 태도를 갖는 일, 기업에서 무엇을 받으려는 자세보다 주려는 태도, 제출 기일보다 늦지 않고 오히려 일찍 내는 일, 일을 피하려 하는 것보다 오히려 일을 찾아서 하는 사람은 고용주에게 높은 평가를 받는다.

# 04 가정학의 과제

## 1. 가정학의 현상과 문제점

### (1) 연구 성과의 축적과 연구를 둘러싼 문제

① 1947년 대한가정학회가 창설된 이래 대한가정학회 학술지는 제 276권이란 축적을 나타냈고, 2013년부터는 학술지의 국제화를 위하여 FER(Family and Environment Research)로 변경하여 발행하고 있으며, 학술 연구 업적이 다수 발표되었다.

② 가정학 연구는 대한가정학회 학술지 뿐만 아니라 각 소속 대학의 교내 논문집, 다른 인접 학회의 학술지에도 발표되고 있다. 따라서 가정학 연구성과를 체계적으로 정리하여 살펴볼 필요가 있다.

### (2) 가정학 체계화 노력

가정학의 체계화, 종합화는 많이 진전했다 해도 가정학 각 전문분야 연구자의 협력이 절대 필요하다. 특히 '원론' 확립의 노력이 시급하다.

### (3) 교육활동의 문제점

① 가정학 출신은 거의가 여성이며 남성 가정학 연구자는 거의가 타 학문 출신이고 피교육자인 가정대학과 가정학과 학생은 여자뿐이다.

② 가정학은 현재 학문으로서의 가정학 교육과 지식 기능 전달방법으로서 가정교육의 큰 문제에 부딪치고 있다.

### (4) 사회공헌

① 현대사회의 물질과 에너지의 흐름, 정보의 흐름의 행선지는 가정(家庭)이다. 이들의 수용은 개개인이나 선택은 가족 단위의 경제면이나 생활 가치에 입각하므로 생산, 공급, 에너지, 정보의 궁극 목표는 개인이라기보다 오히려 가정이라는 생활체이다.

② 많은 기업의 연구소나 소비자 부분에서 가정학 출신이 전문직으로 고용되는 기회가 증가하였다. 따라서 기업에 대한 사용자의 의견을 반영하고 발언할 수 있는 히브(HEIB)의 존재가 중요해진다.

- 히브(HEIB)는 기업에 적을 두고 소비자와의 교량적 역할을 수행하는 가정학 전공자를 말한다. 히브(HEIB)는 소비자의 가정을 찾아다니면서 그 기업의 상품이나 업무에 대한 정보를 제공하여 수요를 늘리거나 소비자의 의견을 제품개발이나 광고 활동에 반영하는 사람이다.

### (5) 국제적인 성과

대한가정학회는 정식 가입자가 해마다 늘어나고 있고, 세계가정학회(IFHE)에 가입하고 있으며 우리나라 대표가 이사진에 선출되고 있다. 한편 한일가정학회가 조직되어 학술교류가 이루어지고 있으며, 아시아가정학회(ARAHE)의 회장도 선출되어 세계가정학 발전의 동반자로 기여하고 있다.

아라해(ARAHE)는 Asian Regional Association of Home Economics 의 줄임말로 아시아지구 가정학회를 말한다. 대한가정학회는 1947년 5월 창설, 발족되었다.

## 2. 가정학 발전을 위한 과제

가정학을 발달시키기 위한 과제로는 가정학, 가정학원론의 체계화를 위해 노력해야 한다, 사회적 요청에 따른 교과목의 개발(편성)이 필요하다, 가정학의 학술 연구 활동과 국제적 활동이 활발해야 한다.

### (1) 가정학원론의 연구

미국과 일본에서는 이미 가정학원론에 대한 연구가 많이 진전되어왔다. 뒤늦게나마 이에 대한 연구가 우리나라에서도 대한 가정학회를 중심으로 활발하게 추진되어야 할 것이다.

### (2) 가정학의 체계화

가정학 원론 연구의 활성화가 필요하고 가정학의 각 분야의 전문화만을 추구할 것이 아니라 하나의 학문으로 통합하여 연구되어져야 한다.

가정학이 종합학문으로서, 실천학문으로서 또한 응용학문으로서, 학문성 및 독자적인 가정성에 입각해서 체계화가 다시 조정될 필요가 있다.

### (3) 가정학의 명칭

① 가정학의 명칭은 가정학의 역사·대상·공헌한 영역, 앞으로 나아가야 할 방향 및 교과과정을 고려하여 결정해야 한다.

② 학문적 사명과 그 학문의 기반은 무시하고 세계적 추세나 다른 나라가 가정학을 개

칭한다고 하여 무조건 추종할 것이 아니라 우리나라 현실을 배경으로 한 학문 명칭을 연구할 필요가 있다.

③ 개칭 후 파생되는 여러 가지 문제를 신중하게 검토해야 한다.

## (4) 대학 수준 가정학 교육과정 연구

① 대학은 연구기관인 동시에 교육기관이므로 가정학의 교육과정 편성의 재조정이 요망된다.

② 학문성의 신뢰를 받고 인식되는 대학의 가정학으로 발전되려면 교육과정 연구가 시급한 과제로 남아있다.

## (5) 사회의 요청에 대한 가정학의 대응

① 가정학의 사회적 요청 면에서 인간 생존에서 생활에 가까운 학문인 가정학이 현시대의 인간성 부활과 인간 생활의 안전을 위해 중시된다.

② 의·식·주 기타 영역의 과학적 연구를 기반으로 인간생존과 육성 그리고 여러 가지 요인을 가진 인간(가족)의 생활을 지키는 경영체(가정)를 바르게 운영하는 가정학의 넓은 영역은 인간 생활의 본질을 향해 지금까지의 과학적 성과를 모아 종합시켜 생활 방위를 꾀함으로써 생활을 건전하게 하고 평화와 문화적 생활을 유지하고 앙양하는 데 기여해야 한다.

**01** 전문직에 대한 설명이다. 틀린 것은?

① 전문직의 교육은 전문직 내에서 엄하게 감독되고 통제된다.

② 사회에 유익한 서비스를 제공할 것을 지양한다.

③ 실천적 판단을 포함한 지적활동을 수반하므로 이론적 지식을 충분히 습득할 것을 필요로 한다.

④ 전문직의 범위나 목표는 일정한 범위로 제한된다.

(정답) ②

(해설) 사회에 유익한 서비스를 제공할 것을 지향한다.

**02** 의식주 생활과 가정관리, 생활문화지도에 종사하고 있는 공무원은 ?

(정답) **생활지도사**

(해설) 생활지도사는 의식주 생활과 가정관리, 생활문화지도에 종사하고 있는 공무원이다.

**03** 우리나라의 가정학 발전과 가장 관계가 깊은 학회는?

(정답) **대한가정학회**

(해설) 대한 가정학회는 정식가입자가 해마다 늘고 있으며, 세계가정학회에 가입하고 있다. 대한가정학회는 1947년 창설, 발족되었다.

**04** 상품의 구입 및 판매와 관련되는 모든 활동을 의미하는 용어는?

**정답** 머천다이징(merchandising)

**해설** 머천다이징(merchandising)이란 상품의 구입 및 판매와 관련되는 모든 활동을 의미한다. 의류와 직물의 판매는 소매상, 백화점, 특판점(speciality shop), 우편판매점 등을 통하여 이루어진다.

**05** 미국이나 일본에서는 이미 연구가 많이 진전되었으나 우리나라에 대한가정학회를 중심으로 추진되어야 할 연구는?

**정답** 가정학원론 연구

**해설** 우리나라에서는 아직 가정학원론 연구가 미흡하다.

**06** 가정학 전공자의 사회진출에 대한 외적인 문제점으로 맞게 설명하고 있는 것은?
① 가정학에 대한 인식부족
② 전문교육으로서의 교육과정 미비
③ 적극적인 직업개발의 부족
④ 여성의 직업의식 부족

**정답** ①

**해설** 가정학의 외적인 문제점으로는 가정학에 대한 인식 부족, 대학 입시제도, 여성에 대한 사회의 불평등 등이 있으며, 내적인 문제점으로는 전문교육으로서의 교육과정 미비, 적극적인 직업개발의 부족, 여성의 직업의식 부족 등이 있다.

**07** 퀴클리(E.E. Quigley)는 가정관리가 전문적인 근거를 설명하고 있다. 해당되지 않는 것은?

① 평생직업이다.
② 개인의 이익을 지향한다.
③ 전문화된 지식, 기술 및 태도의 조직체를 필요로 한다.
④ 지적 활동 및 책임감을 포함한다.

 ②

**해설** 가정학이 전문적인 근거: 퀴클리(E.E. Quigley)
㉠ 평생직업이다. ㉡ 지적 활동 및 책임감을 포함한다. ㉢ 전문화된 지식, 기술 및 태도의 조직체를 필요로 한다. ㉣ 개인의 이익을 초월한 서비스를 고양한다. ㉤ 계속적인 성장을 필요로 한다.


**08** 시설관리 분야에서 가장 큰 비중을 차지하는 것은?

① 기업체급식
② 양로원급식
③ 학교급식
④ 조리 방법 개발

 ③

**해설** 시설관리자는 고용, 훈련, 지시하며, 고객의 선호를 연구하고 새로운 요리법을 개발하는 한편, 음식의 질을 유지하기 위해 노력해야 한다. 학교급식은 시설관리의 가장 큰 분야 중의 하나이다.


**09** 아동발달 전문가의 장점으로 볼 수 없는 것은?

① 종사자들에게 전반적인 삶을 준비할 수 있도록 한다.
② 전문가가 되기위해 이수해야 할 자격요건이 간단하다.
③ 아동의 성장을 통해 보상을 경험할 수 있다.
④ 작업환경이 밝고 매력적이다.

**정답** ②

**해설** 아동발달전문가의 장점은 전반적으로 작업환경이 밝고 매력적이다. 근무시간도 길지 않다. 아동의 사회적·정서적·신체적·지적 발달을 지켜보면서 보상을 경험할 수 있다. 아동발달 종사자들이 부모됨 및 전반적인 삶을 준비할 수 있도록 해준다.

**10** 가족 관계 전문가가 담당하는 가장 대표적인 업무는?

① 연구활동
② 가족상담
③ 아동성격의 파악
④ 교육사업

정답 ②

해설 대표적인 업무는 가족 상담이다. 상담자는 내담자가 자신을 이해하고 자신의 욕구를 파악하여 그 욕구를 충족시키고 가족이나 집단생활에 효과적으로 적응할 수 있도록 도와준다.

# 가정학원론 실전모의고사

# 01 가정학원론 실전모의고사 제1회

※ 다음 문제를 읽고 답하라.

**01** 가정학원론에 대한 설명으로 틀린 것은? ?

① 주변 학문과의 연계를 확고히 하는 일반사회의 한 분과이다.
② 가정학의 연구대상, 방법, 목적, 체계 등을 통해 의의를 추구한다.
③ 가정학이 어떠한 학문인가를 밝히려는 학문이다.
④ 가정학의 독자성과 과학적 위치를 해명하는 연구분야이다.

**02** 8.15해방 전의 우리나라의 여자 전문교육기관이다. 아닌 것은 ?

① 이화여전
② 숙명여전
③ 한성사범
④ 경성사범

**03** 다음 중 가정학원론의 필요성에 대한 설명으로 가장 적합한 것은?

① 가정학 전공자의 진로 확대를 위하여
② 가정학 연구방법을 학습하기 위하여
③ 가정학의 우수성을 알리기 위하여
④ 실천학문으로서 학문의 정체성을 밝히기 위하여

**04** 가정학의 정의에서 중요한 요소를 설명한 것이다. 아닌 것은?

① 생태학적 관점이 중시된다.
② 가정경영을 연구대상으로 한다.
③ 인간과 물질의 상호작용을 연구한다.
④ 인간을 연구대상으로 한다.

**05** 「우경학(優境學, Euthenics)」저서를 발간한 학자는?

**06** 가정학에 대한 여러 가지 견해와 비판을 설명한 것이다. 틀린 것은?

① 가정학은 종합학문이다. 부분을 구성하는 각 과학을 모아 놓기만 한다면 전체로서의 가정학이 될 수 없다.
② 가정학은 가정경영학이다. 가정학이 가정경영학으로 축소될 우려가 있다.
③ 가정학은 생활과학이다. 이 견해는 가장 바람직한 방향을 모색할 수 있게 한다.
④ 가정학은 소비과학이다. 가정생활은 소비생활뿐만 아니라 정신생활과 생산생활이 포함된다.

**07** 우리나라 가정학 역사에 대한 설명이다. 틀린 것은 ?

① 우리나라 여성교육은 미국선교사에 의해 이화에서 시작되었다.
② 8.15까지 가정학은 가정과란 교과명이 사용되었다.
③ 가사교육은 주로 경험과 기술에 편중되었다.
④ 8.15해방 후 체계적 이론 연구가 활발해지게 되었다.

**08** 다음은 학문의 기본원리를 설명한 것이다. 해당하는 것은 ?

① 설명과 분석의 원리
② 개발과 연구의 원리
③ 교육과 봉사의 원리
④ 통합과 확산의 원리

**09** 경험을 통하여 특정 대상에 대응하는 방법으로 대상이 갖는 객관적이며 보편적인 법칙을 발견하여 객체적 대상에 관한 인식을 체계화한 것은 ?


**10** 가정학의 학문적 특성이 잘 나타난 것은?

① 자연과학이면서 응용과학이다.
② 종합과학이면서 실천과학이다.
③ 사회과학이면서 이론과학이다.
④ 자연과학이면서 기술과학이다.


**11** 다음 중 가정학 체계화의 난점에 대한 설명이라고 볼 수 없는 것은?

① 가정학은 자연과학, 사회과학, 인문과학, 미학 등 여러 가지 학문이 복합된 학문 특성을 지니고 있다.
② 가정생활과 대상, 가정학에 대한 개념규정이 완전히 연구되지 않았다.
③ 가정학을 구성하는 부분과학의 통합적인 연구가 어렵다.
④ 가정학의 연구대상에 이질적인 계열이 함께 포함됨으로써 하나의 조직원리로 이론화하기 어렵다,


**12** 어떤 것을 구성하는 각 부분을 계통적으로 통일한 전체를 말하는 것은?


**13** 옛날부터 가정학의 영역이었고, 다른 과학에서는 거의 연구되지 않은 영역이다. 이 영역은?

① 경계영역
② 고유영역
③ 연장영역
④ 응용영역

**14** 연구 자료의 질을 판가름하는 기준으로 둘 이상의 관찰자가 각기 관찰해서 동일한 결과를 얻을 수 있는 정도를 의미하는 것이다. 무엇인가?

**15** 표준과학의 관점에 대한 설명이다. 틀린 것은?

① 관심의 범주는 관찰가능한 사회적 또는 자연적 현상이다.
② 목표는 상징적 상호작용의 의미이해이다.
③ 관찰의 정확성을 높이기 위해 조작적 정의를 주로 활용한다.
④ 과학적 설명의 구실은 변수들 사이의 인과적 관계를 정립하는 것이다.

**16** 세 가지 관점의 타당화 방법에 대한 설명이다. 틀린 것은?

① 분석적·경험적 과학–실험
② 해석과학– 통제된 관찰
③ 해석과학– 개념 분석
④ 비판과학– 담론적(discursive)분석과 담론적 실천

**17** 과학적 연구의 목적만으로 나열된 것은 ?

① 기술, 이해, 설명, 계획
② 이해, 계획, 예측, 통제,
③ 기술, 설명, 예측, 통제
④ 통제, 계획, 설명, 예측

**18** 생활시스템의 구성 요소중 가족하위시스템에 해당하는 것은 ?

① 가족의 개인적인 요소와 상호관계 등
② 가정환경·가정생활에 필요한 자원
③ 가정 담당자의 경영기능중심
④ 가정생활에 긴밀한 관계에 있는 사회적, 자연적 여러 사상(事象)

**19** 다음 중 가정학의 연구대상을 가장 적절하게 표현한 것은?

① 가정과 유사한 조직
② 가정을 둘러싼 환경
③ 가정생활
④ 가족


**20** 가정(家庭)의 개념을 설명한 것이다. 틀린 것은?

① 가족이 있는 장소이다.
② 가정은 결혼·자녀·가정생활·가(家)의 네 가지 요소로 구성된다.
③ 결혼·혈연·양자결연 등에 의해 관계가 맺어진 혈연집단이다.
④ 가족원이 생활을 함께 하는 최소의 사회집단이다.


**21** 가족을 설명한 것이다. 옳지 않은 것은?

① 가족은 포괄성과 다면성을 갖는다.
② 가족은 부부관계를 기초로 한다.
③ 가족은 제2차적인 복지추구의 집단이다.
④ 동일가족이라는 의식을 공유한다.


**22** 가족 기능 특수화론을 제시한 학자는?


**23** 가족진화설과 관련이 없는 학자는?

① 바흐오펜(J.J.Bachofen)
② 머독(G. Murdock)
③ 모건(L.H.Morgan)
④ 엥겔스(F.Engels)

**24** '가정의 건강성은 가정의 구조나 형태를 말하는 것이 아니라 그것의 기능을 말하는 것이다.'라고 주장한 학자는?

① 짐머만(Zimmerman)
② 올슨(Olson)과 드프레인(DeFrain)
③ 카두신(A.Kadushin)
④ 캐머먼과 칸(Kameman & Kahn)

**25** 다음〈보기〉는 환경체계 중 무엇을 설명하고 있는가?

〈보기〉

일상적으로 겪게 되는 상황이면서 동시에 개인이 직접 접촉하는 물리적 환경이다.

**26** 사회적 행동을 두 사람 간에 교환 자원을 주고받는 반복적인 행위가 이루어지는 것으로 보는 이론은?

① 가족체계이론
② 가족발달이론
③ 상호작용이론
④ 교환이론

**27** 세계가정학회(IFHE)의 설립목적에 대한 설명이다. 아닌 것은 무엇인가?

① 가정학에서의 평생 교육 촉진
② 일반인들에게 글로벌 네트워킹 기회를 제공
③ 전 세계의 개인, 가족, 가정의 삶의 질 향상을 선도할 수 있는 연구 및 실천에 대한 소통의 장 마련
④ 개인과 가족의 일상생활에서 가정학에 대한 인식 증진

**28** 랜드그랜트 칼리지(Land—Grant College)의 모체가 된 법은?

**29** 조선시대 여성교훈서의 내용으로 적절하지 않은 것은?

① 덕성함양
② 건강관리
③ 사행에 힘씀
④ 봉제사에 정성을 다함

**30** 다음은 조선시대 여성교훈서에 대한 설명이다. 책명과 내용, 저자가 바르게 연결된 것은?

① 『계녀서(戒女書)』: 우암 송시열의 저술로, 권유에게 출가하는 맏딸을 위해 적어준 교훈서이다.
② 『규범(閨範)』: 안동 김씨의 저술로 부녀자의 교훈서이다. 부의, 효행, 남편 섬기는 도리 등 여러 방면에 걸쳐 기록되었다.
③ 『규중요람(閨中要覽)』: 『소학』, 『시경』, 『논어』, 『춘추』 및 중국의 고사를 인용하여 이덕무가 저술한 사대부가 부녀자를 위한 교훈서이다.
④ 『규합총서(閨閤叢書)』: 이덕수의 저술로 우리말로 된 것이 특색이다. 주식·봉임·산업·의복을 가정 실용의 견지로 저술한 부녀자 생활지침서이다.

**31** 전문직의 특성이 가정학에 주는 시사점이다. 맞지 않는 것은?

① 가정학의 지식은 이론과 실천을 상호 관련시켜야 한다.
② 가정학에서는 자의적으로 정해진 목적을 달성하기 위하여 그 수단을 찾고 적용하는 것이 정당화 될 수 없다.
③ 가정학은 '가치중립적'인 이론 학문이다.
④ 가정학에 적합한 지식은 여러 학문으로부터 실용적 용도에 맞도록 독자적으로 선택, 조직, 변형된다.

**32** 전문직에 관한 연구에서 살펴본 문제점이 아닌 것은?

① 인간을 돕는 전문직의 사회적 목표는 외면한 채, 기술적 도구로서 작용하기 시작하고 있다.

② 현재 기술이 전문직을 지배하고 있으며, 전문직은 그들의 서비스에 대한 이념적 통제를 상실하고 있다.

③ 전문가는 지식의 사회적 수호자로서의 자신의 역할을 항상 인식하며 그 역할에 부합하는 기능을 하고 있다.

④ 오늘날 전문직은 대가에 따라 서비스를 공급하거나 보류하는 하나의 기업이다.

**33** 기업에 적을 두고 소비자와의 교량적 역할을 수행하는 가정학 전공자를 의미하는 것은?

# 02 가정학원론 실전모의고사 제 2 회

\* 다음 문제를 읽고 답하라.

**01** 가정학의 성격이라고 볼 수 없는 것은?

① 실천성
② 규범성
③ 분석성
④ 응용성

**02** 가정학의 체계화를 위한 통합의 원리에 해당되지 않는 것은?

① 연구방법의 통일
② 연구자의 통일
③ 연구대상의 통일
④ 연구목적의 통일

**03** 다음 중 가정학원론의 내용으로 가장 적절한 것은?

① 가정학의 연구대상
② 가정관리자의 역할
③ 현대가족의 문제
④ 식생활문제

**04** 「가정학 정의에 관한 선언」발표와 관련이 있는 회의는?

**05** 다음 중 레이크 플래시드 회의(Lake Placid Conferences,1902)에서 채택된 가정학을 정의한 중요 개념에 해당하지 않는 것은?

① 인간
② 물질(환경)
③ 관계
④ 규범

**06** 미국 가정학회가 결성된 연도는 언제인가?

**07** 과학과 관련된 용어의 정의이다. 틀린 것은?

① 자연과학은 자연현상을 대상으로 그 법칙을 탐구하는 과학
② 사회과학은 사회현상을 탐구하는 과학
③ 행동과학은 인간의 행동을 연구하는 과학으로 심리학을 다르게 부르는 용어
④ 이론과학은 원인과 결과를 그대로 파악하고 법칙을 정리하는 과학

**08** 가정학의 학문성을 과거에는 인정받지 못했다. 그 이유는?

① 학문영역의 설정에 대한 인식을 실용주의 의식보다 중요하게 여겼기 때문이다.
② 가사 일반의 처리기술만 실용적으로 전달되었기 때문이다.
③ 학문적인 본질을 지나치게 강조하였기 때문이다.
④ 여러학문들과 협동하여 연구하는 임무에 편중되었기 때문이다.

**09** 가정성의 개념을 바르게 설명한 것은?

① 각 가정의 특성
② 가정학자들이 가족생활을 보는 성격
③ 가족원이 자기 가족의 주요한 특성이라고 보는 성격
④ 일상의 가정생활을 잘 유지·발전시키기 위한 생명력

**10** 인간생태학적 관점에서의 가정학 체계에 대한 설명이다. 틀린 것은?

① 전문영역의 분류를 피하고, 생태학적인 면에서 가정학의 목적·방법을 고려한 체계이다.

② 현대사회의 요청보다 전문영역에 맞게 하기 위하여 사명·임무를 명확하게 파악하여 가정학의 혁신을 도모한 것이다.

③ 생물물리적·사회심리적·실천기술적 에코시스템(ecosystem)을 모델로 한 것이다.

④ 인간생태학은 인간과 환경의 상호작용을 규명한다는 점에서 가정학의 목적과 방법을 같이하고 있다.

**11** 가정학의 전문영역을 인적요소, 근접환경, 이 둘간의 상호작용으로 대별하고 각 전문영역에 전문적 훈련을 가하여 교육, 사회봉사, 기업에서의 활동, 연구라는 전문직에 진출한다고 본 학자는?

**12** 다음 중 크리크모어(A.M. Creekmore)가 제시한 가정학의 전문영역에 해당되지 않는 것은?

① 인적요소

② 근접환경

③ 상호작용

④ 보조과학

**13** 다음 〈보기〉에 해당하는 연구방법은?

> 〈보기〉
> 연구자와 관찰자가 직접 수집한 자료를 분석하지 않고 이미 있는 자료를 분석하므로 2차적 분석(secondary analysis)이라 일컫기도 한다.

① 문헌연구

② 조사연구

③ 실험연구

④ 사례연구

**14** 다음 중〈보기〉가 설명하는 것은?

> 〈보기〉
>
> 점수 또는 척도가 일반화하려고 하는 개념을 어느 정도로 잘 반영해 주고 있는가 하는 것이다.

**15** 다음은 실험 연구를 설명한 것이다. 틀린 것은?

① 실험에서 사용되는 자극- 독립변수(independent variable)
② 통제집단(control group)- 실험의 대상이 되는 집단
③ 사전검사(pre-testing)-실험 자극을 주기 이전에 실험 대상의 상태를 측정하는 것
④ 사후검사(post-testing)-실험 자극 이후에 실험 대상의 상태를 측정하는 것

**16** 가정학의 연구대상을 가정이라고 할 때 가장 큰 문제점은 무엇인가?

① 가정학의 범주가 축소된다.
② 가정학의 독자성이 불분명해진다.
③ 가족관계가 무시된다.
④ 여성만의 학문으로 제한된다.

**17** 생태계 모형을 기본으로 하여 가정학의 5가지 연구목표와 연구문제영역과 내용을 제시한 단체는?

**18** 가정생활을 가정학의 대상으로 보는 경우 바람직한 관점에 해당하지 않은 것은?

① 가정생활의 주체자는 생명체로서의 인간을 기본전제로 한다.
② 가정생활은 중층적·입체적인 구성체를 이룬다.
③ 가정생활은 그 구성요소들이 상호작용을 하면서 목적을 실현해 가는 통일된 조직체, 즉 시스템을 구성한다.
④ 가정생활을 풍부하게 하는 지역사회 서비스의 질과 이용 가능성을 향상시킨다.

**19** 핵가족설에 대한 설명이다. 적절하지 않는 것은?

① 메인(H. Maine), 웨스터마크 (E.A. Westermark), 말리노브스키 (B. Malinowski), 머독 (G. Murdock) 등에 의해 주장되어 왔다.

② 일부일처제의 핵가족은 인류의 역사와 함께 변화하면서 존재하여 왔다고 주장하는 학설이다.

③ 남성의 성과 경제생활의 통일로서의 혼인과 그에 기반을 둔 부부와 자녀의 동거집단인 핵가족은 인류에 보편적으로 존재한다고 보았다.

④ 역사적으로 다양한 형태의 가족 또는 모계제가 존재했음을 보여주는 실증적 자료가 축적되면서 핵가족설은 비판되고 있다.


**20** 가족의 기능에 대한 설명이다. 옳지 않은 것은?

① 문화를 전승한다.
② 성적 통제를 한다.
③ 혈연집단이다.
④ 생식의 욕구를 충족시킨다.


**21** 가족의 파생 기능에 대한 설명으로 적합하지 않은 것은?

① 고유기능과 기초적 기능으로부터 나오는 부차적 기능으로서, 생존의 수준을 벗어나 생활의 질을 높이기 위해 수행하는 기능이다.

② 대내적으로 교육· 보호· 휴식· 오락· 종교의 기능, 대외적으로는 문화 전달 기능· 사회안정화 기능이 있다.

③ 경제적 기능으로 항상적·고정적이지 않고 사회정세에 의해 양상이 크게 변화된다.

④ 사회분화에 따라 다양한 집단이나 조직에 의해 대체가능하고 실제로 많은 부분에 대체되고 있다.


**22** 상징적 상호작용 이론의 기본 전제를 설명한 것이다. 틀린 것은?

① 개인이 사물을 다루면서 사용하는 해석적 과정을 통해 조직되고 수정된다.
② 비 환원주의적 인간관으로서 인간은 그들이 부여하는 사물의 의미에 근거하여 행동한다.
③ 개인들은 자아개념을 갖고 태어나며 사회적 상호작용을 통해 지속적으로 발달시킨다.
④ 의미는 사람들이 상호작용하는 과정에서 형성되는 것으로 인간 행동의 이해는 그 행위의 동기 및 의미를 통해 파악된다.

**23** 다음은 「건강가정기본법」의 특성에 대한 설명이다. 틀린 것은?

① 「건강가정기본법」의 시행은 가족과 가정생활에 대한 새로운 전환이며, 통합적 가정 정책으로 가족의 삶의 질을 증진시키는 계기로 되었다.

② 「건강가정기본법」은 추상적인 가족복지정책이 구체적으로 구현된 것이다.

③ 「건강가정기본법」은 가족을 위한 서비스를 제공하며 현행 법체계에서는 「사회복지사업법」 내에 규정되어 있다.

④ 「건강가정기본법」은 다른 여타법의 대상인 노인이나 아동 등에 대해서처럼 가족을 위한 서비스를 제공한다.

**24** 카두신(A.Kadushin)이 지적한 가족복지서비스의 모형이다. 해당되지 않는 것은?

① 지원적 서비스

② 보완적 서비스

③ 대리적 서비스

④ 계획적 서비스

**25** 다음 중 가족 정책의 핵심과제에 해당되지 않는 것은 무엇인가?

① 가족 및 가족 구성원의 삶의 질 증진

② 다양한 가족의 자립 역량 강화

③ 일과 가정의 양립지원

④ 가족 정책 인프라 확충

**26** 다음 〈보기〉의 (      )안에 들어갈 말은?

---

〈보기〉

여성가족부 장관은 관계 중앙행정기관의 장과 협의하여 건강가정기본계획을 (      )마다 수립하여야 한다.

---

**27** 대한가정학회(KHEA)의 역사에 대한 설명이다. 옳지 않은 것은?

① 창립기(1947~1954)- 우리의 전통문화에 대한 정체를 일깨워 우리생활 방식으로 정착시키는데 주력하였다. 물질문화·정신문화의 활성화에 전념하였다.

② 재건기(1954~1959)- 과학적·경제적 가정생활 선도에 기여하고자 생활의 합리화를 위한 교육연구 계몽을 추진하였다.

③ 1960년대 학회는 계몽사업보다는 연구활동에 주력하였다.

④ 1980년대 들어서는 현대사회에서 가정학이 기여할 수 있는 분야를 보다 세분화하여 다루기 시작하였다.


**28** 1960년대 대한가정학회가 주력했던 주요활동이 아닌 것은?

① 학회지발간
② 월례회 개최
③ 전시회 및 바자회 개최
④ 가정과 교사들의 재교육


**29** 일제강점기의 우리나라 가정학 교육에 대한 설명으로 옳은 것은?

① 선교사의 교육활동이 활발하여 서구적인 교육이 주를 이루었다.
② 외국과 학술적 교류가 빈번하였다.
③ 기술적인 면에 치중하였다.
④ 1940년부터 학풍 쇄신을 단행하여 가정학이 크게 발달하였다.


**30** 우리나라에서 부녀자들을 교육하기 위한 문헌이 등장하기 시작한 때는?


**31** 전문인 양성을 위한 구체적인 방안으로 적절하지 않은 것은?

① 교육제도의 재정비
② 기술 직업인 양성
③ 산학협동에 의한 직업개발의 필요
④ 국공정책 수립 및 협조 강화

**32** 가정관리에 필요한 과학적 원리를 이해하고 적용하는 가정관리자의 행위가 의미하는 것은?

① 계획 및 수행에 있어서의 효율성
② 교육 및 훈련에 있어서의 경제성
③ 계획 및 수행에 있어서의 정확성
④ 교육 및 훈련에 있어서의 합리성

**33** 다음 중 영양사 자격에 대한 설명이다. 틀린 것은?

① 정신질환자는 영양사가 될 수 없다.
② 외국에서 영양사 면허를 받은 사람은 영양사 자격시험을 볼 수 있다.
③ 영양사 자격시험에 합격해야 한다.
④ 대학 또는 전문대학에서 가정학을 전공한 사람은 영양사 자격시험을 볼 수 있다.

# 03 가정학원론 실전모의고사 제 3 회

**\* 다음 문제를 읽고 답하라.**

**01** 다음 중 가정학의 바람직한 연구대상에 해당하는 것은?

① 가정과 국가의 관계
② 사회 내에서의 가정의 위치
③ 현대인에게 가정의 의미
④ 가정을 핵심으로 한 생활시스템

**02** 가정학과 철학의 관련성을 설명한 것은 ?

① 이념철학–문명철학
② 과학철학–문화철학
③ 사회철학–과학철학
④ 종교철학–사회철학

**03** 가치는 본질가치, 수단가치, 궁극적 목적가치, 중간목적가치, 규범가치, 사실가치 등으로 나눌 수 있다. 윤리적으로 바람직하다고 생각되는 가치에 해당하는 것은?

**04** 제1회 L.P.C( Lake Placid Conferences )의 업적에 해당하는 것은?

① 홈 이코노믹스(home economics)의 사회학적 시대에 들어갔음이 확인되었다.
② 가정의 위생학적 지식을 보급하기 위한 교원 양성 문제에 관해 토의되었고, 가정 경영의 문제 의식이 부각되었다.
③ 물적 환경뿐만 아니라 인적 특성에 대한 포괄적인 홈 이코노믹스의 정의가 검토되었다.
④ 홈 이코노믹스(home economics)란 명칭에 의해 의견일치를 보았다.

**05** 일본 가정학의 발전에 영향을 준 나라는?

**06** 다음 가정학의 일반 목적 중 모든 학문의 궁극적인 목적에 해당하는 것은?

① 가정생활의 향상
② 인간개발
③ 인류의 복지증진
④ 가족의 행복증진

**07** 가정학과 인간생태학에 관한 설명이다. 바르게 설명한 것은?

① 인간과 그의 일상생활환경과의 상호작용을 규명한다는 점에서 기본사고가 같다.
② 학문명칭도 다르고 서로 무관하다.
③ 동일한 용어를 서로 다르게 번역한 것이다.
④ 기본철학이 전혀 다른 새로운 학문이다.

**08** 가정학의 독자성을 설명한 학자는 ?

**09** 앞으로의 가정학 과제로 적절한 것은?

① 가정학은 발생 초기부터 이론보다는 기술이 중시되었으므로 그 특성을 강화하여 기능향상을 주된 임무로 삼아야 한다.
② 가정학에서 응용분야는 이미 발달했으므로 앞으로는 이론구축에 전력해야 한다.
③ 가정학의 학문적 발달을 위하여 전문분야를 종합하는 시각보다 더욱 세분화하여 연구해야 한다.
④ 가정생활이 인간과 환경과의 상호작용에서 이루어진다는 시각에서 인간생태학적으로 연구할 필요가 있다.

**10** 가정(家政)을 중핵으로 하는 생활시스템과 이를 중심으로 한 각 영역을 대상으로 하는 가정학 체계 구성요소는?

① 보조과학
② 영역과학
③ 실천적 가정학
④ 응용과학


**11** 가정학을 체계화할 때 전문영역별로 분류하지 않고 생태학적인 면에서 가정학의 목적·방법을 고려한 관점은?


**12** 각 영역의 여러 요소들을 대상으로 하여 구체적인 사실 인식을 추구하는 과학이다. 이에 해당되는 것은?

① 응용과학
② 보조과학
③ 영역과학
④ 실천과학


**13** 다음 연역적 방법에 대한 설명으로 틀린 것은?

① 일반적 사실이나 원리를 전제로 하여 개별적인 특수한 사실이나 원리를 결론으로 이끌어내는 추리 방법이다.
② 주로 가설 검증에 사용된다.
③ 실천가정학의 연구방법으로 연역적 방법이 주체를 이룬다.
④ 자료 분석을 통해 내재된 체계적인 유형을 바탕으로 이론을 구성한다.


**14** 연구에 있어서 어떤 요인이 다른 요인에 영향을 미칠 때, 영향을 미치는 요인을 무엇이라고 하는가?

**15** 다음 중 확률표집법에 해당하는 것은?

① 단순 무작위 표집
② 유의 표집
③ 편의 표집
④ 할당표집


**16** 과학적 연구의 과정이 바르게 나열된 것은?

① 이론→작업가설 설정→관찰→경험적 일반화
② 작업가설 설정→이론→경험적 일반화→관찰
③ 작업가설 설정→관찰→경험적 일반화→이론
④ 관찰→작업가설 설정→경험적 일반화→이론


**17** 식생활 분야에서 가장 많이 쓰이는 연구방법은?


**18** 미국가정대학 학장협의회(AAHE)는 1970년 생태계모형을 기본으로 하여 가정학의 5가지 연구목표를 제시하였다. 인간의 근접 환경을 이루는 물리적 구성요소를 향상시키는 연구문제영역에 해당하는 것은?

① 주거와 환경
② 영양 상태
③ 인지적 발달
④ 사회적·정서적 발달


**19** 히라다가 제시한 가정생활의 독자적 성격에 해당하는 것은?

① 내적 안정성
② 보호성
③ 경제적 보장성
④ 대면성

**20** 가정생활의 본질상 모든 시대를 통해 가정생활에서 수행하고 있는 역할은?

① 생산과 소비
② 생식과 양육
③ 보호와 휴식
④ 육아와 침식

**21** 주생활 수준 악화의 원인이 아닌 것은?

① 주택 수요의 증가
② 주택 공급의 불충분
③ 지가주의의 보편화
④ 공공임대주택 활성화

**22** 현대 가정생활의 현상 중 가족구조의 변화에 대한 설명이다. 틀린 것은?

① 가구 수의 감소와 가족원 수의 증가
② 맞벌이 부부가정의 증가
③ 노인가족의 증가
④ 가정의 계층 변화

**23** 「건강가정기본법」에 근거한 건강가정사업에 해당하지 않는 것은?

① 개인에 대한 지원
② 자녀양육 지원강화
③ 가족 단위 복지 증진
④ 가족 단위의 시민적 역할 증진

**24** 가족 중심 서비스의 특성을 설명한 것이다. 옳지 않은 것은?

① 서비스는 1개월에서 4개월 정도 시간 제한적으로 제공된다.

② 부모는 2차적 보호 제공자, 양육자, 교육자로서 가족에 대한 책임을 진다.

③ 가정은 일차적 서비스의 장소이며, 가족, 확대가족, 이웃, 지역사회를 포함한 자연적 원조 자원이 최대한 활용된다.

④ 응급사례는 24시간 이용 가능하다.


**25** 다음은 건강가정사의 직무에 대한 설명이다. 틀린 것은?

① 건강가정의 유지를 위한 프로그램의 개발: 프로그램개발자

② 가정생활 문화운동의 전개: 가족생활교육자

③ 아동보호전문기관 등 지역사회 자원과의 연계: 지역사회 네트워크 연계자

④ 가정문제의 예방·상담 및 개선: 상담자


**26** 우리나라 근대 이전의 가정교육에 대한 설명이다. 옳지 않은 것은?

① 가정을 중심으로 이루어지고 형식적인 교육이었다.

② 구전과 전수 및 교훈 실습으로 가사 기술을 습득하는 교육, 즉 생활교육을 받았다

③ 남존여비 사상의 강조로 여성의 지위는 존중되지 않았다.

④ 여성교육은 가정 중심의 여성 생활에 관한 모든 것을 가르치는 현장교육이었다.


**27** 우리나라 가정학 교육의 초기 모습을 설명한 것이다. 틀린 것은?

① 서양의 생활 문화를 토대로 하였다.

② 학문적 이론과 함께 생활 개선에 중점을 두었다.

③ 살림살이를 좀 더 능률적이고 과학적으로 하기 위한 것이었다.

④ 주로 서구의 선교사들에 의해 시작되었다.

**28** 우리나라 최초의 가정학 여성교육 기관에 해당하는 것은?

① 서울대학교
② 숙명여전
③ 성균관
④ 이화학당

**29** 우리나라 가정학의 발달과정에 대한 설명이다. 옳지 않은 것은?

① 해방 이후에도 주로 일본 가정학의 영향을 많이 받았다.
② 조선시대 초창기에는 선교사를 중심으로 생활개선에 중점을 두어 가정학 교육을 실시하였다.
③ 일제강점기에는 재봉, 수예, 요리 등의 기능적 측면을 중시하였다.
④ 현대는 가정학이 전문직으로 보급되고 있다.

**30** 각국의 가정학 역사 및 동향에 대한 설명이다. 옳지 않은 것은?

① 북유럽 4개국은 스칸디나비아 연합의 가정 종합 대학을 조직하여 종합 관리해 오고 있다.
② 1870년 미스키더(Miss kidder)가 요코하마에 일본 최초의 여학교를 설립하였다.
③ 브라질의 가정학회 ABED, BAHE는 1969년에 창설되었다.
④ 미국의 가정학 운동은 리처즈(E.H. Richards)로부터 시작(1780년경)되었다.

**31** 가정학을 과학적·실천적으로 학습하는 것이 필요하다고 주장한 미국의 학자는?

**32** 의상디자이너의 자격으로 적합하지 않은 것은?

① 창의적인 상상력과 능력

② 미래를 조망하는 선견 능력

③ 스타일 감각과 전통의상의 고수

④ 스케치, 패턴 제작, 그레이딩(grading), 등에 관한 지식과 기술


**33** 영양학자의 단점에 해당하는 것은?

① 개인의 이익추구가 어려워진다.

② 자신의 성취여부를 측정하기가 어렵다.

③ 인간의 복지증진에 기여하지 못한다.

④ 영양에 대한 중요성이 인식되지 못하고 있다.

# 04 가정학원론 실전모의고사 제 4 회

**\* 다음 문제를 읽고 답하라.**

**01 가정학원론의 의의에 대한 설명이다. 가장 옳은 것은?**

① 가정학 전공자의 진로를 설명한 것이다.
② 가정학이라는 학문의 성립 근거를 밝히는 것이다.
③ 가정학 전공자의 자격을 밝히는 것이다.
④ 가정학에서 다루는 내용을 개괄적으로 설명한 것이다.

**02 가정학을 실천과학으로 보는 이유로 맞는 것은?**

① 가정학의 체계성
② 가정학의 통합성
③ 가정학의 실용성
④ 가정학의 이론성

**03 다음 중 가정학원론의 내용으로서 가장 적합한 것은?**

① 가정생활분석기법
② 가정학의 체계
③ 현대가족의 문제
④ 가정관리자의 임무

**04 북유럽 4개국의 정부 기관으로 구성되어 있는 것은?**

**05** 1968년 크리크모어(A.M. Creekmore)가 제시한 가정학 정의에서 강조하는 것은?

① 심리적 특성 강조
② 물질과 환경과의 관계 강조
③ 물질과 사람의 상호작용 강조
④ 사회적 특성 강조

**06** 다음 중 가정학의 구체적 목표에 해당하는 것은?

① 위생적 가정환경조성
② 능률적인 가사노동환경 조성
③ 자녀의 사회화
④ 가정생활의 향상

**07** 다음 용어 중 가정학의 독자성을 가장 잘 나타내는 용어는 ?

① 가정성
② 가정학원론
③ 가족
④ 가족관계

**08** 가정학의 성격을 가장 잘 설명한 것은 ?

① 소비과학이다.
② 가정경영학이다.
③ 경험과학이다.
④ 생산과학이다.

**09** 일상의 가정생활을 보다 잘 유지·발전시키는 생명력과 생활력을 말하는 것은?

**10** 경험을 통하여 특수대상에 대응한 방법으로 이 특수영역에 있어서의 객관적이고 보편적인 것을 발견하여 객체적 대상에 대한 인식을 체계화한 것은 무엇인가?

① 과학
② 자연과학
③ 특수과학
④ 철학

**11** 가정학의 영역 중 인적요소와 물적요소의 관계를 주로 다루는 영역은?

① 가정경영학
② 육아
③ 가족관계학
④ 단체급식론

**12** 다음 보기의 (    )안에 들어갈 용어는?

〈보기〉
경계영역은 가정학의 고유영역을 연구하는 기초가 되는 점에서 (          )이라고 할 수도 있다.

① 기초영역
② 고유영역
③ 파생영역
④ 응용영역

**13** 가정학 시스템론에서 실천적 가정학이 초점을 맞추는 단계는?

① 법칙추구단계
② 의미해석단계
③ 사실인식단계
④ 가치인식단계

**14** 표집의 종류중 확률표집의 논리를 따르면서 필요에 따라 표집률을 달리하여 표본을 추출하는 방법은?

**15** 경영은 어디까지나 기업에 해당하는 것이지 가정에는 적합하지 않다고 주장한 학자는?

**16** 실험집단과 통제집단이 구별되어야 하는 연구방법은?

① 조사연구
② 실험연구
③ 현지연구
④ 문헌연구

**17** 인과관계를 인정하기 위한 조건이 모두 나열된 것은?

① 공변이, 독립변수, 허구성
② 시간적 순서, 종속변수, 비허구성
③ 공변이, 시간적 순서, 비허구성
④ 시간적 순서, 허구성, 종속변수

**18** 연구에 있어서 어떤 요인이 다른 요인에게 영향을 미칠 때, 영향을 미치는 요인을 무엇이라고 하는가?

① 독립변수
② 매개변수
③ 통제변수
④ 종속변수

**19** 유형을 질문지법과 면접법으로 나눌 수 있는 연구방법은?

① 현지연구
② 실험연구
③ 조사연구
④ 문헌연구

**20** 가정생활의 특징을 내적 안정성, 경제적 보장성, 보호성, 구속성 등으로 제시한 학자는?

① 가고야마
② 히라다
③ 크리크모어
④ 파슨스

**21** 가정학의 대상을 가정이라고 할 때 장점은?

① 전공을 다양하게 발전시킬 수 있다.
② 여성에 대한 교육을 강화할 수 있다.
③ 가정학의 독자성이 분명해진다.
④ 가정학 전공자의 직업을 다양하게 개발할 수 있다.

**22** 식품가공이 갖는 의의로 볼 수 없는 것은?

① 식량의 대량 유통 가능
② 식품의 변질 방지
③ 식품의 이용도 다양화
④ 식품의 품질과 보존성 제고

**23** 식품 유통에서 나타나는 문제라고 볼 수 없는 것은?

① 소비자의 과도한 지출
② 자본의 비대화와 과점화
③ 자본의 확대로 인한 생산자인 농민의 이윤 증가
④ 농가에서의 식품 구입에 따른 식품 유통 부문의 거대화

**24** 우리나라 개별가계에서 주생활에 가장 치중했던 분야는 무엇인가?

① 학군 및 교통편의 등 사회환경의 추구
② 사회간접자본의 확충
③ 내집 마련
④ 내구재의 확보

**25** 합성섬유의 출현과 의류품의 기성화로 인해 나타나는 문제로 볼 수 없는 것은?

① 비싼가격
② 위생상의 문제
③ 불필요한 소비의 조장
④ 공해문제

**26** 자아가 있다는 것은 개인은 그 자체가 사회의 하나의 축소판이며, 정신적인 생활이 가능하다고 주장한 학자는?

**27** 개인주의적 교환이론에 해당하는 학자는?

**28** 다음은 건강가정사의 직무에 대한 설명이다. 틀린 것은?

① 건강가정의 유지를 위한 프로그램의 개발
② 가정생활 문화운동의 전개
③ 아동보호전문기관 등 지역사회 자원과의 연계
④ 가정문제의 예방·상담 및 개선

**29** 건강가정사업의 목적으로 옳지 않은 것은?

① 가정기능의 강화
② 지역사회 중심의 서비스 제공
③ 정부주도적 복지 서비스 제공
④ 가정 문제의 예방

**30** 여성교훈서에 나타난 교육 내용의 특색을 설명한 것이다. 틀린 것은?

① 여자에게 정숙·정열 및 올바른 정조관을 가지도록 가르쳤다.
② 봉제사와 접빈의 예절을 가르쳤다.
③ 가사 기술과 가정 관리 경영 기술을 가르쳤다.
④ 육아법과 자녀 교육에 대한 몸가짐 태도를 가르쳤다.

**31** 리처즈(E.H. Richards)가 주장했으며 초기에 미국가정학회(AHEA)를 이끌었던 가정 운동은?

**32** 가족 정책의 핵심과제 중 가족 기능 강화에 대한 설명이다. 아닌 것은?

① 교육문화사업 확대
② 가족에 대한 상담
③ 가족 서비스 전달체계 효율화
④ 아이돌보미 서비스를 통한 가족 양육 지원

**33** 시설관리분야가 지닌 단점으로 옳지 않은 것은?

① 성공을 위한 긴장감의 증가
② 대인관계에 항상 관심을 가져야 한다.
③ 시간 관리를 잘해야 한다.
④ 사회적 수요감소

# 05 가정학원론 실전모의고사 정답 및 해설

## 실전모의고사 제 1 회 정답 및 해설

**01** 정답 ①

해설 가정학원론은 가정학의 연구대상, 방법, 목적, 체계 등을 통해 의의를 추구하고 가정학의 이념을 확립시키고 주변 학문과의 연계를 확고히 하며, 가정학의 한 분과로서 자리 잡고 있다.

**02** 정답 ③

해설 8.15해방 전의 우리나라의 여자 전문교육은 이화여전, 숙명여전, 경성사범 등 3개교에 불과하였다.

**03** 정답 ④

해설 가정학원론은 가정학의 학문성을 이해하고 발전시키기 위해 필수적인 학문이다. 가정학을 학문으로 규정할 때 가정학의 원점과 성립 근거를 해명하고 가정학이 어떤 학문인가를 명확하게 할 수 있다. 가정학 원론이 특히 필요한 이유는 실천학문으로서 학문의 정체성을 밝히기 위해 필요하다

**04** 정답 ②

해설 가정학의 정의에서 중요한 요소
㉠ 인간을 연구대상으로 한다.
㉡ 인간과 물질의 상호작용을 연구한다.
㉢ 생태학적 관점이 중시된다.

**05** 정답 **리처즈(E.H.Richards)**

해설 리처즈(E.H.Richards)는 1910년에「우경학(優境學, Euthenics)」저서를 발간하여 일찍이 오늘날의 인간생태학의 방향을 잡았고, 가정학은 생활환경 개선에 의해 가족의 향상을 촉진하는 과학인 우경학이라 하였다.

**06** 정답 ③

해설 가정학은 생활과학이라는 견해는 가정 내의 일이 산업화로 점차 가정 외에서 이루어지자, 가정학의 대상을 가정생활에 국한시키지 않고 아예 생활과학으로 하자는 견해이다. 이 견해는 인간 생활의 모든 면을 대상으로 하기 때문에 과학의 체계가 불가능하다는 문제점이 있다.

**07** 정답 ②

해설 8.15까지 가정학은 가사과란 교과명이 사용되었다.

**08** 정답 ④

해설 학문은 기본적으로 확산의 원리와 통합의 원리가 지배적이다. 확산의 원리는 학문의 외연성 지향을 의미하며, 통합의 원리는 내부로 과제를 집중시키는 구심적인 주체성을 강조한다.

**09** 정답 **과학**

해설 과학은 경험을 통하여 특정 대상에 대응하는 방법으로 대상이 갖는 객관적이며 보편적인 법칙을 발견하여 객체적 대상에 관한 인식을 체계화한 것이다.

**10** 정답 ②

해설 가정학은 어느 한 가지 과학에만 속하지 않고 자연, 사회, 인문의 3과학 분야에 걸친 종합과학적인 성격을 가지고 있다. 또한 가정학은   연구 목적을 가족의 행복증진에 두므로 과학 분류상 이론과학이 아닌 실천과학의 성격을 갖는다.

**11** 정답 ①

해설 가정학은 자연과학, 사회과학, 인문과학, 미학 등 여러 가지 학문이 복합된 학문특성이 있다는 것은 특성을 설명한 것이기 때문에 가정학 체계화의 난점이라고 볼 수 없다.

**12** 정답 **체계**

해설 일반적 의미에서의 체계는 어떤 것을 구성하는 각 부분을 계통적으로 통일한 전체를 말한다. 즉, 일정한 원리에 의하여 조직된 지식의 통일된 전체를 의미한다.

**13** 정답 ②

해설 고유영역은 옛날부터 가정학의 영역이었고, 다른 과학에서는 거의 연구되지 않은 영역으로 가정경영이 가장 대표적이다.

**14** 정답 **신뢰도, 신뢰성**

해설 신뢰성은 둘 이상의 관찰자가 각기 관찰해서 동일한 결과를 얻을 수 있는 정도를 말하는 것으로 타당성과 함께 연구 자료의 질을 판가름하는 기준이 된다.

**15** 정답 ②

해설 상징적 상호작용의 의미이해를 목표로 하는 입장은 해석과학적 관점이다.

**16** 정답 ②

해설 해석과학적 관점의 타당화 방법은 간주관적으로 공유된 의미의 분석, 개념분석이다. 통제된 관찰과 실험은 표준과학적 관점(분석적, 경험적)의 타당화 방법이다.

**17** 정답 ③

해설 일반적으로 과학적 연구의 목적은 기술(技術)과 이해의 목적, 설명의 목적, 예측의 목적, 통제의 목적을 가지고 있다.

**18** 정답 ①

해설 생활시스템의 구성요소는 ⊙ 가정(家政) ▪ 가족 하위 시스템: 가족의 개인적인 요소(예) 지식·기능·건강·신념)와 상호관계 등 ▪ 관리하위 시스템: 가정 담당자의 경영기능(예) 의사결정·목표설정·계획입안·실천 등) 중심 ⓒ 가정환경·가정생활에 필요한 자원 ⓒ 환경: 가정생활에 긴밀한 관계에 있는 사회적, 자연적 여러 사상(事象) 등이 있다.

**19** 정답 ③

해설 가정학의 연구대상은 일상적인 '가정생활'이라는 것이 통설이다. 이는 가정학의 여러 분야를 포괄하며, 환경과의 상호작용에 관련해서도 그 기점을 이루며, 행복을 추구하는 인간이 주체가 된다는 점에서 고도의 철학적 가치를 기본 전제로 한다.

**20** 정답 ③

해설 '결혼, 혈연, 양자결연 등에 의해 관계가 맺어진 혈연집단이다.'는 가족의 개념을 설명한 것이다. '가족이 있는 장소이다. 가정은 결혼·자녀·가정생활·가(家)의 네 가지 요소로 구성된다. 가족원이 생활을 함께하는 최소의 사회집단이다.'는 가정의 개념을 설명한 것이다.

**21** 정답 ③

해설 유아의 인격을 형성하는데 가족이 제1차적인 중요성을 가지고 있다는 쿨리(C.H. Cooley)의 견해에 따라 가족은 제차적인 복지추구의 집단으로 정의된다.

**22** 정답 버제스(E.Burgess)

해설 버제스(E.Burgess)는 가족 기능이 상실된 점은 전통적 가족 기능의 부분이며 어떤 측면은 보다 강조되었다고 하여 가족 기능 특수화론을 제시하였다.

**23** 정답 ②

해설 머독(G. Murdock)은 「사회구조론」(1949)에서 핵가족이라는 용어를 최초로 사용하였으며, 일부일처제의 핵가족은 인류의 역사와 함께 변함없이 존재하여 왔다고 주장하였다.

**24** 정답 ②

해설 올슨(Olson)과 드프레인(DeFrain)은 '모든 가정은 잠재적 성장 영역을 가지고 있다는 의미에서 건강성을 가지고 있으며, 가정의 건강성은 가정의 구조나 형태를 말하는 것이 아니라 그것의 기능을 말하는 것이다.' 라고 주장하였다.

**25** 정답 미시체계

해설 일상적으로 겪게 되는 상황이면서 동시에 개인이 직접 접촉하는 물리적 환경이다. 예) 가족과 놀이터, 학교, 동아리, 또래 친구 등

**26** 정답 ④

해설 교환이론은 사회적 행동을 두 사람 간에 교환 자원을 주고받는 반복적인 행위가 이루어지는 것으로 본다.

**27** 정답 ②

해설 전문가들에게 글로벌 네트워킹 기회를 제공하는 것이다.

**28** 정답 **모릴 랜드그랜트 법(Morrill Land-Grant Act)**

해설 모릴 랜드그랜트 법(Morrill Land-Grant Act)은 산업계층에게 일반교양교육과 직업교육을 실시하여 문제해 결의 능력을 학습하도록 하는 것을 목적으로 하며, 가정학 발달에 큰 공헌을 한 랜드그랜트 칼리지 (Land-Grant College)의 모체가 된 법이다.

**29** 정답 ②

해설 조선시대 여성교훈서의 여성교육은 부덕교육의 내용과 생활교육(가사 기술의 습득)의 내용으로 되어 있으 며 부덕교육으로 사행(부덕, 부신, 부용, 부공)에 힘쓰고, 덕성을 함양함을 강조했고, 생활교육으로 봉제사의 예법을 중시하고 검소함과 자녀교육의 교훈을 주 내용으로 하고 있다.

**30** 정답 ①

해설 『계녀서(戒女書)』는 우암 송시열의 저술로, 권유에게 출가하는 맏딸을 위해 적어준 교훈서이다.

**31** 정답 ③

해설 가정학은 '가치중립적'인 이론학문이 아니라 특정 가치를 가진 사회 목적·목표를 달성하기 위해 여러 학문 이 만나는 접합점이다.

**32** 정답 ③

해설 전문가는 지식의 사회적 수호자로서의 자신의 역할을 항상 인식하고 있음에도 불구하고 그들은 거의 그 역 할에 부합하는 기능을 하지 않고 있다.

**33** 정답 **HEIB(Home Economists in Business)**

해설 히브(HEIB: Home Economists in Business)는 기업에 적을 두고 소비자와의 교량적 역할을 수행하는 가정 학 전공자를 말한다.

**01** 정답 ③

해설 가정학의 성격은 과학성, 응용성, 규범성, 실천성, 통합성을 가진다.

**02** 정답 ②

해설 가정학의 체계화를 위한 통합의 원리에는 연구대상, 연구목적, 연구 방법 등이 있다.

**03** 정답 ①

해설 하나의 독립된 학문이 정립되기 위해서는 연구대상, 연구목적, 연구방법이 규명되어야 하기 때문에 가정학 원론에 이러한 내용을 포함시켜야 한다.

**04** 정답 **1972년 세계가정학회(IFHE, 헬싱키 개최)**

해설 1972년 제12회 세계가정학회(IFHE: International Federation of Home Economics, 헬싱키 개최)에서 「가정학 정의에 관한 선언」을 발표하고 각 나라는 이를 토대로 하거나 참고로 해서 자국에 적합한 정의를 작성해 나가기로 결정하였다.

**05** 정답 ④

해설 리처즈(Richards)의 가정학 정의 (제4회 Lake Placid Conferences, 1902) 가정학(home economics)은 가장 포괄적인 의미에서, 인간과 직접 관계가 있는 물적 환경과 사회적 존재로서의 인간 본성에 대해 법칙·재조건·원리 및 이상에 대해서 연구한다. 특히 이 상호관계에 대해 규명하는 데에 가정학의 사명이 있다. (물질과 인간의 관계 연구)

**06** 정답 **1909년**

해설 미국 가정학회(AHEA)는 1909년 1월 1일에 결성되었다.

**07** 정답 ③

해설 행동과학은 행동을 전체적으로 다루어 논리 실증적으로 연구하는 과학의 총칭이며 심리학은 인간의 정신과정과 행동을 연구하는 학문으로 정신과학의 종류이다.

**08** 정답 ②

해설 학문으로 인식되기 전의 가정학은 자연생활이나 사회상황이 요구한 가사 일반의 처리기술만이 실용적으로 전달되는 실용적 기술론에 편중되고 있었다.

**09** 정답 ④

해설 가정성이란 개념은 가족원들이 가정생활의 독자적 기능에 관해 대내외적으로 인간다운 생활을 유지·발전시키기 위해 노력하는 가정의 주축이 되는 개념을 의미한다. 가정성은 일상의 가정생활을 보다 잘 유지·발전시키는 생명력이며 생활력이다.

**10** 정답 ②

해설 인간생태학적 관점에서의 가정학 체계는 전문 영역별로 나누는 것보다는 현대사회의 요청에 맞게 하기 위하여 사명·임무를 명확하게 파악하여 가정학의 혁신을 도모한 것이다.

**11** 정답 **크리크모어(A.M. Creekmore)**

해설 크리크모어(A.M. Creekmore)는 가정학의 전문영역을 인적요소, 근접환경, 이 둘간의 상호작용으로 대별하고 각 전문영역에 전문적 훈련을 가하여 교육, 사회봉사, 기업에서의 활동, 연구라는 전문직에 진출한다고 본다.

**12** 정답 ④

해설 미야가와(宮川滿)와 미야시다(宮下美智子)는 기능면과 구조 면을 관련시켜 통일적으로 체계화시키는 것이 바람직하다고 보고 가정학 체계의 구성요소를 실천적 가정학, 영역 과학, 보조과학으로 설명하였다.

**13** 정답 ①

해설 문헌연구는 연구자와 관찰자가 직접 수집한 자료를 분석하지 않고 이미 있는 자료를 분석하므로 2차적 분석(secondary analysis)이라 일컫기도 한다.

**14** 정답 **내용 타당도**

해설 타당성은 측정하려는 것을 제대로 측정하고 있느냐의 동일성 확인에 관한 것이다. 점수 또는 척도가 일반화하려고 하는 개념을 어느 정도로 잘 반영해 주고 있는가 하는 것은 내용 타당도이다.

**15** 정답 ②

해설 실험의 대상이 되는 집단은 실험집단(experiment group)이다. 통제집단(control group)은 모든 조건은 실험집단과 동일하고 다만 실험자극을 주지 않는 집단이다. 실험에서 실험 자극에 대한 변화를 파악해 낼 수 있는 것은 통제집단이 있기 때문이다.

**16** 정답 ①

해설 가정(家政)'은 가정학의 분과인 가정경영이 중심이 되므로 가정생활이라는 영역을 연구하는 여러 과학이 경시되거나 무시됨으로써 가정학의 범주가 축소되어 현재의 가정학의 전 분야를 감싸지 못한다.

**17** 정답 **미국가정대학학장협의회(AAHE)**

해설 미국가정대학학장협의회(AAHE)는 1970년 생태계 모형을 기본으로 하여 가정학의 5가지 연구목표를 설정하고 각각 연구문제영역과 특정연구 내용을 제시하였다.

**18** 정답 ④

해설 가정생활을 가정학의 대상으로 보는 경우 바람직한 관점은 ① 가정생활의 주체자는 생명체로서의 인간, 즉 신체적·정신적 능력을 가진 인간임을 기본전제로 하지 않으면 안된다. ② 가정생활은 중층적·입체적인 구성체를 이룬다. ③ 가정생활은 그 구성요소들이 상호작용을 하면서 목적을 실현해 가는 통일된 조직체, 즉 시스템을 구성한다.

**19** 정답 ②

해설 핵가족설은 일부일처제의 핵가족은 인류의 역사와 함께 변함없이 존재하여 왔다고 주장하는 학설이다. 종의 보존 본능과 질투심과 같은 인간의 본성을 고려해 볼 경우에 또는 문화인류학적인 실증적 연구를 토대로 볼 경우에 핵가족설이 타당하다고 주장한다.

**20** 정답 ③

해설 가족이 혈연집단이라는 특성은 가족의 구성을 설명하는 내용이다.

**21** 정답 ③

해설 경제적 기능은 가족의 고유 기능과 파생기능을 성립시키는 기초적 기능에 속한다. 항상적·고정적이지 않고 사회정세에 의해 양상이 크게 변화된다. 그러나 이 기능이 존재함으로써 가족의 다른 여러 기능의 전개가 가능하다.

**22** 정답 ③

해설 개인들은 자아개념을 갖고 태어나는 것이 아니라 사회적 상호작용을 통해 발달시킨다.

**23** 정답 ③

해설 「건강가정기본법」은 가족을 위한 서비스를 제공하지만 현행 법체계에서는 「사회복지사업법」 내에 규정되어 있지 않으므로 기타 사회복지와 관련되는 법으로 볼 수 있다.

**24** 정답 ④

해설 카두신(A.Kadushin)이 지적한 가족복지서비스의 모형은 1차적으로 지원적 서비스, 2차적으로 보완적 서비스, 3차적으로 대리적 서비스가 있다.

**25** 정답 ①

해설 가족 정책의 핵심과제는 가족 기능 강화, 다양한 가족의 자립 역량 강화, 일과 가정의 양립지원, 가족 정책 인프라 확충 등이 있다.

**26** 정답 **5년**

해설 여성가족부 장관은 관계 중앙행정기관의 장과 협의하여 건강가정기본계획을 5년마다 수립하여야 한다.

**27** 정답 ③

해설 1960년대 학회는 학회의 도약기로 계몽사업과 연구 사업에 중점을 두었다.

**28** 정답 ④

해설 1960년대 대한가정학회 사업내용은 학회지를 계속 발행하였으며 월례회, 전시회, 바자회를 개최하는데 주력하였다.

**29** 정답 ③

해설 일제강점기 때는 가정학의 기능적 측면을 중시하였으며 가사교과목을 필수과목으로 가르쳤다.

**30** 정답 **조선 중기**

해설 조선 중기 1475년(성종 8년) 소혜왕후의 저술인 『내훈(內訓)』이 우리나라 여성교육을 위한 전통적인 문헌으로 최초의 교양서적이다.

**31** 정답 ②

해설 전문인 양성을 위한 구체적인 방안으로는 교육제도의 재정비, 학생들의 인지적 기술개발과 지도력 양성, 산학협동에 의한 직업개발의 필요, 국공정책 수립 및 협조 강화, 학문적 통합에서 본 새로운 연구개발, 가정학 전공자의 직업의식 고양 등을 들 수 있다.

**32** 정답 ①

해설 가정관리직을 수행하는 가정학 전공자는 가정관리에 필요한 과학적 원리를 이해하고 적용하는데, 이는 계획 및 수행에 있어서의 효율성을 의미한다. 가정관리를 위한 교육 및 훈련에서는 가치판단 능력 및 건전한 의사결정 능력을 할 수 있는 능력을 개발하는 것을 의미한다.

**33** 정답 ④

해설 우리나라에서 영양사가 되기 위해서는 「국민영양관리법」에 따른 대학, 산업대학, 전문대학 또는 방송통신대학에서 식품학 또는 영양학을 전공하고 영양사 국가시험에 합격한 후 보건복지부 장관의 면허를 받아야 한다.

**01** 정답 ④

해설 종래 가정학의 통일을 어렵게 만든 원인의 하나는 대상이 애매한 것에 있다. 따라서 가정을 핵심으로 하는 생활시스템을 가정학의 연구대상으로 한다.

**02** 정답 ②

해설 과학철학과 가정학의 관련성: 가정학은 과학의 개념이나 분류에 관한 기초지식을 제공하는 과학철학과 관련된다. 가정학과 문화철학의 관련성: 가정학은 의사결정 등의 가치 인식에 관계되는 문화철학과 관련된다.

**03** 정답 **규범가치**

해설 가치는 본질가치, 수단가치, 궁극적 목적가치, 중간목적가치, 규범가치, 사실가치 등으로 나눌 수 있다. 규범가치는 윤리적으로 바람직하다고 생각되는 가치이다.

**04** 정답 ④

해설 제1회 L.P.C(1899년)에서 홈 이코노믹스(home economics)란 명칭에 의해 의견일치를 보았다.

**05** 정답 **미국**

해설 일본에서의 가정학은 미국 가정학의 영향을 많이 받고 있다.

**06** 정답 ③

해설 가정학의 일반 목적은 ① 인류의 복지증진– 모든 학문의 궁극적인 목적이다. ② 가족의 행복증진– 기본적인 요소이며 단위가 된다.
구체적 목표에는 ① 인간개발 ②가정생활의 향상이 있다.

**07** 정답 ①

해설 미국의 가정학계에서는 인간과 환경의 상호 관계에서 가정은 가족을 위한 생명유지체계로 보고 있다. 이런 점이 가정학과 인간생태학의 기본사고가 같은 점이라고 할 수 있다.

**08** 정답 **마쓰시마(松島千代野)**

해설 일본의 가정학자 마쓰시마(松島千代野)는 가정학의 독자성 및 유일성(uniqueness)을 규명할 때 가장 적절한 개념은 '가정성(家政性)'이라 하였다.

**09** 정답 ④

해설 가정생활이 인간과 환경과의 상호작용에서 이루어진다는 시각에서 인간생태학으로 연구할 필요가 있다.

**10** 정답 ③

해설 가정학의 가장 중요한 대상으로 가정(家政)을 중핵으로 하는 생활시스템과 이를 중심으로 한 각 영역이 파악된다. 이렇게 파악된 각 영역이 실천을 중심으로 하는 가정학의 주된 내용이고, 곧 실천적 가정학으로서의 위치를 차지하게 된다.

**11** 정답 **인간생태학적 체계관점**

해설 인간생태학적 관점에서의 가정학 체계는 종래의 의· 식· 주· 아동 등 전문영역의 분류를 피하고, 생태학적인 면에서 가정학의 목적·방법을 고려한 체계이다. 즉, 전문 영역별로 나누는 것보다는 현대사회의 요청에 맞게 하기 위하여 사명·임무를 명확하게 파악하여 가정학의 혁신을 도모한 것이다.

**12** 정답 ③

해설 영역과학은 각 영역의 여러 요소들을 대상으로 하여 구체적인 사실 인식을 추구하는 과학이다. 영역 과학은 실천적 가정학에서 각 영역에 대한 객관적 사실을 제공하는 작용을 한다.

**13** 정답 ④

해설 자료 분석을 통해 내재된 체계적인 유형을 바탕으로 이론을 구성하는 방법은 귀납적 방법이다.

**14** 정답 **독립변수**

해설 실험에서 사용되는 자극(영향을 미치는 요인)이 독립변수가 되고 자극에 대한 반응이나 결과가 종속변수가 된다.

**15** 정답 ①

해설 단순 무작위 표집은 확률표집법이다. 비확률 표집법은 편의 표집, 유의 표집, 할당표집 등이 있다. 비확률 표집법은 확률 표집이 불가능하거나 모집단을 정확하게 규정지을 수 없는 경우, 또는 표집오차가 큰 문제가 되지 않을 때는 비확률표집의 방법을 쓴다.

**16** 정답 ③

해설 과학적 연구의 과정은 '작업가설 설정→관찰→경험적 일반화→이론'의 순이다.

**17** 정답 **실험 연구방법**

해설 10년동안 제재된 논문은 조사연구방법과 실험연구방법을 제일 많이 사용하였다. 식생활 분야에서 가장 많이 사용한 방법은 실험연구방법이었고 그다음이 조사연구방법이며, 의생활 분야에서는 조사연구방법과 실험연구방법이 비슷했고 역사적 방법이 그다음으로 많았다.

**18** 정답 ①

해설 인간의 근접 환경을 이루는 물리적 구성요소를 향상시키는 것을 목표로 하는 연구문제영역은 주거와 환경, 직물과 그 제품, 의복 등이 있다.

**19** 정답 ④

해설 히라다는 가정생활의 독자적 성격을 대면성, 자아개방, 봉쇄성(폐쇄성), 공산성 등으로 제시하였다.

**20** 정답 ④

해설 모든 시대를 통해 가정생활이 지속적으로 수행하고 있는 역할은 육아와 침식이다.

**21** 정답 ④

해설 주생활 수준이 악화된 원인은 주택 수요의 증가, 주택 공급의 불충분, 지가주의의 보편화(주택 소유에 대한 국민의 왕성한 요구)에 있다.

**22** 정답 ①

해설 우리나라 '가정(家庭)'의 구조 변화는 1960년대 이후에 일어나기 시작해서 여러 가지 양상으로 전개되고 있다. 현대 가족을 중심으로 한 변화로는 생활의 단위인 가구 수의 급증과 가구 인원수의 감소, 가정의 계층 변화, 맞벌이 부부 가정의 증가, 노인가족의 증가 등을 들 수 있다.

**23** 정답 ①

해설 건강가정사업은 「건강가정기본법」의 제3장에 제시되고 있는데, 제21조 가정에 대한 지원에서부터 제33조 자원봉사활동 지원에 이르기까지 총 13조항으로 구성되어 있다.

**24** 정답 ②

해설 부모는 1차적 보호 제공자, 양육자, 교육자로서 가족에 대한 책임을 진다.

**25** 정답 ②

해설 가정생활 문화운동의 전개는 가족문화사업전달자에 해당된다.

**26** 정답 ①

해설 가정을 중심으로 이루어지고 비형식적인 교육이었다.

**27** 정답 ①

해설 동양의 생활 문화를 토대로 하였다.

**28** 정답 ④

해설 우리나라 여성교육은 구전과 가사의 실기로만 전수되어 오다가 1886년 5월 31일 미국 감리교 선교사인 스크랜튼(M.Scranton)부인이 자택에서 한 사람의 학생으로 시작하여 1887년 우리나라 최초의 여성 교육 기관인 '이화학당'으로 학교교육이 시작되었다.

**29** 정답 ①

해설 해방 이후에는 주로 미국 가정학의 영향을 많이 받았다.

**30** 정답 ④

해설 미국의 가정학 운동은 톰프슨( Benjamin Thompson)으로부터 시작(1780년경)되었다.

**31** 정답 **캐서린 비처(Catharine Beecher)**

해설 캐서린 비처(Catharine Beecher)는 여성교육은 이론적 학습에 그치지 말고 여러 과학을 가정적 관점에서 학습하여, 이것을 기본으로 가정학을 과학적, 실천적으로 학습하는 것이 필요하다고 주장하였다. 초기 미국 가정학 교육에 크게 공헌하였다.

**32** 정답 ③

해설 의상디자인 분야에서는 창의적인 상상력과 능력이 필요하다.
여기에는 미래를 조망하는 선견 능력뿐만 아니라 예술적인 능력과 실제적인 기술까지 포함한다. 또한 스케치, 패턴 제작, 그레이딩(grading), 의류제작에 관한 지식과 기술을 가져야 한다. 스타일 감각과 융통성도 중요하다.

**33** 정답 ②

해설 영양학자는 자신의 성취여부를 측정하기가 어렵고, 이점이 의욕을 상실하게 할 수가 있다.

## 실전모의고사 제 4 회 정답 및 해설

**01** 정답 ②

해설 가정학원론(principle of home economics)은 가정학(家政學)의 원점과 성립근거를 규정하는 조건에 따라 줄거리를 세워 고찰하고 해명하며, 가정학이 어떠한 학문인가를 밝히려는 학문이다.

**02** 정답 ③

해설 가정학을 실천과학이라고 생각하는 이유는 가정학의 구체화와 실용화라는 성격 때문이다.

**03** 정답 ②

해설 하나의 독립된 학문이 정립되기 위해서는 연구대상, 연구방법이 규명되어야 하기 때문에 가정학 원론에 이러한 내용을 포함시켜야 한다.

**04** 정답 **북구이사회(Nordic Council)**

해설 북구이사회(Nordic Council): 북유럽 4개국의 정부 기관으로 구성되어 있으며, 가정학의 연구 교육을 강화하기 위해서 종래의 영양학과 피복섬유학과 소비자교육을 구체화하는 움직임이 보인다.

**05** 정답 ③

해설 크리크모어(A.M. Creekmore)의 정의(1968)는 가정학(Home Economics)은 전인적(全人的)존재의 인간과 가까운 환경과의 사이에서 일어나는 상호작용에 관해 연구하는 것이다.(물질과 인간의 상호관계 연구)

**06** 정답 ④

해설 가정학의 일반목적은 인류의 복지증진과 , 가족의 행복증진이며 구체적 목표는 인간개발과 가정생활의 향상이다. 가정생활향상은 가정 기능의 원만한 수행 실천이라고 말할 수 있으며 가정의 실천목적이다.

**07** 정답 ①

해설 일본의 가정학자 마쓰시마(松島千代野)는 가정학의 독자성 및 유일성(uniqueness)을 규명할 때 가장 적절한 개념은 '가정성(家政性)'이라 하였다.

**08** 정답 ③

해설 가정학의 성격은 과학, 즉 자연과학, 사회과학, 경험과학의 특성을 지니고 있다.

**09** 정답 **가정성**

해설 가정성(家政性)이란 일상의 가정생활을 보다 잘 유지·발전시키는 생명력과 생활력을 말하며 가정학의 독자성 및 유일성을 나타낸다.

**10** 정답 ①

해설 과학은 경험을 통하여 특수대상에 대응하는 방법으로 이 특수 영역에 있어서의 객관적이고 보편적인 것을 발견하여 객체적 대상에 관한 인식을 체계화한 것이다.

**11** 정답 ①

해설 인간은 가족을 형성하여 가정생활을 영위하고 있으므로, 가정생활의 인간적 요소, 즉, 가정생활의 '주체'는 가족이다. 가족은 음식물, 피복, 주거와 같은 물적요소를 수단으로 하여 가정생활을 영위하고 있다. 여기에서 이 인적 요소와 물적 요소를 결부시켜 가정생활을 영위하는 것이 '가정경영(家庭經營)이다.

**12** 정답 ①

해설 경계영역은 가정학의 고유영역을 연구하는 기초가 되는 점에서 '기초 영역'이라고 할 수도 있다.

**13** 정답 ④

해설 가정학의 연구방법에서 제1단계: 사실인식을 전개하는 단계, 제2단계: 목적달성을 위하여 가치인식을 전개하는 단계, 제3단계: 가정에 의한 체계화·통일화를 추구하는 과정이다. 실천적 가정학은 제2단계인 가치인식에 초점을 맞추고 있다.

**14** 정답 **가중표집**

해설 가중표집은 확률 표집의 논리를 따르면서도 필요에 따라 표집률을 달리하여 표본을 추출하는 방법이다.

**15** 정답 **센플르그(F.Schönpflug)**

해설 센플르그(F.Schönpflug)는 니클리슈의 견해를 비판하였는데, 센플르그는 경영은 어디까지나 기업에 해당하는 것이지 가정에는 적합하지 않다고 하였다.

**16** 정답 ②

해설 실험연구는 다른 조건들을 일단 통제한 후 하나의 변수에 어떤 영향을 미치는가를 알아보는 방법이다. 고전적인 실험의 의의는 다음과 같다. ㉠ 독립변수와 종속변수의 설정 ㉡ 실험집단과 통제집단의 구분 ㉢ 사전검사와 사후검사

**17** 정답 ③

해설 인과관계를 인정하려면 공변이, 시간적 순서, 비허위성이라는 세 가지 조건을 갖추어야 한다.

**18** 정답 ①

해설 실험에서 사용되는 자극(영향을 미치는 요인)이 독립변수가 되고 자극에 대한 반응이나 결과가 종속변수가 된다.

**19** 정답 ③

해설 조사방법에 따른 대표적인 유형은 ㉠ 면접법: 직접 조사 대상을 면담하는 유형이다. ㉡ 질문지법: 집단조사법, 우편질문지법, 개인적 자기 기입법 등이 있다.

**20** 정답 ①

해설 가고야마는 가정생활의 특징을 내적 안정성, 경제적 보장성, 보호성, 구속성 등으로 제시하였다.

**21** 정답 ③

해설 가정학의 독자성이 분명해진다. 가정을 가정학의 대상으로 보게 되면 가정생활의 목적실현을 위한 가치추구에 초점을 두고 있어서 가정학이 지니고 있는 사명지향의 실천과학적 성격을 고려해 볼 때 바람직하다.

**22** 정답 ①

해설 식품 가공이 갖는 의의: 식품의 변질을 방지하는 동시에 식품의 품질과 보존성을 제고시키며 식품의 이용도를 다양화시킨다.

**23** 정답 ③

해설 식품 유통에서 나타나는 문제로는 ⊙ 농가에서의 식품 구입에 따른 식품 유통 부문의 거대화 ⓒ 자본의 비대화와 과점화 ⓒ 자본의 확대로 인한 생산자인 농민의 이윤 감소 ⓔ 소비자의 과도한 지출 등이 있다.

**24** 정답 ③

해설 주택 수요의 증가는 주택 소유에 대한 국민의 왕성한 요구에 의해서도 기인하는데, 지금까지도 우리나라 개별 가계에서는 내집 마련이라는 목표를 내걸고 주생활에 치중하고 있다.

**25** 정답 ①

해설 합성섬유의 출현과 의류품의 기성품화는 의생활에 일대 혁신을 가져오고 가사를 대폭 경감시켰으나 이에 부수하여 위생상의 문제, 불필요한 소비의 조장, 공해문제, 낮은 인건비의 유지 등 여러 가지 문제를 야기시키고 있다.

**26** 정답 미드(Mead)

해설 미드(Mead)는 자아가 있다는 것은 개인은 그 자체가 사회의 하나의 축소판이며, 정신적인 생활이 가능하다는 것을 말하는 것이라고 하였다.

**27** 정답 호만스(G.Homans)

해설 개인주의적 교환이론: 호만스(G.Homans)를 중심으로 하며, 모든 행동은 욕구 차원에서 설명되며 사회적 규범을 바탕으로 개인의 욕구충족은 최대가 될 수 있다.

**28** 정답 ②

해설 가정생활 문화운동의 전개는 가족문화사업 전달자에 해당된다.

**29** 정답 ③

해설 건강가정 사업의 목적은 가정기능의 강화, 가정문제의 예방, 지역사회 중심의 서비스 제공이 있다.

**30** 정답 ③

해설 여성교훈서에 나타난 교육 내용의 특색

㉠ 여자에게 정숙·정열 및 올바른 정조관을 가지도록 가르쳤다. ㉡ 효친하는 며느리, 경순·인조(공경하는 마음으로 순종하고, 묵묵히 참고 따르는 것)의 아내, 그리고 시가의 친척과 화목하는 도리를 가르쳤다. ㉢ 봉제사와 접빈의 예절을 가르쳤다. ㉣ 가사 기술과 근검절약의 생활을 훈계하였다. ㉤ 육아법과 자녀 교육에 대한 몸가짐 태도를 가르쳤다.

**31** 정답 **홈 이코노믹스(Home Economics)운동**

해설 홈 이코노믹스(Home Economics)운동은 리처즈(E.H. Richards)가 주장했으며, 초기에 미국가정학회(AHEA)를 이끌었던 가정 운동이다.

**32** 정답 ③

해설 가족 정책의 핵심과제 중 가족 기능 강화에 해당되는 과제는 아이돌보미 서비스를 통한 가족 양육 지원, 가족에 대한 상담, 교육문화사업 확대 등이 있으며 가족 정책 인프라 확충에 관련된 과제는 가족 서비스 전달체계 효율화, 지역사회, 관련 기관 가족 돌봄 자원의 연대 구축 등이 있다.

**33** 정답 ④

해설 시설관리 분야의 단점은 ㉠ 성공을 위해서는 항상 긴장해야 하며 시설관리를 잘해야 한다. ㉡ 상업적인 시설에서는 이익을 위하여 정부나 비영리단체에서도 최소한의 수지의 균형을 맞추기 위하여 압력을 받는다. ㉢ 대인관계에 항상 관심을 기울여야 하며, 생산 계획에 맞추기 위하여 상당한 압력을 받으므로 시간 관리를 잘해야 한다.

# 참고문헌

류현수 외(2007). **가족관계와 복지**. 서울: 동문사.

모수미 외(1990). **가정학원론**. 한국방송통신대학출판부.

윤경자 외(2023). **건강가정론**. 서울: 공동체.

윤영주 외(1994). **가정학원론**. 서울: 신광출판사.

이인희 외(1993). **가정학원론**. 수학사.

장명욱(1993). **가정학원론**. 서울: 교문사.

정완립 외(2022). **건강가정론**. 파주: 양서원.

조성연 외(2022). **가족관계론**. 파주: 양서원.

교육부은하원격평생교육원 학위취득연구소(2023). **가정학원론**. 서울: 은하출판사

예지각편집부 편저(1999). **(요점) 가정학원론**. 서울: 예지각

조복희 (1993). **가정학 연구방법론**. 교문사.

原田一 (1985). **家政學入門**. 東京: 家政教育社. p144


Creekmore. A.M. (1968). The concept basic to Home Ecomomics, Journal of Home Economics (VoL 60).97.

Murdock, G. P.(1949). Social Structure. NY: Free Press.

한 권으로 합격하는
독학사 가정학 2단계

# 가정학원론

**초판1쇄 인쇄** 2024년 3월 26일
**초판1쇄 발행** 2024년 3월 29일
**지은이** 백은숙
**기획** 김응태
**디자인** 서제호, 서진희, 조아현
**판매영업** 김승규, 문지영

**발행처** ㈜아이비김영
**펴낸이** 김석철
**등록번호** 제22-3190호
**주소** (06728) 서울 서초구 서운로 32, 우진빌딩 5층
**전화** (대표전화) 1661-7022
**팩스** 02)3456-8073

**ISBN** 978-89-6512-926-4  13330
**정가** 20,000원

잘못된 책은 바꿔드립니다.